HSK 인강 할인 이벤트

맛있는스쿨 HSK 단과 강좌 할인 쿠폰

할인 코드 **hsk_halfcoupon**

HSK 단과 강좌 할인 쿠폰

50% 할인

할인 쿠폰 사용 안내

1. 맛있는스쿨(cyberjrc.com)에 접속하여 [회원가입] 후 로그인을 합니다.
2. 메뉴中[쿠폰] → 하단[쿠폰 등록하기]에 쿠폰번호 입력 → [등록]을 클릭
   하면 쿠폰이 등록됩니다.
3. [HSK 단과 강좌] 수강 신청 후, [온라인 쿠폰 적용하기]를 클릭하여 등
   록된 쿠폰을 사용하세요.
4. 결제 후, [나의 강의실]에서 수강합니다.

쿠폰 사용 시 유의 사항

1. 본 쿠폰은 맛있는스쿨 HSK 단과 강좌 결제 시에만 사용이 가능합니다.
   파트별 구매는 불가합니다.
2. 본 쿠폰은 타 쿠폰과 중복 할인이 되지 않습니다.
3. 교재 환불 시 쿠폰 사용이 불가합니다.
4. 쿠폰 발급 후 10일 내로 사용이 가능합니다.
5. 본 쿠폰의 할인 코드는 1회만 사용이 가능합니다.

*쿠폰 사용 문의 : 카카오톡 채널 @맛있는스쿨

전화 화상 할인 이벤트

맛있는톡 할인 쿠폰

할인 코드 **jrcphone2qsj**

전화&화상 외국어 할인 쿠폰

10,000원

할인 쿠폰 사용 안내

1. 맛있는톡 전화&화상 중국어(phonejrc.com), 영어(eng.phonejrc.com)
   에 접속하여 [회원가입] 후 로그인을 합니다.
2. 메뉴中[쿠폰] → 하단[쿠폰 등록하기]에 쿠폰번호 입력 → [등록]을 클릭
   하면 쿠폰이 등록됩니다.
3. 전화&화상 외국어 수강 신청 시 [온라인 쿠폰 적용하기]를 클릭하여 등
   록된 쿠폰을 사용하세요.

쿠폰 사용 시 유의 사항

1. 본 쿠폰은 전화&화상 외국어 결제 시에만 사용이 가능합니다.
2. 본 쿠폰은 타 쿠폰과 중복 할인이 되지 않습니다.
3. 교재 환불 시 쿠폰 사용이 불가합니다.
4. 쿠폰 발급 후 60일 내로 사용이 가능합니다.
5. 본 쿠폰의 할인 코드는 1회만 사용이 가능합니다.

*쿠폰 사용 문의 : 카카오톡 채널 @맛있는스쿨

100만 독자의 선택
맛있는 중국어 HSK 시리즈

기본서

- ▶ **시작에서 합격까지 4주** 완성
- ▶ 모의고사 **동영상** 무료 제공(6급 제외)
- ▶ **기본서+해설집+모의고사** All In One 구성
- ▶ 필수 **단어장** 별책 제공

| 맛있는 중국어
HSK 1~2급 첫걸음 | 맛있는 중국어
HSK 3급 | 맛있는 중국어
HSK 4급 | 맛있는 중국어
HSK 5급 | 맛있는 중국어
HSK 6급 |

모의고사

| 맛있는 중국어
HSK 1~2급
첫걸음 400제 | 맛있는 중국어
HSK 3급 400제 | 맛있는 중국어
HSK 4급 1000제 | 맛있는 중국어
HSK 5급 1000제 | 맛있는 중국어
HSK 6급 1000제 |

- ▶ 실전 HSK **막판 뒤집기!**
- ▶ 상세하고 친절한 **해설집 PDF** 파일 제공
- ▶ 학습 효과를 높이는 **듣기 MP3** 파일 제공

단어장

| 맛있는 중국어
HSK 1~4급 단어장 | 맛있는 중국어
HSK 1~3급 단어장 | 맛있는 중국어
HSK 4급 단어장 | 맛있는 중국어
HSK 5급 단어장 |

- ▶ 주제별 분류로 **연상 학습** 가능
- ▶ HSK **출제 포인트**와 **기출 예문**이 한눈에!
- ▶ **단어 암기**부터 HSK **실전 문제 적용**까지 한 권에!
- ▶ 단어&예문 **암기 동영상** 제공

맛있는 중국어 HSK 5급 1000제

JRC 중국어연구소 기획·저

맛있는 books

| 초판 1쇄 발행 | 2018년 11월 30일 |
| 초판 6쇄 발행 | 2024년 4월 30일 |

기획·저	JRC 중국어연구소
발행인	김효정
발행처	맛있는books
등록번호	제2006-000273호
편집	최정임
디자인	이솔잎
제작	박선희

주소	서울시 서초구 명달로 54 JRC빌딩 7층
전화	구입문의 02·567·3861 l 02·567·3837
	내용문의 02·567·3860
팩스	02·567·2471
홈페이지	www.booksJRC.com

ISBN	979-11-6148-021-3 14720
	979-11-6148-018-3 (세트)
정가	17,900원

머리말

HSK를 준비하는 학습자들이 시간을 제대로 안배하지 못해 시험 문제를 풀지 못하거나, 최신 출제 경향을 파악하지 못해 합격하지 못하는 경우가 있습니다. 이런 학습자들을 위해 실전처럼 충분히 연습해 볼 수 있는 적중률 높은 문제를 수록한 『맛있는 중국어 HSK 1000제』를 기획하게 되었습니다.

『맛있는 중국어 HSK 1000제』는 HSK를 준비하는 학습자들이 좀 더 효율적으로 시험을 준비할 수 있도록 구성했습니다.

1. 최신 경향을 반영한 모의고사 10회분을 수록했습니다. 1000개의 문제를 풀다 보면, 자연스레 문제 유형을 익힐 수 있고 실전 연습을 충분히 할 수 있습니다.

2. 상세하고 친절한 해설집(PDF 파일)을 무료로 제공합니다. 해설집에는 단어, 해석, 공략이 상세하게 제시되어 있어 틀린 문제는 왜 틀렸는지 이해하기 쉽습니다.

3. 듣기 영역에 취약한 학습자를 위해 실제 시험과 동일한 실전용 MP3 파일과 복습할 때 유용한 문제별 MP3 파일을 제공합니다. MP3 파일은 맛있는북스 홈페이지(www.booksJRC.com)에서 무료로 다운로드 할 수 있습니다.

『맛있는 중국어 HSK 1000제』는 JRC 중국어연구소 HSK 연구위원들이 新HSK 시행 이후 출제된 문제를 다각도로 분석하고 최신 출제 경향을 반영하여 모의고사 10회분을 구성했습니다. 연구위원들이 엄선한 문제로 HSK를 준비하다 보면, 합격에 좀 더 쉽고 빨리 다가갈 수 있을 것입니다.

HSK에 도전하는 여러분이 HSK 합격은 물론, 고득점까지 취득할 수 있도록 『맛있는 중국어 HSK 1000제』가 든든한 버팀목이 되어 줄 것입니다. 이제, HSK에 당당히 도전해 보세요!

JRC 중국어연구소

차례

머리말   003

이 책의 특징   006

이 책의 활용법   007

HSK 소개   010

HSK 5급 소개   011

HSK 합격 추천 도서   014

HSK 5급 목표 달성 프로젝트   016

모의고사 **01**회   017

    + 정답 및 녹음 대본   198

모의고사 **02**회   035

    + 정답 및 녹음 대본   204

모의고사 **03**회   053

    + 정답 및 녹음 대본   210

모의고사 **04**회   071

    + 정답 및 녹음 대본   216

모의고사 **05**회   089

    + 정답 및 녹음 대본   222

맛있는
중국어
HSK **5**급
1000제

모의고사 **06**회   107

+ 정답 및 녹음 대본   228

모의고사 **07**회   125

+ 정답 및 녹음 대본   234

모의고사 **08**회   143

+ 정답 및 녹음 대본   240

모의고사 **09**회   161

+ 정답 및 녹음 대본   246

모의고사 **10**회   179

+ 정답 및 녹음 대본   252

답안카드   259

『**맛있는** 중국어 **HSK 1000**제』
합격을 향한 막판 뒤집기*!*

1. 최신 경향을 반영한 적중률 높은 실전 모의고사 10회분 수록

실제 HSK 문제와 동일하게 구성한 **최신 모의고사 10회분**을 수록했습니다. 최신 경향을 반영한 문제로 **문제 유형, 시간 분배, 공략 스킬** 등 HSK **합격**을 위한 **A부터 Z까지** 문제를 풀면서 충분히 연습해 보세요.

2. 합격은 기본, 고득점까지 한 권으로 완벽 대비

문제를 풀면서 시험에 대한 부담감은 줄이고 부족한 실력은 높이세요. 1회부터 10회까지 문제를 풀고 틀린 문제는 해설집을 참고하여 여러 번 복습하다 보면, **합격**뿐만 아니라 **고득점**까지 **달성**할 수 있습니다.

모의고사 1~2회 문제 유형 파악	모의고사 3~9회 실전 트레이닝	모의고사 10회 고득점을 위한 마무리

3. 상세하고 친절한 해설집 PDF 파일 무료 제공

문제를 제대로 이해하고 학습할 수 있도록 1000개의 문제에 대한 단어, 해석, 공략이 모두 담겨 있는 **해설집 PDF 파일**을 **무료**로 제공합니다. 지금 바로 **맛있는북스 홈페이지(www.booksJRC.com)**에서 다운로드 하세요.

4. 학습 효과를 높이는 듣기 음원 파일 제공

실제 시험과 동일한 형식과 속도로 녹음한 **실전용 MP3 파일**과 복습할 때 필요한 문제만 골라 들을 수 있는 **문제별 MP3 파일**을 제공합니다. 모의고사를 풀 때는 실전용 MP3 파일로, 복습할 때는 문제별 MP3 파일로 편리하게 학습하세요. 또한, 듣기 영역에 취약한 학습자들은 문제별 MP3 파일과 녹음 대본을 활용하여 안 들리는 부분을 집중적으로 트레이닝 할 수 있습니다.

실전용 MP3	문제별 MP3	녹음 대본

HSK, 이렇게 시작해 보세요!

Step 1.

MP3 파일을 다운로드 해주세요. 도서에 수록된 QR 코드를 찍으면 **실전용 MP3 파일**이 바로 재생됩니다.

(MP3 파일은 **맛있는북스 홈페이지(www.booksJRC.com)** 에서 **무료**로 **다운로드** 할 수 있습니다.)

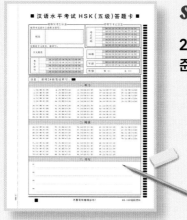

Step 2.

2B 연필과 지우개, 도서 뒤에 있는 답안카드를 준비해 주세요.

Step 3.

시험에 방해되는 요소들을 제거한 후, 오늘 학습할 부분을 펴고 타이머를 맞춰 주세요.

Step 4.

정해진 시간 안에 실제 시험처럼 문제를 풀고 정답을 맞춰 보세요.

(HSK 5급의 시험 시간은 **독해 영역 45분, 쓰기 영역 40분**입니다.)

Step 5.

해설집 PDF 파일을 다운로드 한 후, 틀린 문제는 해설집을 보면서 복습해 보세요.

(해설집 PDF 파일은 **맛있는북스 홈페이지(www.booksJRC. com)** 자료실에서 무료로 다운로드 할 수 있습니다.)

Step 6.

듣기 영역을 복습할 때는 문제별 MP3 파일에서 편리하게 음원을 찾아 들으세요. 같은 문제를 여러 번 들으면서 듣기 트레이닝을 해보고, 잘 안 들리는 내용은 본 도서에 수록된 **녹음 대본**을 확인하세요. 녹음 대본은 잘라서 편리하게 활용할 수 있습니다.

학습 자료, 이렇게 다운로드 하세요!

듣기 MP3 파일 다운로드
▲바로 다운로드

PC에서

맛있는북스 홈페이지 접속
(www.booksJRC.com)

홈페이지 상단 [MP3 다운로드→
무료 MP3 다운로드] 클릭

[HSK→맛있는 HSK] 탭의
본 도서 클릭 후 다운로드

해설집 PDF 파일 다운로드
▲바로 다운로드

PC에서

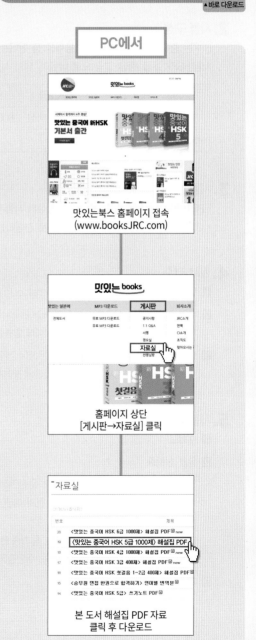

맛있는북스 홈페이지 접속
(www.booksJRC.com)

홈페이지 상단
[게시판→자료실] 클릭

본 도서 해설집 PDF 자료
클릭 후 다운로드

HSK 소개

1. HSK란?

HSK(汉语水平考试 Hànyǔ Shuǐpíng Kǎoshì)는 제1언어가 중국어가 아닌 사람의 중국어 능력을 평가하기 위해 만들어진 중국 정부 유일의 국제 중국어 능력 표준화 고시입니다. 생활, 학습, 업무 등 실생활에서의 중국어 운용 능력을 중점적으로 평가합니다.

2. 시험 구성

HSK는 중국어 듣기·독해·쓰기 능력을 평가하는 **필기 시험**(HSK 1~6급)과 중국어 말하기 능력을 평가하는 **회화 시험**(HSKK 초급·중급·고급)으로 나뉘며, 필기 시험과 회화 시험은 각각 독립적으로 시행됩니다.

HSK	HSK **1급**	HSK **2급**	HSK **3급**	HSK **4급**	HSK **5급**	HSK **6급**
	150 단어 이상	300 단어 이상	600 단어 이상	1200 단어 이상	2500 단어 이상	5000 단어 이상
HSKK	HSKK **초급**		HSKK **중급**		HSKK **고급**	

3. 시험 방식

- PBT(**P**aper-**B**ased **T**est) : 기존 방식의 시험지와 OMR 답안지로 진행하는 시험 방식입니다.
- IBT(**I**nternet-**B**ased **T**est) : 컴퓨터로 진행하는 시험 방식입니다.

4. 원서 접수

1 인터넷 접수 : HSK한국사무국(www.hsk.or.kr) 홈페이지에서 접수

2 우편 접수 : 구비 서류를 동봉하여 HSK한국사무국으로 등기 발송

  ✛ 구비 서류 : 응시원서, 최근 6개월 이내에 촬영한 반명함판 사진 2장(1장은 응시원서에 부착), 응시비 입금 영수증

3 방문 접수 : 서울공자아카데미로 방문하여 접수

  ✛ 구비 서류 : 응시원서, 최근 6개월 이내에 촬영한 반명함판 사진 3장, 응시비

5. 시험 당일 준비물

1 수험표

2 유효 신분증

  ✛ 주민등록증 기발급자 : 주민등록증, 운전면허증, 기간 만료 전의 여권, 주민등록증 발급 신청 확인서

  ✛ 주민등록증 미발급자 : 기간 만료 전의 여권, 청소년증, 청소년증 발급 신청 확인서, HSK신분확인서(한국 내 소재 초·중·고등학생만 가능)

  ✛ 군인 : 군장교 신분증(군장교일 경우), 휴가증(현역 사병일 경우)

  주의! 학생증, 사원증, 국민건강보험증, 주민등록등본, 공무원증 등은 신분증으로 인정되지 않음

3 2B 연필, 지우개

# HSK 5급 소개

HSK 5급에 합격한 응시자는 중국어 신문과 잡지를 읽을 수 있고, 중국어 영화나 TV프로그램을 감상할 수 있습니다. 또한 중국어로 비교적 완전한 연설을 할 수 있습니다.

1. 응시 대상

HSK 5급은 매주 2~4시간씩 2년 이상(400시간 이상) 집중적으로 중국어를 학습하고, 2500개의 상용 어휘와 관련 어법 지식을 마스터한 학습자를 대상으로 합니다.

2. 시험 내용

영역		문제 유형	문항 수	시험 시간	점수
듣기(听力)	제1부분	두 사람의 대화를 듣고 질문에 답하기	20	약 30분	100점
	제2부분	대화 또는 단문을 듣고 질문에 답하기	25	45	
듣기 영역 답안 작성				5분	
독해(阅读)	제1부분	빈칸에 들어갈 알맞은 어휘 또는 문장 고르기	15	45분	100점
	제2부분	단문을 읽고 일치하는 내용 고르기	10	45	
	제3부분	단문을 읽고 질문에 답하기	20		
쓰기(书写)	제1부분	주어진 어휘를 조합하여 문장 만들기	8	40분	100점
	제2부분	제시된 어휘 및 그림을 보고 80자 단문 작성하기	2	10	
합계			100 문항	약 120분	300점

※ 응시자 개인 정보 작성 시간(5분)을 포함하여 약 125분간 시험이 진행됩니다.
※ 듣기 영역의 답안 작성은 듣기 시간 종료 후, 5분 안에 답안카드에 표시해야 합니다.
※ 각 영역별 중간 휴식 시간이 없습니다.

3. HSK 성적표

- HSK 5급 성적표에는 듣기 · 독해 · 쓰기 세 영역의 점수와 총점이 기재됩니다. 성적표는 **시험일로부터 45일 이후**에 발송됩니다.
- 각 영역별 **만점은 100점**이며, **총점은 300점 만점**입니다. 영역별 점수에 상관없이 총점 **180점 이상**이면 **합격**입니다.
- HSK PBT 성적은 시험일로부터 1개월, IBT 성적은 시험일로부터 2주 후 중국고시센터(www.chinesetest.cn) 홈페이지에서 조회할 수 있습니다.
- HSK 성적은 시험일로부터 **2년간** 유효합니다.

+듣기 (총 45문항, 약 30분)

제1부분(총 20문항)

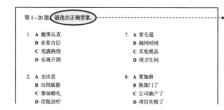

알맞은 답을 고르세요.

두 사람의 대화와 질문을 듣고 보기 ABCD 중에서 알맞은 답을 고르는 문제로, 녹음 내용은 한 번만 들려 줍니다.

제2부분(총 25문항)

알맞은 답을 고르세요.

두 사람의 비교적 긴 대화(4~5문장) 또는 단문을 듣고 한 개또는 여러 개의 질문에 알맞은 답을 고르는 문제로, 녹음 내용은 한 번만 들려 줍니다.

+독해 (총 45문항, 45분)

제1부분(총 15문항)

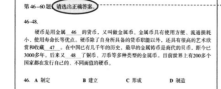

알맞은 답을 고르세요.

단문으로 이루어진 문제의 빈칸에 들어갈 알맞은 어휘 또는 문장을 고르는 문제입니다.

제2부분(총 10문항)

일치하는 내용을 고르세요.

단문을 읽고 일치하는 내용을 보기 ABCD에서 고르는 문제입니다.

제3부분(총 20문항)

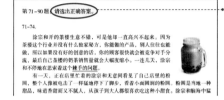

알맞은 답을 고르세요.

단문을 읽고 질문에 대한 답을 고르는 문제입니다.

+쓰기 (총 10문항, 40분)

제1부분(총 8문항)

문장을 완성하세요.

제시된 어휘나 구를 조합하여 어순에 맞는 정확한 문장으로
배열하는 문제입니다.

제2부분(총 2문항)

단문을 쓰세요.

제시된 어휘를 활용하여 80자 내외로 단문을 작성하는 문제 1
개와 제시된 그림을 보고 상황에 맞는 내용을 80자 내외로 단
문을 작성하는 문제 1개로 구성되어 있습니다.

⚠️ 99번 문제는 제시된 어휘를 반드시 모두 사용해서 작문해야 합니
주의 다. 단, 제시 순서는 상관없습니다.

단기간에 HSK 완전 정복!

01

시작에서 합격까지 4주 완성
맛있는 중국어 新HSK

무료 동영상 제공 (모의고사 2회분)

박수진 저 l 19,500원	박수진 저 l 22,500원	왕수인 저 l 23,500원	장영미 저 l 24,500원	JRC 중국어연구소 저 l 25,500원

★ **시작**에서 **합격**까지 **4주** 완성

★ **기본서, 해설집, 모의고사, 단어장, 무료 동영상 강의**(모의고사 2회분, 1-5급) 제공

★ **최신** 경향을 반영한 **적중률** 높은 **공략**과 **문제**로 구성

★ **반복적인 문제 풀이 훈련으로 HSK 합격**

★ 영역별 특성에 맞춘 **특화된 트레이닝 코너** 수록

기본서, 해설집, 모의고사 All In One 구성

한눈에 보이는 공략   간략하고 명쾌한   실전에 강한

기본서   +   해설집   +   모의고사   +   필수단어 2500

HSK의 권위자 북경어언대 倪明亮 교수 감수

전공략 新**HSK**
원패스 합격모의고사

김지현 저 | 19,500원   김은정 저 | 19,500원   차오진옌·권연은 저 | 22,000원

★ 최신 출제 경향과 난이도를 반영한 **모의고사 5세트**

★ 新HSK 전문 강사의 **합격 전략 무료 동영상** 강의

★ 명쾌한 비법 **합격 전략 D-5**

★ 2013 한반(汉办) **개정 단어**를 수록한 **합격 보카**

★ **문제별&속도별** 다양한 **MP3 파일 제공**

★ **듣기 트레이닝 북** 무료 다운로드

최다 콘텐츠 수록!

해설집   **문제집**   **합격 전략집**   **합격 보카**

HSK 단어 30일 완성 프로젝트
맛있는 중국어 HSK 단어장

양영호·박현정 저 | 14,000원   JRC 중국어연구소 저 | 15,500원

★ 주제별 분류로 **연상 학습**이 가능한 **단어장**

★ HSK **출제 포인트**와 **기출 예문**이 한눈에!

★ **단어 암기**부터 HSK **실전 문제 적용**까지 한 권에!

★ 발음이 **정확**한 원어민 성우의 **녹음 QR코드** 수록

★ 무료 **동영상 강의**(1-4급), **암기 노트**(5급) 제공

나는 _____년 ____월 ___일

HSK 5급 시험에서 _____점으로 합격한다 !

모의고사 1회부터 10회까지 문제를 풀고 점수를 기입해 보세요.

HSK 5급은 듣기 · 독해 · 쓰기 세 영역의 총점이 __180점 이상이면 합격__ 입니다.

	학습일	듣기(听力)	독해(阅读)	쓰기(书写)	총점
1회	/				
2회	/				
3회	/				
4회	/				
5회	/				
6회	/				
7회	/				
8회	/				
9회	/				
10회	/				

모의고사

녹음 듣기

준비 다 되셨나요?

1. 듣기 파일은 트랙 'TEST 01'입니다.
   (듣기 파일은 **맛있는북스 홈페이지**(www.booksJRC.com)에서 무료로 다운로드 할 수 있습니다.)
   미리 준비하지 않으셨다면 **QR코드**를 스캔해서 듣기 파일을 준비해 주세요.

2. **답안카드**는 본책 259쪽에 수록되어 있습니다. 한 장을 자른 후에 답을 기입하세요.

3. 2B연필, 지우개, 시계도 준비하셨나요? 2B연필은 두 개를 준비하면 더 좋습니다. 하나는 마킹용,
   다른 하나는 쓰기 영역을 풀 때 사용하세요.

好的开始是成功的一半!

시작이 반이다!

汉 语 水 平 考 试
HSK(五级)

注　意

一、HSK(五级)分三部分：

1. 听力(45题，约30分钟)

2. 阅读(45题，45分钟)

3. 书写(10题，40分钟)

二、听力结束后，有5分钟填写答题卡。

三、全部考试约125分钟(含考生填写个人信息时间5分钟)。

一、听 力

第一部分

第1-20题：请选出正确答案。

1. A 学过射击
    B 正在做教练
    C 是射击运动员
    D 胳膊还没恢复

2. A 空气质量差
    B 不允许放鞭炮
    C 他们过年不回家
    D 今年春节去旅游

3. A 亲戚
    B 邻居
    C 领导与员工
    D 记者与市民

4. A 不想花钱
    B 担心孩子
    C 觉得浪费时间
    D 认为不适合大人

5. A 更加自信
    B 跟明星一样
    C 看起来像老师
    D 显得比实际年龄小

6. A 胃疼
    B 发烧
    C 吃多了
    D 着凉了

7. A 上网查资料
    B 参加辩论会
    C 考外交学院
    D 踢足球比赛

8. A 办公室
    B 理发店
    C 百货商店
    D 健身中心

9. A 没有车
    B 行李太多
    C 飞机晚点
    D 停车场满了

10. A 光照不好
    B 卧室太小
    C 离地铁站远
    D 周围比较吵

11. A 多浇水
    B 打开窗帘
    C 放在阳台上
    D 摘掉黄叶子

12. A 经常偷懒
    B 性格外向
    C 工作勤奋
    D 是老员工

13. **A** 旅行
    B 回家
    C 过春节
    D 参加婚礼

14. **A** 内科室
    B 挂号处
    C 停车场
    D 自动取款机

15. **A** 很有名
    B 味道不错
    C 减肥效果好
    D 有助于睡眠

16. **A** 换老板了
    B 暂停营业
    C 内部装修
    D 晚上开门

17. **A** 5号
    B 星期五
    C 一月中旬
    D 下个月月底

18. **A** 男的被罚款了
    B 女的行李超重了
    C 充电宝不能托运
    D 箱子里有打火机

19. **A** 镜子
    B 戒指
    C 梳子
    D 项链

20. **A** 修改论文
    B 核查数据
    C 做调查市场
    D 准备演讲报告

第 21−45 题：请选出正确答案。

21. A 说明书有错误
    B 女的看过说明书
    C 女的开车技术差
    D 玩具车是男的买的

22. A 正在开车
    B 打算结婚
    C 是高中老师
    D 和妻子曾是同学

23. A 长得帅
    B 能拿大奖
    C 动作表演差
    D 感情不够投入

24. A 很时髦
    B 好看大方
    C 简洁自然
    D 风格独特

25. A 让他帮忙订机票
    B 想请他指导发音
    C 不理解诗的意思
    D 不知道泰山在哪儿

26. A 男的是负责人
    B 男的删除了邮件
    C 女的很感激男的
    D 女的错过了报名

27. A 队员尽力了
    B 结果令人遗憾
    C 山东队会是冠军
    D 掌握了比赛技巧

28. A 男的在银行工作
    B 女的办理过车贷
    C 男的要贷款买房
    D 女的常去银行存款

29. A 要参加会议
    B 担心上班迟到
    C 怕赶不上高铁
    D 五点去接孩子

30. A 头出血了
    B 营养不良
    C 打碎了花瓶
    D 手指被划破了

31. A 室内面积很大
    B 是全世界第一家
    C 保存5万多封家书
    D 所有书信都是手写的

32. A 国家机密
    B 科学研究
    C 诗歌文学
    D 普通生活

33. A 藏起来了
    B 被踩死了
    C 吃了一头牛
    D 被狮子爸爸打了

34. A 没有吃饱
    B 害怕大象
    C 找不到大象
    D 没有别人帮忙

35. A 要直面困难
    B 生命需要等待
    C 学会向强者学习
    D 不要轻易发脾气

36. A 销售业绩提高
    B 客户数量增加
    C 请病假的人减少
    D 员工工作更有效率

37. A 阻挡灰尘
    B 缓解干燥
    C 促进人际关系
    D 改善空气质量

38. A 办公室的气氛
    B 绿色植物的作用
    C 怎样提高工作热情
    D 如何选择绿色植物

39. A 减少押金额
    B 实现免费开车
    C 增加共享单车数量
    D 信用积分代替押金

40. A 享受打折
    B 获得礼品
    C 注册时间快
    D 优先选择新车

41. A 讽刺
    B 肯定
    C 盼望
    D 逃避

42. A 更理性
    B 更国际化
    C 重视环境
    D 购买力强

43. A 看演出
    B 去博物馆
    C 大量购买
    D 参观美术馆

44. A 让人来接他
    B 想知道天气情况
    C 询问自己的住址
    D 问一个电话号码

45. A 秘书
    B 妻子
    C 博士
    D 记者

二、阅 读

第一部分

第46-60题：请选出正确答案。

46-48.

　　空气发电技术现在还少有人关注，___46___是目前矿物能源的价格太低，以致人们还无需去考虑。一旦矿物能源耗尽，政府对二氧化碳排放标准严加限制，对洁净能源的需求就会上升。当然，空气发电也并非是零排放，但与热力发电___47___，仅是它的二十分之一，每度电的二氧化碳排放量为10至15克。如果该技术能够___48___使用，那么它将是生态能源领域的一项新突破。

46. **A** 结论　　　　　　**B** 价值　　　　　　**C** 原因　　　　　　**D** 假如

47. **A** 相比　　　　　　**B** 反映　　　　　　**C** 对待　　　　　　**D** 显示

48. **A** 围绕　　　　　　**B** 投入　　　　　　**C** 轮流　　　　　　**D** 接近

49-52.

　　毕加索的绘画得到世人的公认，就在他有生之年，所作的画已被收藏家们以高价收买。价格之高，令常人很难想象，___49___连作者本人也买不起了。

　　一天，一些好友来到毕加索的家里做客时，他们发现墙上挂着的全是别人的___50___，毕加索本人的画倒一___51___也没有。"你为什么不挂自己的画？"有人问，"你不喜欢自己的画？""不是，恰好相反。我非常喜欢，___52___，我买不起。"毕加索笑着回答。

49. **A** 格外　　　　　　**B** 甚至　　　　　　**C** 仿佛　　　　　　**D** 此外

50. **A** 作品　　　　　　**B** 代表　　　　　　**C** 名片　　　　　　**D** 日历

51. **A** 群　　　　　　　**B** 首　　　　　　　**C** 幅　　　　　　　**D** 所

52. **A** 全部保存起来了　　　　　　　　　　**B** 留在我的记忆里
　　 C 不过我的画太贵了　　　　　　　　　**D** 把它们送给别人了

53–56.

　　一项研究发现，父母总当着孩子的面吵架，___53___。心理学家对58名17~19岁志愿参试者的大脑活动情况进行了研究。研究人员让参试者的父母___54___孩子从出生至11岁期间所经历的家庭问题，如父母争吵、言语或身体暴力及家庭成员间感情淡化或缺乏沟通等。

　　结果发现，11岁前经历过轻度至中度家庭问题的孩子，其小脑部分___55___较小。科学家表示，小脑与学习、压力调节等关系___56___。儿童小脑较小可能会导致成年后患精神疾病的可能性大大增加。

53. A 锻炼孩子性格　　　　　　　　　　B 不利于家庭关系
　　 C 经常引起家族战争　　　　　　　　D 会影响孩子脑部发育

54. A 帮助　　　　　B 回忆　　　　　C 拥抱　　　　　D 征求

55. A 相对　　　　　B 完整　　　　　C 丝毫　　　　　D 平方

56. A 密切　　　　　B 平衡　　　　　C 强烈　　　　　D 彻底

57–60.

　　汉字，是世界上单位字符信息量最大的文字，容易辨识，利于联想。汉字书写是中华文化得以延续的重要支撑。随着全球信息化的发展，汉字手写逐渐被键盘___57___替代。一些所谓的专家提出疑问：现在都用计算机打字，___58___？对于这样的疑问，随声附和的人竟然不在少数。如今，提笔忘字、字丑不敢示人的___59___在大学生和上班族中十分常见。有人视之为"汉字危机"。文字作为一个民族的基本标志，事关民族文化的繁荣发展，我们必须正视汉字___60___的危机，对汉字报以敬畏之心，传承汉字所蕴含的浓厚文化。

57. A 重复　　　　　B 测验　　　　　C 播放　　　　　D 输入

58. A 如何提高速度呢　　　　　　　　　B 会写汉字有什么用
　　 C 为什么不继续学习呢　　　　　　　D 传统文化真的重要吗

59. A 报告　　　　　B 现象　　　　　C 道理　　　　　D 情绪

60. A 面临　　　　　B 违反　　　　　C 体现　　　　　D 展开

第二部分

第61-70题：请选出与试题内容一致的一项。

61. 台风的命名方法是事先制定一个命名表，然后按顺序年复一年地循环重复使用，命名表共有140个名字。如果当某个台风造成了特别重大的灾害或人员伤亡，成为公众知名的台风后，为了防止它与其他台风同名，便会将这个名字删除，换以新名。

    A 台风发生在每年6月
    B 台风的名字不会重复
    C 台风的名字由亚洲制定
    D 台风的名字是事先制定的

62. 做一件小事很简单，但每天坚持做却不容易。而那些坚持下来的人，没有一个活得差的，因为一旦你坚持一件事取得成功之后，就会有巨大的心理满足感，同样对下一个需要坚持的事件，会觉得自己能够做到。

    A 自信使人进步
    B 放手也是一种智慧
    C 长期坚持才能成功
    D 越简单的事越要认真做

63. 在博客中，"沙发"是"第一个回复"的意思。博主发文后第一个回复的网友就被称为"沙发"。因此在互联网博客圈，"沙发"意味着一种秩序，而网友们在网上"抢沙发"，既是一种网上乐趣，同时也代表了一种积极的参与精神。

    A "抢沙发"的人不受欢迎
    B "抢沙发"成为一种乐趣
    C "抢沙发"不被年轻人关注
    D 回复慢的人被称为"坐沙发"

64. 驱蚊手环是一种散发100%自然香气的时尚手环，具有装饰和驱蚊的双重作用。常用的驱蚊手环采用天然植物精油调和而成，自然清新，适宜大部分人群使用。

    A 驱蚊手环制作成本高
    B 驱蚊手环含有天然精油
    C 驱蚊手环存在安全问题
    D 驱蚊手环不适合儿童使用

65. 一款名为"旅行青蛙"的游戏大受欢迎。玩家通过收集三叶草去商城买东西，青蛙带着这些东西就会出门旅行，旅行途中会邮寄照片，还会带回来当地的土特产。但是青蛙出不出门、什么时候出门、什么时候回来，不是玩家能决定的。

A 青蛙在旅途中会交朋友
B "旅行青蛙"开发时间较短
C "旅行青蛙"是一款免费游戏
D 玩家无法为青蛙安排旅行日程

66. 音乐节奏的快慢，需要符合商场内消费人流的状况。慢节奏的音乐，能够使人放松、沉静，静下心来轻松购物。因而在顾客不是很多的情况下，播放慢节奏的音乐可以相对延长顾客在卖场内停留的时间，增加顾客的消费。

A 商场音乐的音量不宜过大
B 商场急需专业音乐播放人员
C 慢节奏的音乐可以刺激消费
D 商场不适合播放快节奏的音乐

67. 水果对人体健康来说是至关重要的。但是晚间吃水果既不利于消化，又因为水果含糖过多，容易造成热量过剩，导致肥胖。尤其是入睡前吃纤维含量高的水果，胃肠压力增大，会使睡眠受到影响。对肠胃功能差的人来说，更是有损健康。

A 水果富含维生素
B 吃水果有益于睡眠
C 睡前尽量不要吃水果
D 肠胃差的人不宜吃水果

68. 在人际交往中，换位思考是一项把握人际关系的重要技能之一。它可以让我们的生活与工作更成功，也会让我们更好地体验世界。因为我们不仅可以站在自己的立场观察，而且也能以别人的观点看事情。

A 要懂得换位思考
B 换位思考也有缺点
C 要学会接受别人的观点
D 换位思考改变人的性格

69. 伊犁鼠兔的长相十分可爱，体长约20厘米，鼻子短圆，小眼睛又黑又亮，有些像小兔子，但耳朵却是圆圆的。它们生活在险峻的悬崖峭壁上，以岩石间的高山植物为食，生性十分机警。

A 伊犁鼠兔数量很少
B 伊犁鼠兔小巧可爱
C 伊犁鼠兔是鼠族成员
D 伊犁鼠兔生活环境湿润

70. 今天我们常把衣服通称为"衣裳"，其实在古代，"衣"和"裳"是两个概念，前者是上身穿的，后者是下身穿的。《诗经·齐风》中有诗句"东方未明，颠倒衣裳"，说的就是天还没亮，急忙起床，把上下装都穿反了。

A 古代穿裙子代替裤子
B 古代人起床时间较早
C 《诗经》是关于服饰的书
D "衣"和"裳"在古代意思不同

第三部分

第71-90题：请选出正确答案。

71-74.

唐朝著名宰相魏征因直言进谏，辅佐唐太宗共同创建"贞观之治"的大业，被后人称为"一代名相"。

一次，唐太宗怒气冲冲地回到后宫对皇后说："总有一天，我要杀掉这个'乡巴佬'。"皇后忙是问杀谁？唐太宗说："魏征常常在朝堂上当众为难我，使我下不了台，我不杀他杀谁？"皇后听了，连忙向唐太宗道喜说："魏征之所以敢当面直言，是因为陛下乃贤明之君啊。明君有贤臣，欢喜还来不及，怎能妄开杀戒呢？"太宗<u>恍然大悟</u>，此后更是"励精政道"，虚心接纳大臣们的建议，对魏征更是倍加敬重。魏征也进谏如故，有话直说，从不畏惧皇帝发怒。也正因此，在魏征的辅佐下，唐太宗终于开创了大唐"贞观之治"的辉煌盛世。

魏征死后，太宗痛苦不已，说出了那句千古名言：以铜为镜，可以正衣冠；以古为镜，可以知兴替；以人为镜，可以明得失……

71. 唐太宗为什么说要杀掉魏征？

    A 魏征为难他   **B** 魏征犯法了

    C 魏征威胁他   **D** 魏征是敌军派来的

72. 第2段画线词语"恍然大悟"是什么意思？

    A 突然明白了   **B** 发生巨大改变

    C 拒绝别人请求   **D** 对过去感到后悔

73. 听了皇后的话后，唐太宗：

    A 奖励了魏征   **B** 吸取了教训

    C 十分尊重魏征   **D** 不听大臣们的意见

74. 根据上文，下列哪项正确？

    A 魏征不受重视   **B** 唐朝历史不太长

    C 魏征是皇后的叔叔   **D** 唐太宗推动了唐朝发展

75–78.

经常逛商场的朋友会发现，一般化妆品、珠宝首饰等总被安排在一层，然后二层是女装，再往上是男装……很少有例外。商场为什么都要这样安排呢？

其实，这跟商品的需求弹性有很大关系。商场一层的商品，大都属于需求弹性很大的商品，通俗来说就是可买可不买，选择性很强。而这些需求弹性大的商品，商家一定会放在显眼、方便的主要楼层和通道。所以一般化妆品、国际名牌精品和国际名牌时装等，都在一楼或二三楼。

同时我们也会发现，如果二楼是女装，那三楼才是男装。因为女士喜欢买衣服，她们买时装的需求弹性很大，吸引了她们，就会卖得多，但男装的需求弹性比女装要小。至于电视机等电器专柜，一般都在很高的楼层。这也是因为电器类的商品需求弹性更小，平时谁也不会乱买几台冰箱、电视抱回家，如果真要买的时候，也绝不在乎上八楼九楼。同理还有超市门口的口香糖，因为它也属于需求弹性大的商品。结账时顺手，又吸引人，就拿上两包。如果让顾客特地去找，那销量就少了。

75. 商场的一楼一般摆放：

    A 女装　　　　　　　　　　　**B** 食品

    C 日用品　　　　　　　　　　　**D** 国际名牌

76. 根据第3段，男装：

    A 数量较少　　　　　　　　　　**B** 位于最高层

    C 在女装楼上　　　　　　　　　**D** 质量高于女装

77. 如果口香糖摆在不显眼的地方：

    A 价格变高　　　　　　　　　　**B** 销量变少

    C 容易被偷走　　　　　　　　　**D** 找起来麻烦

78. 商场的楼层分布主要与什么有关？

    A 顾客性别　　　　　　　　　　**B** 需求弹性

    C 商场面积大小　　　　　　　　**D** 当地人消费习惯

79-82.

在一个风雪交加的夜晚，推销员克雷斯的汽车坏在冰天雪地的山区。野地四处无人，克雷斯焦急万分，因为，如果不能离开这里，他就只能活活冻死。这时，一个骑马的中年男子路过此地，他二话没说，就用马将克雷斯的小车拉出了雪地，然后把他送到了一个小镇上。当克雷斯拿出钱对这个陌生人表示感谢时，中年男子说："我不要求回报，但我要你给我一个承诺。当别人有困难时，你也尽力去帮助他。"

在后来的日子里，克雷斯帮助了许许多多的人，并且将那位中年男子对他的要求同样告诉了他所帮助的每一个人。6年后，克雷斯被一次突然发生的洪水围困在一个小岛上，一位少年帮助了他。当他要感谢少年时，少年竟然说出了那句让他永远也不会忘记的话："我不要求回报，但你要给我一个承诺……"克雷斯的心里顿时涌起了一股暖流。

爱心是无价的，它不需要回报，但却可以心心相传。如果说，每一件善事都是一颗珍珠的话，那么我们每一个人的爱心都是一根金线。用金线把颗颗珍珠串起来，就是世界上一条最珍贵的无价项链！

79. 当被困在冰天雪地的山区，克雷斯：

    A 放弃求救   **B** 非常着急

    C 恐惧不已   **D** 在车内取暖

80. 根据第1段，那位中年男子：

    A 住在小镇附近   **B** 开车技术很好

    C 收下了克雷斯的钱   **D** 希望克雷斯帮助别人

81. 根据第2段，下列哪项不正确？

    A 少年帮助了克雷斯   **B** 克雷斯帮助了很多人

    C 克雷斯被困在了岛上   **D** 少年是中年男子的儿子

82. 最适合做上文标题的是：

    A 爱心"项链"   **B** 意外的收获

    C 金钱不是万能的   **D** 延长生命的长度

83-86.

　　喜欢以漂亮的东西为自己进行装饰，这确实是人类所存在的天性之一。而在早期的人类社会中，能接触到的漂亮东西比较有限：除了鲜花，也许就只剩下漂亮的矿石，或是动物身上的毛皮和骨架了。比起挖掘、打磨一块矿石，或是狩猎一只飞禽走兽，采摘鲜花算是个非常轻松的过程。甚至部分鲜花所代表的植物还具有一定的疗愈作用，香味又可以掩盖臭味，简直是一举多得。当然，鲜花也并不是完全没有缺点的东西。一方面它们难以保存、容易枯萎；另一方面，对上古时代的人们来说，采摘鲜花多少也要付出点代价：比如放弃即将到来的生产资料——果实和种子。

　　正是因为这样难以持久和需要付出代价来获得，使得鲜花成为了贵族和统治阶级才享用的"特殊待遇"；而同样是栽培植物，鲜花类的栽培历史却比作物类要晚了许多年，毕竟要先填饱肚子，才有资格考虑"奢侈品"的生产。

　　这样一来，鲜花就成为了一种具有双重属性的产品：源自大自然，代表人类天性的"自然属性"，和代表奢侈品、有限物质资料的"社会属性"。加之种类繁多，分布广泛，获取的途径相对简单，当然也就成为人类获取精神审美需求时的最佳选择之一。

83. 比起矿石与动物的毛皮，鲜花有什么优点？

A 容易保存 B 丰富生活
C 可轻松获取 D 更受女人欢迎

84. 为了采摘鲜花，上古时代的人付出了什么代价？

A 冒生命危险 B 花费很多时间
C 放弃果实和种子 D 忍受枯萎时的痛苦

85. 鲜花的栽培比作物类晚了很多年，是因为鲜花：

A 用途不大 B 生长周期短
C 栽培技术较难 D 无法填饱肚子

86. 根据上文，下列哪项正确？

A 挖掘矿石历史不长 B 鲜花具有双重属性
C 鲜花现在是奢侈品 D 贵族控制了花市场

呼啸的大风达到12级，黄沙漫天，几乎遮蔽了阳光。干涸的大地上散落着黑色的石头，它们在巨大的昼夜温差下开裂、破碎。这是火星，一个看不到任何生命痕迹的地方。虽然火星看起来不是什么好地方，但科学家认定，未来人类外星移民首选必然是它，哪怕这里的空气寒冷稀薄、缺乏氧气。但比起几百度高温的金星和水星、气态表面的木星和土星，以及冰冷阴暗的天王星和海王星，火星已经是最接近地球的"优良"环境了。

从太空中看，如果说地球是一个美丽的蓝色"水球"，那么先把地球缩小，再把水抽干，就跟火星很像了。火星的形状、构造与地球类似，直径大约是地球的一半，是个干旱的"戈壁沙漠"星球。它的两极也被白色的"冰雪"覆盖，只不过，那大都是"干冰"——固态的二氧化碳。

火星上的地貌同样复杂多样，地势高低起伏。地球表面的最大高差约20千米，而火星表面的最大高差达30千米。总体来说，火星地势北低南高。南部高原区地层较为古老，广泛分布着古老火山、撞击盆地与撞击坑；北部平原区有两个巨大的火山群，表面大都被火山熔岩所覆盖，地层较年轻，撞击坑较少。

87. 根据第1段，火星：

    A 阳光充足   **B** 温度不高

    C 有很多岛屿   **D** 不存在生命

88. 为什么说火星是人类外星移民的首选？

    A 距离地球最近   **B** 存在大量水源

    C 有适合居住的条件   **D** 其他行星环境更糟糕

89. 火星两极的白色"冰雪"指的是：

    A 大雾   **B** 干冰

    C 沙尘   **D** 石头

90. 最后一段主要谈的是：

    A 火星的开发   **B** 火星上的生物

    C 火星表面特点   **D** 地球与火星的差异

三、书 写

第一部分

第91-98题：完成句子。

例如： 发表　　这篇论文　　什么时候　　是　　的

　　　　<u>这篇论文是什么时候发表的?</u>

91.　太激烈　　这场比赛　　真是　　了

92.　说出了　　小李　　秘密　　忍不住

93.　态度　　文章的　　表明了　　第一段　　作者的

94.　恭喜　　录取了　　你　　被清华大学

95.　把　　孙子讲的　　姥姥　　逗乐了　　笑话

96.　那么　　这部电影　　精彩　　并　　想象的　　没有

97.　心情无法　　用　　来形容　　语言　　我当时的

98.　他　　已经5年　　从事　　软件开发工作　　了

第二部分

第99-100题：写短文。

99. 请结合下列词语(要全部使用，顺序不分先后)，写一篇80字左右的短文。

回忆　相处　偶尔　彼此　矛盾

100. 请结合这张图片写一篇80字左右的短文。

02회

모의고사

준비 다 되셨나요?

1. 듣기 파일은 트랙 'TEST 02'입니다.

    (듣기 파일은 **맛있는북스 홈페이지**(www.booksJRC.com)에서 무료로 다운로드 할 수 있습니다.)

    미리 준비하지 않으셨다면 **QR코드**를 스캔해서 듣기 파일을 준비해 주세요.

2. **답안카드**는 본책 259쪽에 수록되어 있습니다. 한 장을 자른 후에 답을 기입하세요.

3. 2B연필, 지우개, 시계도 준비하셨나요? 2B연필은 두 개를 준비하면 더 좋습니다. 하나는 마킹용,

    다른 하나는 쓰기 영역을 풀 때 사용하세요.

失敗是成功之母!

실패는 성공의 어머니다!

汉语水平考试
HSK(五级)

注　意

一、HSK(五级)分三部分：

    1.　听力 (45题，约30分钟)

    2.　阅读 (45题，45分钟)

    3.　书写 (10题，40分钟)

二、听力结束后，有5分钟填写答题卡。

三、全部考试约125分钟 (含考生填写个人信息时间5分钟)。

一、听 力

第一部分

第1-20题：请选出正确答案。

1. **A** 撞到墙上了
   B 被小狗咬了
   C 滑冰时摔倒了
   D 踢足球时摔断了

2. **A** 大使馆不开门
   B 这边无法办理
   C 需要补交材料
   D 一周后取签证

3. **A** 演讲
   B 论文答辩
   C 参加面试
   D 主持辩论会

4. **A** 夫妻
   B 老同学
   C 母亲与孩子
   D 理发师与顾客

5. **A** 很时髦
   B 很保暖
   C 有些薄
   D 颜色鲜艳

6. **A** 正在写小说
   B 打算看电影
   C 用错了符号
   D 正在中国留学

7. **A** 姿势帅气
   B 手指灵活
   C 十分谦虚
   D 弹得很好听

8. **A** 拍摄照片
   B 帮助别人
   C 去那里种树
   D 寻找新感受

9. **A** 辞职了
   B 很紧张
   C 买了单程票
   D 春节不回家

10. **A** 很马虎
    B 敏感内向
    C 沟通能力强
    D 工作经验丰富

11. **A** 8:45
    B 9:00
    C 9:15
    D 9:30

12. **A** 有雾
    B 干燥
    C 持续阴雨
    D 阳光强烈

13. **A** 倒茶
    B 数零钱
    C 计算时间
    D 整理数据

14. **A** 天气太热
    B 没露出眉毛
    C 去参加婚礼
    D 要拍集体照

15. **A** 预防疾病
    B 不宜早上吃
    C 含多种维生素
    D 不适合小孩子吃

16. **A** 他们正在爬山
    B 他们坐错车了
    C 景区门票很贵
    D 他们还没到目的地

17. **A** 动物世界
    B 国家地理
    C 《博物》杂志
    D 公务员考试书

18. **A** 现在是晚上
    B 女的很着急
    C 女的点了外卖
    D 男的是餐厅老板

19. **A** 教师
    B 律师
    C 会计
    D 设计师

20. **A** 中奖了
    B 酒喝多了
    C 还没下班
    D 把发票弄丢了

第21-45题：请选出正确答案。

21.　A 读书
　　　B 书法
　　　C 画画儿
　　　D 手工制作

22.　A 教育频道
　　　B 体育比赛
　　　C 国际新闻
　　　D 综艺节目

23.　A 不赞成
　　　B 有待观察
　　　C 危害不大
　　　D 利于孩子成长

24.　A 酒吧
　　　B 商场
　　　C 健身房
　　　D 中介公司

25.　A 看表演
　　　B 买特产
　　　C 品尝面食
　　　D 穿传统服装

26.　A 取消预订
　　　B 改签机票
　　　C 选择座位
　　　D 交赔偿金

27.　A 升职了
　　　B 买了新车
　　　C 股票上涨
　　　D 拿到了奖金

28.　A 长得小
　　　B 皮能吃
　　　C 颜色特殊
　　　D 国内买不到

29.　A 发言
　　　B 拍照片
　　　C 维持秩序
　　　D 指挥乐队

30.　A 演员
　　　B 编辑
　　　C 作家
　　　D 企业家

31.　A 过得快
　　　B 被分成碎片
　　　C 工作时间太长
　　　D 睡眠时间不足

32.　A 听书的好处
　　　B 阅读的意义
　　　C 戴耳机的危害
　　　D 活到老，学到老

33. A 等待同伴
    B 大喊大叫
    C 把草吃完
    D 把草藏起来

34. A 有两堆草料
    B 做了无数次
    C 在室内进行
    D 那头驴长得很小

35. A 节约是一种美德
    B 要不断尝试新方法
    C 做事不要犹豫不决
    D 质量比数量更重要

36. A 相互的
    B 学习的
    C 对比的
    D 获取的

37. A 减少竞争压力
    B 使利益最大化
    C 提高工作效率
    D 改善工作环境

38. A 缺少朋友
    B 在乎他人感受
    C 只关心自己的利益
    D 体会不到互动的乐趣

39. A 面积太小
    B 很难借到
    C 离家距离远
    D 关门时间太早

40. A 他感觉很饿
    B 排队的人不多
    C 天气突然变冷
    D 图书馆快关门了

41. A 生活贫穷
    B 热爱看书
    C 体力很好
    D 爱帮助别人

42. A 从美洲传来
    B 常作为饲料
    C 北方吃得较少
    D 由小麦加工而成

43. A 大米
    B 白面
    C 玉米
    D 土豆

44. A 不受重视
    B 变得无聊
    C 保持影响力
    D 很难被人理解

45. A 不适合成年人
    B 保留人们的童年
    C 作者一般为女性
    D 离不开人们的想象力

二、阅读

第一部分

第46-60题：请选出正确答案。

46-48.

　　有资料__46__，野生的非洲大象是所有哺乳类动物中睡眠时间最短的，有时候会几天不睡觉，有时候只睡两个小时。这难免会让每天必须维持一定睡眠的人类感到__47__。科学家分析，这种情况有可能是因为大象的身体太庞大，也有可能是狮子和猎者使得它们的__48__过于紧张而形成失眠。

46. **A** 批准　　　　　**B** 显示　　　　　**C** 流传　　　　　**D** 计算

47. **A** 惊讶　　　　　**B** 舒适　　　　　**C** 灰心　　　　　**D** 多余

48. **A** 存在　　　　　**B** 脖子　　　　　**C** 精神　　　　　**D** 秘密

49-52.

　　在交通参与者中，机动车相比于行人，是强势一方。道路交通安全法__49__规定：机动车经过人行横道时，应当减速行驶；遇行人正在通过人行横道，应当停车让行。机动车经过没有交通__50__的道路时，遇行人横过道路，应当避让。__51__，一些机动车与行人抢行。表面上看，机动车在人行横道上抢行属于"驾车陋习"，__52__上却体现出这些机动车既没有文明的底线，也没有对法律的敬畏，是非常可怕的。

49. **A** 陆续　　　　　**B** 明确　　　　　**C** 具备　　　　　**D** 严肃

50. **A** 规则　　　　　**B** 形式　　　　　**C** 文明　　　　　**D** 信号

51. **A** 交通运行很顺利　　　　　　　　**B** 即使破坏了规则
　　C 但现实情况却相反　　　　　　　**D** 车辆给道路造成压力

52. **A** 传播　　　　　**B** 实际　　　　　**C** 结果　　　　　**D** 性质

53–56.

　　"没有热情，任何伟大的事业都不可能成功"这句话向我们宣扬了：不管你从事什么工作，热情是必不可少的！这 __53__ 一名业务员来说，也非常重要。发自内心的热情，可以释放出 __54__ 的能量，使你拥有坚强的毅力，也不会因为顾客的冷漠和拒绝而退却；因为这种热情，不会因为工作的单调无味，__55__ ；因为这种热情，你会认识很多人，甚至交到很多朋友，也会拥有更多有利于事业 __56__ 的人脉资源。

53. **A** 至于　　　　　**B** 假如　　　　　**C** 对于　　　　　**D** 针对

54. **A** 巨大　　　　　**B** 整个　　　　　**C** 消极　　　　　**D** 深刻

55. **A** 也缺少商业价值　　　　　　　　**B** 反倒提交辞职信
　　C 不如放下身上的负担　　　　　　**D** 而失去上进的事业心

56. **A** 特色　　　　　**B** 市场　　　　　**C** 发展　　　　　**D** 顺序

57–60.

　　赵国国王赵襄子向 __57__ 驾车的王子期学习驾车。入门不久，他就要求与王子期比赛。可是，即使一连换了三次马，比赛三场，赵襄子还是每次都远远地落在王子期的后面。赵襄子很不高兴，便问王子期："你既然教我驾车，为什么不将真 __58__ 完全教给我？"

　　王子期回答说："驾车的方法、技巧，大王已经掌握了，只是在运用的时候忘记了要领。据我观察，您在与我赛车的时候，只要稍有落后，心里就着急，使劲儿鞭打马，拼命要超过我；而 __59__ 跑到了我的前面，又常常回头观望，怕我再赶上您。总之，您是不顾马的死活，一心只想着如何超过我。不论是领先还是落后，__60__ ，将注意力几乎全部集中在了比赛的胜负上，这样又怎么能调好马、驾好车呢？"

57. **A** 假装　　　　　**B** 对比　　　　　**C** 善于　　　　　**D** 爱护

58. **A** 本领　　　　　**B** 道理　　　　　**C** 程序　　　　　**D** 核心

59. **A** 千万　　　　　**B** 宁可　　　　　**C** 丝毫　　　　　**D** 一旦

60. **A** 速度要保持一致　　　　　　　　**B** 心情都十分紧张
　　C 结果其实并不重要　　　　　　　**D** 您需要选择一匹好马

第二部分

第 61-70 题：请选出与试题内容一致的一项。

61. 访前准备是采访中很重要的一环，被称为"静态采访"。有人把采访比作"面对面的战斗"，意指采访是记者与采访对象在思维上的交锋。要想取胜必须知己知彼。为了短暂的"战斗"，记者往往需要准备几天、几星期甚至更长。

    A 采访前要准备充分
    B 采访对象地位更高
    C 采访者要尊重被采访者
    D "静态采访"指文字采访

62. 围龙屋是粤东地区客家民居的代表建筑。它的设计与建造融科学性、实用性、观赏性于一体，不仅显示出客家人的出色才华及高超技艺，而且还显示出客家的进取精神和客家文化的创新风格。

    A 围龙屋不具观赏性
    B 围龙屋属于客家民居
    C 围龙屋建筑材料多样
    D 围龙屋被列为文化遗产

63. 随着人们健康意识的增强以及自行车角色的转变，自行车正在从普通代步工具逐渐向多元化、个性化发展。具有独立设计、产品研发能力、注重品质的自行车企业会逐渐被认可，更具市场价值。

    A 自行车用途不再单一
    B 个性化自行车价格高
    C 绿色出行越来越受关注
    D 自行车市场正在逐渐缩小

64. 从互联网时代到人工智能时代，前者是通过连接促进社会分工，提升人的效率，而后者是在社会分工已经形成的情况下，让机器参与其中，从而提升整个专业性的效率。

    A 人工智能具有不确定性
    B 人工智能将取代人力劳动
    C 人工智能打乱了社会分工
    D 人工智能促进专业性提升

65. 以往人们认为，一个人能否在一生中取得成就，智力水平是第一重要的，即智商越高，取得成就的可能性就越大。但现在心理学家们普遍认为，情商水平的高低对一个人能否取得成功也有着重大的影响作用，有时其作用甚至要超过智力水平。

   A 智商越高情商也越高
   B 情商在学校更受重视
   C 智商对人的影响可忽略
   D 情商扮演着重要的作用

66. 在网络论坛中，人们发言讨论问题，下面往往有一堆人排队发言，或发表意见，或表达一些与主题毫不相关的内容。而有人将"不发言只看"的普通网民称为"吃瓜群众"。很多人也开玩笑称自己是"吃瓜群众"，用来表示一种不发表意见的状态。

   A "吃瓜群众"不发言
   B "吃饭群众"年龄低
   C 网络上信息造假严重
   D 网络论坛中发言不需负责

67. 所谓管理者的职责，就是为优秀人才搭建一个自由、轻松的平台，因为人只有在自由的空间里，其创造力才能真正显示出来；也只有在独立自主地面对与解决问题的过程中，才能得到最高速地成长。

   A 管理者要给人才自由
   B 管理者要制定正确的方向
   C 管理者要学会独立解决问题
   D 管理者应弱化在企业内部的作用

68. "共享图书"模式与流动图书馆模式类似，但相比于图书馆，共享图书模式下的用户，还需支付除押金外的服务费和图书损耗费用，成本不仅比图书馆要高，甚至有时并不比购买图书便宜多少，这对于用户而言是非常不经济的。

   A 共享图书用户正在扩大
   B 共享图书鼓励人们阅读
   C 共享图书是一种售书模式
   D 使用共享图书需要交押金

69. 研究表明，人群中有一种分享负面信息的现象。人往往会更多地注意负面的信息和事物，并且强化这种体验。在日常生活中当人们对一些事物留下不好的印象时，就会把这种印象加在同类上，甚至对该类事物的优点表示怀疑，有意无意地保留负面印象或降低评价。

A 负面信息传播速度快
B 不好的印象很易改变
C 人们往往更关注负面消息
D 积极的体验让人印象更深

70. 众所周知，骆驼被称为是"沙漠之王"，同时我们也知道骆驼是一种重要的运输工具，尤其是在一些特殊地域及古代交通尚不便利时。但随着交通运输越来越四通八达，骆驼的用武之地也较之前下降了很多。

A 骆驼是古代战争工具
B 骆驼的运输功能在减弱
C 骆驼的整体数量正在减少
D 骆驼可帮助人类找到水源

第三部分

第71-90题：请选出正确答案。

71-74.

　　中国人口全球第一，但人均水资源却是全球最匮乏的地区之一。如果说全世界的人均水拥有量是1瓶水的话，每个中国人仅能分到四分之一份，而这仅有的四分之一也经常会被浪费。

　　一位刚参加完公司对抗球赛的男士表述："同一品牌的矿泉水瓶长相类似，集体活动中难免忘记自己刚刚拧开的是哪一瓶，为了卫生起见，不得已再打开一瓶新的，所以之前没有喝完的那瓶只能白白浪费了。"

　　如何有效降低这种不必要的浪费？为此，某矿泉水公司特意邀请一个创意团队来解决这个问题。创意团队负责人提出了解决方案——一种附带可刮涂层的环保"手写瓶"。在原有瓶贴的基础上，增加刮刮卡的特殊油墨涂层，消费者只要动动手指，即可在瓶身上留下自己的专属标志，如文字或涂鸦等。以此与他人的矿泉水区别，从而轻松地找到自己的那一瓶。

　　这是一个小小的改变，只要动动手指就可以快速地找到自己的那瓶水，避免不必要的浪费。该创意理念旨在倡导更多人关注水资源，参与到"节约用水，反对浪费"的实际行动中来。

71. 中国人均水资源：

　　A 世界第一　　　　　　　　　　B 逐年增加
　　C 无法准确统计　　　　　　　　D 低于世界人均

72. 根据第2段，集体活动中会遇到什么烦恼？

　　A 饮用水不卫生　　　　　　　　B 自己的水被偷喝
　　C 参与活动人数较多　　　　　　D 分不清哪瓶水是自己的

73. 环保"手写瓶"有什么特点？

　　A 可反复使用　　　　　　　　　B 可以回收换钱
　　C 瓶子可用于装饰　　　　　　　D 瓶身上可留下专属标记

74. 下列哪项最适合做上文的标题？

　　A 创意来自实践　　　　　　　　B 生命在于运动
　　C "手写瓶"的智慧　　　　　　　D 绿色生活，从我做起

75–78.

淳于髡见识广博，才华横溢，擅长察颜观色，是一位不可多得的人才。

宾客中有人向梁惠王推荐淳于髡，梁惠王让左右的侍从退下，单独两次接见他，可是他始终一言不发。梁惠王感到很奇怪，就责备那个宾客说："你称赞淳于先生，说是连管仲、晏婴都比不上他，可是我见了他却一点儿收获也没有。难道是我不配跟他谈话吗？这到底是什么缘故呢？"那个宾客把梁惠王的话转告淳于髡。淳于髡说："我第一次见大王时，大王的心思全用在驾车打猎上；第二次再见大王，大王的心里想着音乐、娱乐，因此我沉默不语。"

那个宾客把淳于髡的话全告诉梁惠王，梁惠王感到十分惊讶，说："淳于先生真是个圣人啊！第一次淳于先生来的时候，正有个人献上一匹好马，我还没来得及看一看，恰巧淳于先生来了。第二次来的时候，又有人进献歌伎，我还没来得及试一试，也遇到淳于先生来了。我虽然与淳于先生面对面，可是心里却想着马和歌伎，是有这么回事。"之后淳于髡再会见梁惠王，两人专注交谈，一连说了三天三夜，毫无倦意。

75. 梁惠王为什么责备那个宾客？

    A 宾客拒绝用餐   B 淳于髡沉默不语

    C 淳于髡大骂梁惠王   D 宾客打扰了他们谈话

76. 根据第2段，淳于髡认为梁惠王：

    A 机智能干   B 不是个好君王

    C 不接受别人意见   D 心思在别的地方

77. 当淳于髡与梁惠王再会时，他们：

    A 彼此称赞   B 相谈甚欢

    C 连饮三杯酒   D 向宾客致歉

78. 根据上文，淳于髡是一个什么样的人？

    A 很有才华   B 骄傲自满

    C 能歌善舞   D 不在乎财富

79-82.

科学家研究表明，动漫与儿童之间存在某种天然的联系。儿童会把万物视为有生命和有意向的东西，而动漫最大的特点就在于它可以把任何非人类的东西人格化，让它们有了情感、语言、思维和行动，从而满足儿童的无穷想象力。

随着年龄的增长，儿童逐渐成长为青少年，想象从远离现实逐步向现实世界靠近，但为什么如此多的中学生仍然喜欢动漫？这是因为作为以动漫为伴成长起来的一代，这部分青少年仍然习惯从动漫中获得情感、娱乐的需求。他们不会仅仅满足于学校和家庭的生活体验，更渴望接触外面的世界。但由于现实条件的限制，他们不能从现实生活中得到满足，于是他们借助动漫寻找理想中的虚拟世界。因此，动漫在人的青少年时期承担了情感转移的作用。同时，对青少年来说，观看动漫影片也是一种有效疏解压力的方式。

现在，大多数动漫作品将主人公设定在与普通人群相近的状态，并通过主人公不懈地努力而获得成功。青少年能从动漫创设的虚拟世界中获得积极向上的人生观，体验到前所未有的"个性张扬"，自我意识得到了强化。

79. 动漫的最大特点是：

    A 动作精彩   **B** 把物人格化

    C 主人公性格丰富   **D** 背景音乐现代化

80. 根据第2段，青少年：

    A 渴望快点长大   **B** 不受父母的限制

    C 习惯从书本中获得知识   **D** 不满足于现有的生活体验

81. 下列哪一项不属于青少年看动漫的好处？

    A 转移情感   **B** 缓解压力

    C 有利于交新朋友   **D** 促使形成积极的人生观

82. 上文主要谈的是：

    A 动漫受喜爱的原因   **B** 制作优秀动漫的必要性

    C 孩子的学业压力不宜过大   **D** 父母应如何指导孩子看动漫

83–86.

中山站是中国南极科考的大本营，建筑比较多，就像个小镇。越冬时一般有二三十人留守在这里，夏季人最多时有近百人在这里工作生活。与普通城镇类似，中山站也有生活区和工作区，大家每天上下班。由于极昼、极夜现象，白天黑夜变化不那么明显，一般会按北京时间作息，睡觉时拉上不透光的窗帘，自己制造"黑夜"效果。不过在南极，工作时间一般都根据科研需求来安排，谁都不会太计较上下班时间和是否节假日。

在这个"小镇"过日子，最特别的就是没有任何花钱的地方。食宿、御寒衣装都由国家提供，所以中山站没有商店、饭馆等有偿服务场所。一些国外科考站对游客开放，会有一些出售纪念品的小店。不过中国4个南极科考站，都没开发旅游项目。

在中山站，科考人员不自己开火做饭，大家都在食堂进餐。食堂配有专业厨师，食材以耐储存的为主，肉类丰富，罐装食品多，但新鲜蔬菜少。调料都是国内带过去的，所以各地风味不成问题。如今中山站可以在室内种植一些蔬菜，尽管灯光、暖气数量有限，但比起早期南极考察，能吃到新鲜蔬菜，可以说条件好了太多。

83. 根据第1段，中山站：

    A 建在岛上　　　　　　　　　　**B** 是北极科考地

    C 可供约百人生活　　　　　　　**D** 正在建高层建筑

84. 在中山站如何制造"黑夜"效果？

    A 屋内不开灯　　　　　　　　　　**B** 盖上厚被子

    C 使用木制窗户　　　　　　　　　**D** 安装不透光窗帘

85. 国外科考站：

    A 数量较多　　　　　　　　　　　**B** 向游客开放

    C 没有花钱的地方　　　　　　　　**D** 免费提供纪念品

86. 与早期相比，中国科考站有什么变化？

    A 不可自己做饭　　　　　　　　　**B** 暖气设施增加

    C 生活条件变好　　　　　　　　　**D** 食物保存时间长

87–90.

棉花的花朵是洁白的，人们收获洁白的棉花后，脱籽、纺纱，再织成纺织物，就成了布料，如果染上色或印上花，就是美丽的衣料、窗帘、床单等等。然而有一种彩色棉，它含有天然的彩色色素，不用印染，用彩棉织成的布可直接做成花衣裳。

彩色棉古代就有，可考证的历史可追溯到上千年之前。由于彩色棉花产量低，纤维短，因此逐渐被人遗弃，以至许多人都不知道棉花还有彩色的。20世纪60年代，美国、前苏联、墨西哥等国家，又开始对彩色棉进行研究。90年代初，美国培育出多种颜色的长纤维彩色棉花，并进行了大面积种植。不久后，面目一新的彩色棉纺织品及服装进入市场。1994年，中国也从美国引进了一批彩色棉种子进行试种。目前中国彩色棉的种植面积为继美国之后的世界第二，产品远销欧美和日本等国，供不应求。

彩色棉花不仅色彩自然柔和，而且在种植过程中不需要农药，在纺织过程中也不需要化学染料。这样，产品及周围不会受到污染，并且制成服装后，柔软舒适，永不褪色。彩色棉因没有沾染任何化学物质，不会引起皮肤病，被人们誉为"绿色产品"、"环保产品"，而用彩色棉制作的服装则被称为"生态服装"或"保健服装"。

87. 根据第1段，彩色棉：

A 不需染色　　　　　　　　　B 种植范围广
C 原产自美国　　　　　　　　D 对阳光照射要求高

88. 第2段主要谈的是什么？

A 彩色棉的副作用　　　　　　B 彩色棉的发展历史
C 美国的彩色棉生产技术　　　D 中国的彩色棉发展计划

89. 彩色棉为什么被誉为"绿色产品"？

A 可加工食用　　　　　　　　B 不含化学物质
C 生产过程简单　　　　　　　D 能治疗皮肤病

90. 根据上文，下列哪项正确？

A 彩色棉是近代发现的　　　　B 彩色棉更受老年人喜爱
C 中国的彩色棉可供出口　　　D 中国的彩色棉种植面积第一

三、书写

第一部分

第91-98题：完成句子。

例如： 发表　　　这篇论文　　　什么时候　　　是　　　的

　　　<u>这篇论文是什么时候发表的?</u>

91. 观点　　　有些　　　他的　　　片面

92. 业余时间　　　做　　　他利用　　　杂志模特

93. 维持　　　合理的饮食　　　好身材　　　能够

94. 都　　　这辆　　　一点儿　　　不时尚　　　摩托车

95. 合同上　　　请在　　　您的姓名　　　签一下

96. 不要向　　　暂时　　　公布　　　运动员　　　这个消息

97. 哥哥　　　的人　　　追求　　　完美　　　是个

98. 我　　　这次冬令营　　　很多　　　让　　　收获了

第二部分

第99-100题：写短文。

99. 请结合下列词语(要全部使用，顺序不分先后)，写一篇80字左右的短文。

    绝对　浪费　粮食　养成　主动

100. 请结合这张图片写一篇80字左右的短文。

03회 모의고사

준비 다 되셨나요?

녹음 듣기

1. 듣기 파일은 트랙 'TEST 03'입니다.
   (듣기 파일은 **맛있는북스 홈페이지**(www.booksJRC.com)에서 무료로 다운로드 할 수 있습니다.)
   미리 준비하지 않으셨다면 **QR코드**를 스캔해서 듣기 파일을 준비해 주세요.

2. **답안카드**는 본책 259쪽에 수록되어 있습니다. 한 장을 자른 후에 답을 기입하세요.

3. 2B연필, 지우개, 시계도 준비하셨나요? 2B연필은 두 개를 준비하면 더 좋습니다. 하나는 마킹용,
   다른 하나는 쓰기 영역을 풀 때 사용하세요.

知识就是力量!
아는 것이 힘이다!

汉语水平考试
HSK(五级)

注　意

一、HSK (五级) 分三部分：

1. 听力 (45题，约30分钟)

2. 阅读 (45题，45分钟)

3. 书写 (10题，40分钟)

二、听力结束后，有5分钟填写答题卡。

三、全部考试约125分钟 (含考生填写个人信息时间5分钟)。

一、听 力

第一部分

第1-20题：请选出正确答案。

1.　**A** 还想再下一盘
　　B 女的实力很强
　　C 女的赢不了他
　　D 自己要继续努力

2.　**A** 头脑灵活
　　B 表现优秀
　　C 会照顾人
　　D 语言表达好

3.　**A** 是主持人
　　B 营养不良
　　C 对辣的过敏
　　D 正在保护嗓子

4.　**A** 如何注册会员
　　B 如何查看信息
　　C 如何加入登山队
　　D 如何成为志愿者

5.　**A** 电脑坏了
　　B 安装鼠标
　　C 键盘没电了
　　D 电池型号不对

6.　**A** 昨晚失眠了
　　B 打算吃早饭
　　C 预订了火车票
　　D 坐了很长时间火车

7.　**A** 家里
　　B 学校
　　C 邻居家
　　D 图书馆

8.　**A** 格式不正确
　　B 逻辑不严谨
　　C 缺少理论深度
　　D 主题范围太大

9.　**A** 姥姥身体弱
　　B 姥姥该打针了
　　C 姥姥伤口还没好
　　D 姥姥要先做手术

10.　**A** 想考研
　　B 资金不够
　　C 要翻译小说
　　D 先复习英语

11.　**A** 吃完饭再看
　　B 别看动画片
　　C 把声音调低
　　D 早点儿睡觉

12.　**A** 还没出版
　　B 错误较多
　　C 被预订完了
　　D 由男的负责编辑

13. A 发烧了
    B 着凉了
    C 流鼻涕
    D 鼻子痒

14. A 戒指
    B 项链
    C 扇子
    D 耳环

15. A 不太顺利
    B 下午进行
    C 签完合同了
    D 对方很满意

16. A 东西装不下
    B 小箱子破了
    C 要收拾仓库
    D 要买的东西太多

17. A 他们在看电影
    B 比赛就要结束了
    C 他们支持同一队
    D 他们获得了冠军

18. A 很粗心
    B 不耐烦
    C 很谦虚
    D 没精神

19. A 女的想买相机
    B 男的电脑技术好
    C 男的给照片调了色
    D 那张照片是黑白的

20. A 游泳
    B 玩游戏
    C 晒太阳
    D 躺着睡觉

第二部分

第21-45题：请选出正确答案。

21. **A** 等待批准
    B 利润很高
    C 需要调整
    D 是公益项目

22. **A** 很郁闷
    B 格外紧张
    C 十分痛苦
    D 激动不已

23. **A** 戴眼镜
    B 在家休息
    C 服用药水
    D 让眼睛放松

24. **A** 没有兴趣
    B 编辑收入低
    C 不能做那个兼职
    D 感谢男的推荐工作

25. **A** 有工作经验
    B 有专业限制
    C 有年龄要求
    D 报名截止到18号

26. **A** 舞蹈
    B 象棋
    C 唱歌
    D 乐器

27. **A** 北京胡同
    B 上海的地名
    C 数字的含义
    D 姥姥的故事

28. **A** 杂志
    B 视频
    C 照片
    D 电子书

29. **A** 预订酒店
    B 报健身房
    C 选择教练
    D 办理银行卡

30. **A** 洗杯子
    B 水太烫
    C 买矿泉水
    D 加点儿糖

31. **A** 鼓励
    B 意外
    C 并不认同
    D 需要研究

32. **A** 勇于承担责任
    B 正确对待金钱
    C 不要被困难打败
    D 换角度思考问题

33. A 黄河上游以南
   B 黄河下游北岸
   C 长江中游以北
   D 长江下游南岸

34. A 温暖
   B 繁荣
   C 遥远
   D 安静

35. A 商业发达
   B 教育水平高
   C 水多、风景美
   D 人才多、地方好

36. A 很多学生不理解
   B 很少学生那样做
   C 是研究人员的玩笑
   D 与第一个问题相矛盾

37. A 工作繁忙
   B 失去了爱情
   C 总体更成功
   D 忘记了梦想

38. A 进行得很困难
   B 持续了二十年
   C 结果被人质疑
   D 参与者越来越少

39. A 棋艺高的人
   B 下棋快的人
   C 想法独特的人
   D 头脑灵活的人

40. A 可能会输
   B 得到满足
   C 可以吸取教训
   D 水平得不到提高

41. A 个子高的人
   B 工作好的人
   C 朋友多的人
   D 更优秀的人

42. A 手指受伤了
   B 手拿不出来
   C 糖果不见了
   D 被爸爸批评了

43. A 要学会放弃
   B 谦虚使人进步
   C 人应该多动脑
   D 要有怀疑的精神

44. A 不舒服
   B 不理解
   C 无法呼吸
   D 想要离开

45. A 前后约2米
   B 左右约6米
   C 男女有差异
   D 跟性格有关

二、阅 读

第一部分

第46-60题：请选出正确答案。

46-48.

　　科学研究表明，经常对别人说"谢谢"，不仅会使人显得有礼貌、有教养，还能 __46__ 人们的身心健康发展。常常心怀感激的人，除了拥有更高的幸福感 __47__ 更加健康的身体外，与人相处得也更为融洽与和谐。同时，拥有一 __48__ 感恩的心，还会使人们保持积极乐观的生活态度，让他们在面对压力与困难时也能做到从容不迫，对未来充满信心。

46. **A** 促进　　　　　　**B** 说服　　　　　　**C** 模仿　　　　　　**D** 显示

47. **A** 然而　　　　　　**B** 以及　　　　　　**C** 除非　　　　　　**D** 万一

48. **A** 批　　　　　　　**B** 支　　　　　　　**C** 副　　　　　　　**D** 颗

49-52.

　　关于金钱与朋友，有一位知名人士这样说："我把钱借给朋友，从来不指望他们还。因为我想，如果他没钱还不了，一定不好意思来；如果他有钱而不想还，也一定不会再来。那么我 __49__ 也就这一次，就当花点儿钱认清了一个坏朋友。朋友借钱，只要数目不大，我都会答应，因为朋友间应该有通财之谊。 __50__ 借出去之后，我从不催讨，是怕伤了 __51__ 的和气。因此，每当我把钱借出去时，总有一种既借出去钱， __52__ 。而每当他们把钱还回来时，我便有一种金钱与朋友一起失而复得的感觉。"

49. **A** 吃亏　　　　　　**B** 夸张　　　　　　**C** 接近　　　　　　**D** 盼望

50. **A** 至于　　　　　　**B** 宁可　　　　　　**C** 一致　　　　　　**D** 逐步

51. **A** 类型　　　　　　**B** 彼此　　　　　　**C** 对手　　　　　　**D** 意外

52. **A** 而无法原谅他的　　　　　　　　　**B** 也希望他能尽早还钱
　　 C 而且像是失去了好友　　　　　　　**D** 又借出去朋友的感觉

53–56.

　　失败并不是 __53__ 不变的。失败只不过是差了点儿火候的成功。这就好像你把水从1℃加热到99℃，这期间看上去你都是"失败"的，__54__，水仍然是液态的水。但只要你再加一把柴，再添一把火，让水温再升高1℃，水的状态就会 __55__ 发生变化，从液态变成气态。人生也是如此，失败并不是最终的定论，也不是人生的绝处，只要你再加一点点热情、一点点信心、一点点 __56__，你就有可能从失败走向成功。

53. **A** 抽象　　　　　　**B** 固定　　　　　　**C** 单调　　　　　　**D** 谨慎

54. **A** 当水最终达到沸点时　　　　　**B** 只因这个过程是非常艰巨的
　　　C 因为你并没有改变水的状态　　**D** 其实你离成功只有一步之遥

55. **A** 彻底　　　　　　**B** 陆续　　　　　　**C** 一连　　　　　　**D** 重复

56. **A** 风格　　　　　　**B** 勇气　　　　　　**C** 启发　　　　　　**D** 步骤

57–60.

　　学生问老师："怎样才能过上幸福美好的生活呢?"老师回答道："首先你要有强壮的身体，其次要辛勤劳动，最后，还要拥有聪明和智慧。"

　　学生问："为何要将强壮的身体放在第一位呢?"老师说："如果没有强壮的身体，__57__，所以强壮的身体是美好生活的基石。"

　　学生问："为何要将辛勤劳动 __58__ 在聪明和智慧之前呢?"老师说："因为只有辛勤劳动，才能创造美好的生活。"

　　学生问："如果只要身体强壮、辛勤劳动，就能过上美好的生活，那么聪明和智慧不就是 __59__ 的吗?"老师回答道："强壮的身体和辛勤劳动只能创造美好的生活，而聪明和智慧才能让你懂得如何去 __60__ 美好的生活啊!"

57. **A** 生活中缺少了很多乐趣　　　　**B** 生命的意义在于它的宽度
　　　C 一切美好的愿望都是空想　　　**D** 努力付出也不一定有回报

58. **A** 捡　　　　　　**B** 摆　　　　　　**C** 插　　　　　　**D** 挡

59. **A** 多余　　　　　　**B** 优美　　　　　　**C** 生动　　　　　　**D** 轻易

60. **A** 承担　　　　　　**B** 享受　　　　　　**C** 掌握　　　　　　**D** 遭遇

第二部分

第61-70题：请选出与试题内容一致的一项。

61. "酸葡萄心理"是指把那些自己想要却得不到的东西说成是不好的一种心理状态，这种方法能起到自我安慰的作用。比如，别人有好东西，你很想要，但实际上你不可能得到，这时不妨利用"酸葡萄心理"，说那样东西的"坏话"，来压制自己不能被满足的需求。

    A 不应有"酸葡萄心理"
    B 要追求自己得不到的东西
    C "酸葡萄心理"需要接受治疗
    D "酸葡萄心理"能帮人获得心理平衡

62. 冬季气候很干燥，人们的活动也少，出汗不多，保护皮肤的皮脂膜相对比较薄，因此不应常用沐浴皂来洗澡，水温也不能过烫，每周洗两到三次为好，清洁过度反而容易引起皮肤发痒或者敏感等问题。

    A 冬季不宜频繁洗澡
    B 沐浴皂会杀菌灭毒
    C 冬季不适合户外活动
    D 每天泡脚易于血液循环

63. 筷子是中国人吃饭的主要工具，在使用上也有很多讲究。用餐过程中，说话时，不要拿着筷子随便晃动，也不要用筷子敲打碗、盘子以及桌面，更不能用筷子指别人。离开时，要将筷子轻轻放在桌子上或餐盘边，也不要插在碗里，而且尽量不要发出响声。

    A 要文明使用筷子
    B 筷子文化起源于山西
    C 用筷子要注意清洁卫生
    D 竹筷子需要半年更换一次

64. 心理学家发现，性格热情的人的社交圈子通常是其他人的数倍，他们的生活也比其他人更丰富多彩。无论何时何地，他们总能成为交际圈中的焦点和中心。热情不但可以提升人们自身的魅力指数，就连身边的朋友也能感受到他们带来的幸福，跟着一起享受生活的乐趣。

A 性格热情的人更骄傲
B 性格热情的人交际圈广
C 性格热情的人乐于帮助别人
D 性格热情的人生活压力更大

65. 王府井大街被誉为"中华第一街"，它南起东长安街，北至中国美术馆，全长约1.6公里，是北京一条著名的商业街。从前这条街的北段有很多王府，南段有一口水井，所以人们就称这条街为"王府井大街"。

A 王府井大街位于北京东边
B 王府井大街早上十分热闹
C 王府井大街是一条商业街
D 王府井大街有1600年历史

66. 人的生命有限，精力有限，什么东西都想得到的人，到最后往往什么都得不到，因此我们应当有所取舍。该取时，要毫不犹豫，勇往直前；该舍时，也要做到干脆果断，绝不可惜。任何患得患失的行为，都只会加重心理负担，无形之中成为我们前进的绊脚石。

A 要学会适当取舍
B 要确立明确的目标
C 做决定前要再三思考
D 经常运动有益于保持精力旺盛

67. 围棋是世界上最复杂的棋盘游戏，起源于公元前6世纪的中国。它是一种策略性二人棋类游戏，属于中国古代琴棋书画"四艺"之一，是当时上层人士修身养性的一项必修课。如今，围棋在亚太地区广泛流行，并逐渐受到世界各地人们的欢迎。

A 围棋属于对抗性游戏
B 围棋适合一个人玩儿
C 围棋有600多年的历史
D 围棋的影响范围正逐步扩大

68. 一个人如果长期生活在一个相对不变的环境中，没有新信息激发他去思考、去比较，他就很难"预测"未来。相反，一个人若处于不断变化的环境中，时常接触一些新的信息，他就可以打开思路，把自己在不同环境中观察到的东西加以比较，找出规律，预测出未来的发展趋势。

    A 未来是无法预测的
    B 要培养独立思考的能力
    C 变化的环境促进人成长
    D 要学会判断信息的真假

69. 有些人总是寄希望于明天，等到明天变成昨天，却说："如果我能重来一次……"太多人被"如果"带走了理想、渴望、荣誉，最终他们一事无成。正确地估计形势，抓住现在，才能有所作为。犹豫一分钟，必将失去60秒。

    A 要把握住现在
    B 工作要脚踏实地
    C 要树立可行的理想
    D 理论和实践必不可分

70. "滔滔不绝"是形容人的口头表达能力非常好，说话像长流的江水一样，不会停顿。但如果一个人只顾自己"滔滔不绝"地讲话，不听别人的看法，也不给别人说话的机会，那只会让人讨厌。

    A 要给人说话的机会
    B 写作能力尤为重要
    C 流畅表达需要不断练习
    D 成语"滔滔不绝"是贬义

第三部分

第71-90题：请选出正确答案。

71-74.

从前有一位吝啬的富翁，一天他不小心丢了钱包，十分着急，便广贴告示说，如果有人能替他把钱包找回来，他就把钱包里的金币分一半儿给那个人。

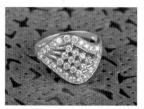

几天后，有位农民捡到钱包，立即将钱包交给了富翁。吝啬的富翁见到找回的钱包非常高兴，却又舍不得拿出一半儿金币。他故作惊慌地说："钱包里少了一枚钻石戒指。"那个农夫坚称自己从未见过钻石戒指。两人争吵起来，决定让法官来裁决。

法官早就听闻富翁为人吝啬，便问富翁："你敢肯定钱包里除了100枚金币，还有一枚钻石戒指吗？""是的，我可以发誓！我的戒指就在钱包里！"富翁说。"那好！"法官接着说，"这个钱包里只有100枚金币，没什么钻石戒指。由此可以断定，这个钱包并不是你丢的那个。你还是去找里边有钻石戒指的钱包吧。"

71. 如果有人能找回钱包，富翁答应：

    A 请他吃饭   **B** 和他做朋友

    C 给他一半钱   **D** 帮他实现愿望

72. 根据第2段，可以知道：

    A 富翁说了谎   **B** 戒指不见了

    C 富翁非常慌张   **D** 农民得到了金币

73. 法官为什么说那个钱包不是富翁的？

    A 想拿走金币   **B** 很同情农民

    C 跟富翁开玩笑   **D** 了解富翁为人

74. 最适合做上文标题的是：

    A 法官的烦恼   **B** 金币去哪儿了

    C 不公正的判决   **D** "丢失"的戒指

75–78.

　　生活中，有人经常一见钟情，而有人从未一见钟情过，还有人一生就只一见钟情过一次，结果就和对方结婚厮守到老。这样的例子在现实生活中还很常见。那么，人到底为什么会一见钟情呢？关于这个问题，在目前的心理学界还是众说纷纭。

　　从认知心理学的角度来看，如果对方的眼睛、鼻子、嘴巴等器官和自己的相似，我们就会对对方产生亲近感，这种亲近感是发展爱情的基础。还有一种说法认为，有人会对和自己免疫类型完全不同的人产生好感，他们能从对方身上感受到一种"传达物质"，这种物质也能促进爱情的发展。有趣的是，前一种说法认为，人会对与自己相似的异性一见钟情；而后一种说法认为，人会对与自己不同的异性一见钟情。

　　最近又出现了一种新的说法，认为人的大脑具有一种在瞬间找到结论的"适应性无意识"功能。它是人类所具有的一种瞬间判断能力。有些人一生只有一次一见钟情的经历，就能和一见钟情的对象厮守终生。这让我们相信，他们就是在一瞬间找到了这辈子最适合自己的人。因而，一见钟情所产生的爱情并不是暂时的感情，也许这才是爱情的本质。

75. 在生活中，一见钟情：

    A 只有一次　　　　　　　　　　**B** 很难产生
    C 因人而异　　　　　　　　　　**D** 与性别有关

76. 根据上文，属于认知心理学观点的是：

    A 外貌至上主义　　　　　　　　**B** 爱情需要物质基础
    C 穿着会影响第一印象　　　　　**D** 相似的人容易产生好感

77. 关于"适应性无意识"，可以知道：

    A 是女性所特有的　　　　　　　**B** 无法看清事物本质
    C 是种瞬间判断能力　　　　　　**D** 属于大脑的错误判断

78. 上文主要谈的是：

    A 爱情的条件　　　　　　　　　**B** 一见钟情的后果
    C 爱情比友情更重要　　　　　　**D** 一见钟情产生的原因

79–82.

有一位著名画家分享了他儿时经历过的一件事情：小时候，他的兴趣非常广泛，也很要强。画画儿、游泳、打篮球，必须样样第一才行，但这当然是不可能的。于是，他心灰意冷，学习成绩一落千丈。父亲知道后，找来一个漏斗和一些玉米种子，让他把手放在漏斗下面接着，然后拿起一粒种子投进漏斗，种子顺着漏斗滑到了他的手里。父亲投了十几次，他的手中也就有了十几粒种子。

接着父亲又抓起满满的一把玉米粒放到漏斗里面，玉米粒相互挤着，竟一粒也没有掉下来。父亲对他说："做事情就像往漏斗中投玉米粒一样。假如你每天都能做好一件事，那你每天都会有一粒种子的收获和快乐。可是，当你把所有的事情都挤到一块儿来做，那你连一粒种子也收获不到。"

每个人都渴望成功，不过，"一口吃不成胖子"，成功需要一步一步来。如果你想同时完成很多事情，同时实现很多愿望，事事都想做，事事都去做，那成功很可能将离你而去，成功对你而言，将可能只是美梦一场。

79. 无法实现样样第一后，那个画家：

　　A 专攻美术　　　　　　　　　　**B** 决心退学
　　C 失望难过　　　　　　　　　　**D** 被老师批评

80. 父亲把一大把玉米粒放到漏斗里时：

　　A 漏斗破了　　　　　　　　　　**B** 玉米粒被挤碎了
　　C 儿子感到很疑惑　　　　　　　**D** 没有一粒玉米掉下来

81. 父亲通过"漏斗"和"玉米"的实验想说明什么？

　　A 理想要符合现实　　　　　　　**B** 不努力就会被淘汰
　　C 事情要一件一件完成　　　　　**D** 机不可失，时不再来

82. 根据上文，下列哪项正确？

　　A 父亲是大学教授　　　　　　　**B** 画家是个乐观的人
　　C 父亲懂得如何教育孩子　　　　**D** 画家替父亲实现了愿望

83-86.

　　我跟儿子走在雪地里，年幼的儿子说："冬天的感觉真好！"我问："为什么？"儿子高兴地回答："因为冬天有大片大片的雪花，可以堆雪人、打雪仗、在雪地里赛跑。"未及我答话，儿子又问："明年的夏天，要什么时候才到啊？"我说："春天过后，就是夏天。""夏天也真好，能游泳，每天都能吃到雪糕……"儿子喃喃自语，满脸幸福的表情。那一刻，我被儿子的快乐情绪打动了。

　　我和孩子眼中的世界，差别该有多大啊！冬天，我看到的是北风肆虐、寒气袭人，常常抱怨；夏天，我看到的是骄阳似火、酷暑难耐。同样的世界，孩子看到的，却是一个个鲜活的季节，他们尽情享受生活中的每一个细节，生活中处处写着两个字"快乐"。

　　生活也是这样，成人更注重功利和结果，忽视过程和细节。成人的感受，更多的是无奈、愁苦。而孩子眼中更多的是阳光、美好、幸福和快乐。快乐看上去与我们相距甚远，但其实它包含在生活的每一个细节中，触手可及。

83. 下列哪项不是儿子喜欢冬天的原因？

　　A 吃雪糕　　　　　　　　　　**B** 堆雪人
　　C 打雪仗　　　　　　　　　　**D** 在雪地里跑

84. 第2段中"酷暑难耐"的意思最可能是：

　　A 攻击性特别强　　　　　　　**B** 日照时间很长
　　C 天热得受不了　　　　　　　**D** 人没有忍耐力

85. 根据上文，孩子的世界：

　　A 不成熟　　　　　　　　　　**B** 充满快乐
　　C 没有伤害　　　　　　　　　**D** 需要被管理

86. 根据上文，下列哪项正确？

　　A 成人易忽视过程　　　　　　**B** 儿子不喜欢秋天
　　C 成人的世界很孤独　　　　　**D** 年龄影响人的判断力

87–90.

一对好朋友在沙漠旅行中吵了一架，其中一人一气之下打了同伴一个耳光。被打的人愣了半天，最后却没有说话，只是在沙子上写下：今天我的好朋友打了我一个耳光。

经过长途跋涉，他们终于踏上了绿洲。看到清澈的河水，两人兴奋极了，摇摇晃晃地向河边走去。但由于天气炎热，再加上饥渴和劳累，他们的身体承受力已经到了极限，刚到河边，被打了耳光的那个人便一头栽进了河里。另一个人赶忙上前，费了很大力气才将他救起。被打的那个人醒来后，拿着刀在石头上刻下：今天我的好朋友救了我一命。

朋友不明白："为什么我打了你，你写在沙子上；我救了你，你却刻在石头上呢？"那人笑了笑，回答："把朋友的伤害写在沙子上，风会很快吹平它；把朋友的帮助刻在石头上，可以经得起时间的考验。"

生活中，人们常常会陷入一个怪圈：因为是朋友，便将他的付出和给予视为理所当然，少了感激；因为是朋友，便把他的错误看成不可原谅，多了苛责。其实，朋友间难免会产生矛盾、误会甚至是伤害，但这种伤害往往是无心的，如果因为这种无心的伤害而失去彼此，那将不仅是遗憾，而且是悲哀。忘记朋友的伤害，铭记朋友的关爱，珍惜身边的朋友吧。

87. 被同伴打了后，被打的人：

    A 恨在心里   **B** 突然晕倒了
    C 口渴想喝水   **D** 在沙子上写字

88. 两人到了河边后：

    A 刮起了大风   **B** 行李被偷走了
    C 装满了一壶水   **D** 被打的人掉进了河里

89. 被打的人为什么要在石头上刻字？

    A 希望别人看到   **B** 附近没有沙子
    C 记住朋友的帮助   **D** 浑身充满了力量

90. 最后一段画线词语"怪圈"指的是：

    A 对朋友要求过高   **B** 朋友间缺少信任
    C 很少关心亲近的人   **D** 亲情往往不被重视

三、书 写

第一部分

第91-98题：完成句子。

例如：发表　　这篇论文　　什么时候　　是　　　的

　　　<u>这篇论文是什么时候发表的?</u>

91. 在　　　政府部门　　　爷爷退休前　　　工作

92. 身体　　　怎样才　　　保持平衡　　　能　　　使

93. 完美　　　球员　　　配合得　　　相当　　　那两位

94. 申请签证的　　　比以前简化了　　　手续　　　不少

95. 果实　　　的　　　树上　　　成熟了

96. 睡眠　　　习惯　　　改变　　　劝她　　　医生

97. 孩子的　　　培养　　　爱心　　　养宠物　　　能

98. 的表现　　　是　　　一种　　　成熟　　　主动认错

第二部分

第 99–100 题：写短文。

99. 请结合下列词语(要全部使用，顺序不分先后)，写一篇80字左右的短文。

心理　　千万　　交流　　敏感　　青少年

100. 请结合这张图片写一篇80字左右的短文。

04회 모의고사

준비 다 되셨나요?

1. 듣기 파일은 트랙 'TEST 04'입니다.
   (듣기 파일은 **맛있는북스 홈페이지**(www.booksJRC.com)에서 무료로 다운로드 할 수 있습니다.)
   미리 준비하지 않으셨다면 **QR코드**를 스캔해서 듣기 파일을 준비해 주세요.

2. **답안카드**는 본책 259쪽에 수록되어 있습니다. 한 장을 자른 후에 답을 기입하세요.

3. 2B연필, 지우개, 시계도 준비하셨나요? 2B연필은 두 개를 준비하면 더 좋습니다. 하나는 마킹용,
   다른 하나는 쓰기 영역을 풀 때 사용하세요.

细节决定成败!
디테일이 성패를 결정한다!

汉语水平考试
HSK(五级)

注　意

一、HSK(五级)分三部分：

   1.　听力(45题，约30分钟)

   2.　阅读(45题，45分钟)

   3.　书写(10题，40分钟)

二、听力结束后，有5分钟填写答题卡。

三、全部考试约125分钟(含考生填写个人信息时间5分钟)。

一、听 力

第一部分

第1-20题：请选出正确答案。

1. **A** 有点儿贵
   B 面积不大
   C 光线较暗
   D 缺少装饰

2. **A** 改地点
   B 戴帽子
   C 在室外举行
   D 多穿一点儿

3. **A** 经济不景气
   B 进行得顺利
   C 应调整方案
   D 会尽全力去谈

4. **A** 合影
   B 做通讯录
   C 换手机号
   D 定聚会时间

5. **A** 不会划船
   B 喜欢吃桔子
   C 买了纪念品
   D 上周去郊区了

6. **A** 赶紧报名
   B 重在参与
   C 要刻苦练习
   D 推荐小刘参赛

7. **A** 是画家
   B 爱好摄影
   C 将要退休了
   D 迷上了养花

8. **A** 天晴了
   B 他们在开车
   C 气温下降了
   D 现在雾很大

9. **A** 是演员
   B 获了大奖
   C 主持节目
   D 正在制作电影

10. **A** 东西送错了
    B 收据不见了
    C 男的没带名片
    D 女的收到包裹了

11. **A** 牙疼
    B 太饱了
    C 不合胃口
    D 不会用筷子

12. **A** 戒指
    B 围巾
    C 项链
    D 皮鞋

13. **A** 报社
    B 杂志社
    C 电视台
    D 贸易公司

14. **A** 太旧了
    B 很费电
    C 操作复杂
    D 又出毛病了

15. **A** 太谦虚了
    B 目标明确
    C 令人佩服
    D 不适合做生意

16. **A** 角度偏
    B 缺乏新意
    C 主题独特
    D 研究范围大

17. **A** 用清水洗
    B 涂肥皂水
    C 给戒指加热
    D 使点儿劲儿

18. **A** 目的地太远
    B 小黄工作忙
    C 让小黄准备
    D 小黄不一定去

19. **A** 上网看见了
    B 接到电话了
    C 收到短信了
    D 询问了办公室

20. **A** 抽奖
    B 换礼物
    C 买商品
    D 下载优惠券

第二部分

第21-45题：请选出正确答案。

21. A 明天早上
    B 13号上午
    C 12号下午
    D 下个月中旬

22. A 高档的
    B 价格一般的
    C 现在流行的
    D 适合敏感皮肤的

23. A 科技发展
    B 网络购物
    C 居民消费
    D 智能手机

24. A 对工作不满
    B 偶尔要加班
    C 对业务不熟
    D 心态很轻松

25. A 不想发言
    B 参加演出
    C 有其他会议
    D 身体不舒服

26. A 减肥
    B 换班
    C 学网球
    D 给女的资料

27. A 充满信心
    B 学到了很多
    C 什么也不想
    D 没有太大把握

28. A 桌牌没放好
    B 嘉宾马上到
    C 麦克风不够
    D 小陈临时有事

29. A 退票
    B 改签
    C 取消机票
    D 重新预订

30. A 刘秘书
    B 高主任
    C 王经理
    D 张市长

31. A 有大雾
    B 天气恶劣
    C 前方堵车
    D 发生事故

32. A 提供晚餐
    B 暂时休息
    C 发放食品
    D 重新安检

33. A 不要说假话
B 避免闹矛盾
C 要始终如一
D 对人要亲切

34. A 令人灰心
B 被上司批评
C 被对方忽视
D 影响接待工作

35. A 竞争的原则
B 怎样发挥优势
C 建立正确价值观
D 最后印象很重要

36. A 聚会时
B 偶然碰见
C 自己去敲门
D 乘坐电梯时

37. A 一般
B 很愉快
C 争论不休
D 依然很陌生

38. A 要主动沟通
B 要诚实待人
C 要多赞美别人
D 要客观看问题

39. A 随便坐的
B 爱坐前排的
C 喜欢提问的
D 常坐后排的

40. A 分三个阶段
B 结果并不准确
C 来自一位教授
D 针对教师进行的

41. A 不要不懂装懂
B 不要逃避责任
C 快乐其实很简单
D 要保持向上的心态

42. A 要过期了
B 味道变了
C 比以前的小
D 种类太少了

43. A 很聪明
B 没有礼貌
C 只有一块钱
D 喜欢开玩笑

44. A 美观
B 节约能源
C 改善制冷功能
D 给人温暖的感觉

45. A 冰箱的功能
B 冰箱维修常识
C 选购冰箱注意事项
D 冰箱为何多为浅色

二、阅 读

第一部分

第46-60题：请选出正确答案。

46-48.

　　智慧是头脑的智能，是迅速、正确地理解事物的__46__，是一种洞察力和判断力。有勇气能改变可以改变的事情，有胸怀能__47__不可改变的事情，而有智慧就能知道何时能改变、何时不能改变，并且知道什么时候"为"、什么时候"不为"。知道自己喜欢做什么样的事，知道自己在做什么事，知道自己能把事情做到何种__48__，这就是智慧。

46. A 标志　　　　　B 风俗　　　　　C 能力　　　　　D 责任

47. A 拒绝　　　　　B 接受　　　　　C 担任　　　　　D 采取

48. A 制度　　　　　B 程度　　　　　C 规模　　　　　D 概念

49-52.

　　历史博物馆的灯光一般都是冷色调，并且偏暗，而展品会特别打光。这样既能保护文物，又可以__49__展品，营造气氛，而且这种灯光不容易使参观博物馆的观众感到眼部疲劳，__50__。当然，观众也不用担心偏暗的灯光会让人看不清楚，以至于__51__参观。因为博物馆的灯光都是经过__52__设计的，能最大限度地满足观众的参观需求，实现博物馆和观众的沟通和价值。

49. A 恢复　　　　　B 突出　　　　　C 讲究　　　　　D 适应

50. A 降低门票的成本　　　　　　　　B 征求了观众的意见
　　C 可以延长参观时间　　　　　　　D 会考虑减少照射时间

51. A 假装　　　　　B 缩小　　　　　C 妨碍　　　　　D 阻止

52. A 均匀　　　　　B 专门　　　　　C 深刻　　　　　D 密切

53–56.

　　在篮球比赛中，我们会发现球场上　53　没有穿一、二、三号球衣的运动员。为什么会这样呢？原来这与比赛中的判罚规则有关。　54　比赛规定，罚球时，裁判员用一根手指表示罚一次，两根手指表示罚两次。如果有队员三秒违例，裁判员会　55　出三根手指。而当队员犯规或球队换人时，裁判员也是用手势示意队员的号码。所以，如果场上设一、二、三号队员的话，　56　。

53. **A** 凡是　　　　　**B** 根本　　　　　**C** 格外　　　　　**D** 真实

54. **A** 顺便　　　　　**B** 通过　　　　　**C** 自从　　　　　**D** 按照

55. **A** 吐　　　　　　**B** 挑　　　　　　**C** 伸　　　　　　**D** 劝

56. **A** 教练会糊涂　　　　　　　　　　　**B** 比赛规则不能改变
　　 C 就很容易引起误会　　　　　　　　**D** 会使比赛气氛很紧张

57–60.

　　过程是一根线，结果是一个点。就拿登山来说，在登山的过程中，你可以走走停停，欣赏鲜花，　57　美景，享受清风的抚摸，静听小鸟的鸣唱。这一路上的胜景，就好像用一根线串在一起，串成一连串的幸福，系在心间。而登山的结果，就是登上山顶。也许在山顶你能享受到一种征服山峰的幸福，但这种幸福　58　是暂时、瞬间的，因为山顶只是一个点，你终究要从这个点走下来，随着你走下山顶，那种在山顶上的幸福感也就　59　了。

　　过程是绵长的，结果是短暂的。一根线的幸福，是拥有无数点的幸福，而一个点的幸福，　60　，瞬间就会过去，就会无影无踪。

57. **A** 游览　　　　　**B** 拥抱　　　　　**C** 展开　　　　　**D** 想象

58. **A** 如何　　　　　**B** 毕竟　　　　　**C** 未必　　　　　**D** 难怪

59. **A** 消失　　　　　**B** 灭绝　　　　　**C** 衰退　　　　　**D** 省略

60. **A** 是长久的　　　　　　　　　　　　**B** 让人无法忘怀
　　 C 充满了神秘感　　　　　　　　　　**D** 在漫长的人生旅途中

第二部分

第61-70题：请选出与试题内容一致的一项。

61. 经常熬夜的人常会感到疲倦、头痛，时间久了，免疫力也会下降。许多年轻人觉得无所谓，但是他们不知，到老的时候，身体的不少毛病就会显现出来，到时候再后悔就来不及了。

A 熬夜对身体伤害大
B 老年人要多补充睡眠
C 免疫力下降应多吃蔬菜
D 年轻人体力恢复得更快

62. 夫妻之间不要试着改变对方的生活习惯，因为对方已经这样生活二三十年了。正如中国古话所说"江山易改，本性难移"，要对方改变自己，按照你的要求来生活是非常难做到的，你要做的应该是适应对方。

A 改变需要时间
B 夫妻间要相互信任
C 要了解自己的优缺点
D 要尊重彼此的生活习惯

63. 家长都希望孩子用功学习，但孩子一般天性好动，有时家长就会采取强制措施，然而效果并不理想。其实强迫不如引导，家长不妨与孩子定个计划，把娱乐和学习的时间分别固定下来，逐渐培养孩子自觉学习的习惯。

A 孩子应该加强锻炼
B 学习比娱乐更重要
C 不要给孩子制定目标
D 应让孩子学会主动学习

64. 有氧运动是指以增强人体吸入、输送与使用氧气为目的的耐久性运动。它的特点是强度低、有节奏、不中断，而且持续时间较长。像步行、骑自行车等这样的有氧运动，能有效地改善心、肺功能，调节心理和精神状态。

A 有氧运动强度大
B 有氧运动效果不佳
C 有氧运动不适合老年人
D 有氧运动有利于身心健康

65. 海南岛风光美丽，历史悠久。它像一只雪梨，横卧在中国南海上，因此叫海南岛。这里气候条件很好，年平均气温在24度左右，没有冬天，一年四季到处鲜花盛开。夏天平均温度只有28.4度，比很多温带地区的夏天还凉快。

A 海南岛上鲜花很多
B 海南岛上盛产梨子
C 海南岛的气候多变
D 海南岛是温带地区

66. 很多化妆品店都会准备一些试用装供顾客试用，以便顾客挑选适合自己的产品。但试用装由于被频繁使用，存在着极大的卫生隐患，一不留神就会造成试用者之间的交叉感染。

A 化妆品易传播病毒
B 用试用装不太环保
C 试用装可能不卫生
D 化妆品最好先试用

67. "票号"是中国清朝出现的金融机构，相当于现在的银行。中国最早的票号是山西省的日升昌票号，它坐落于平遥古城西大街的繁华地段，是中国现代银行的开山鼻祖。日升昌票号历经百年，分号遍布全国35个大中城市，业务远及欧美、东南亚等。

A 票号创办于明朝
B 票号是现代金融机构
C 日升昌的业务远及海外
D 中国最早的票号位于北京市

68. 科学家们发现不同的植物喜欢不同颜色的光。这一发现可应用于农业生产上：在红光照射下，小麦发育快，成熟早，辣椒生长快，结果多；在紫光照射下，西红柿能多产40%以上。随着科学技术的进步，颜色在农业上的应用也将越来越广泛。

A 辣椒喜欢紫色光
B 植物的生长离不开水源
C 阳光越充足农作物产量越高
D 合理利用光照可促进农作物增产

69. 失败时，身旁的人可能会告诉你：要坚强，要快乐。然而没有人能在跌得头破血流的时候，还高兴得起来。但是至少我们应该做到平静，平静地看待这件事，把其他该处理的事处理好，这也算是另一种意义上的成功。

A 坚强可以战胜失败
B 要平静地对待失败
C 乐观的人更容易成功
D 保持快乐是成功的秘诀

70. 俗语"一方水土养一方人"比喻一定的环境会造就一定的人才。每个地区的水土环境、人文环境都不相同，人们的生活方式、风俗习惯和思想观念也就随之而改变。生活在同一环境中的人，性格也会很相似，从而带有一种地域的独特性。

A 心情容易受别人的影响
B 一个人的习惯很难改变
C 同一环境下的人有共同点
D 不同地区的建筑风格差别很大

第三部分

第71-90题：请选出正确答案。

71-74.

一辆货车在通过一个天桥时，由于司机没有看清楚天桥的高度标记，结果车被卡在了天桥下面。当时货车上装的货物很重，所以很难一下子把车开出来或者退回去。为了使货车移动，司机想了很多办法，但都无济于事。

在等待救援的过程中，一个站在旁边围观的小伙子走了过来，对司机说道："你把车胎的气放出来点儿不就可以过去了吗？"司机觉得他说的有道理，便将车胎的气放了一些出来，只见车的高度马上降了下来，最后，货车顺利地通过了天桥。

许多时候，我们无法从眼前的事物和固定的思维模式中脱离出来，所以始终被问题所困扰。而如果换一种思维方式，也许恰好就能发现问题的本质，从而找到解决问题的答案。

71. 根据第1段，那辆货车：

    A 被撞了   **B** 超重了

    C 闯红灯了   **D** 被困住了

72. 那个小伙子有什么建议？

    A 打电话报警   **B** 给车胎放气

    C 叫人来推车   **D** 把货物搬下来

73. 根据上文，下列哪项正确？

    A 司机超速了   **B** 小伙子吹牛了

    C 来了很多人帮忙   **D** 小伙子的办法很有效

74. 上文主要想告诉我们：

    A 做事要分轻重缓急   **B** 避免犯同样的错误

    C 要多听别人的意见   **D** 要学会换角度思考

75–78.

科学家将一批老鼠分成两组，第一组被放入一个盛满不透明液体的池子里，里面有一座小岛，但淹没在液体下面，老鼠看不见它。老鼠们拼命地游，直到发现自己已经游到了一个小岛上，感觉<u>没有了性命之忧</u>才停下来休息。第二组也被放在装满不透明液体的池子里，但没有小岛。老鼠们也拼命地游，直到筋疲力尽才停下来。

然后，这两组老鼠被放入同一个池子里，里面没有小岛。结果第一组老鼠因为满怀着找到小岛的希望，坚持游泳的时间是第二组的两倍。而从来没有见过小岛的老鼠们只游了一会儿就放弃了，它们知道再坚持游下去也没有用，于是选择了在绝望中让自己沉没。换言之，它们学会了某种悲观的思维方式，这导致了其行动上的"无能"。

这个实验说明，如果你曾有通过努力得到成功的经验，就能比较容易地树立起乐观精神。

75. 第1段中，画线句子"没有了性命之忧"是什么意思？

    A 能够活下来   **B** 努力向前进

    C 烦恼全部都消失   **D** 没有了竞争对手

76. 第一次实验时，第二组老鼠：

    A 尽力游泳   **B** 到达了小岛

    C 懒洋洋地闲着   **D** 比第一组本领大

77. 第二次实验时，第一组老鼠表现怎么样？

    A 发现了小岛   **B** 没有发挥能力

    C 坚持时间更长   **D** 感到十分失望

78. 这个实验说明了什么？

    A 人生处处有选择   **B** 团队精神决定成败

    C 要克服自己的弱点   **D** 成功会让人更乐观

79–82.

在日常生活中，谁都有不小心打碎东西的时候，但极少有人会去研究这些碎片中的学问。有位物理学家却从花瓶的碎片中发现了一个规律，总结出了"碎花瓶理论"。他将打碎后的物体碎片按重量级的数量分类，不同的重量级间会表现出统一的倍数关系。例如，被打碎的花瓶，最大的碎片与次大的碎片重量比是16:1，次大的与第三大的碎片间的重量比也是16:1。

物理学家进一步研究发现，不同形状的物体，这个重量比是不同的。对于花瓶或茶杯状的物体，这个倍数约为16，棒状物体约为11，球状物体则约为40。更重要的是，这个倍数与物体的材料无关，即使是一块儿冻豆腐摔碎了，也会遵循这个规律。

由此可知，只要有同一物体的部分碎片就能求出这个倍数，从而可以推测出物体破碎前的大概形状。目前，"碎花瓶理论"在恢复文物原貌、推测陨石形状等工作中有特别的用处，它给这些原来全凭经验和想象的工作提供了理论依据。

79. 根据第1段，最大的花瓶碎片：

A 太脆弱　　　　　　　　　　　　B 形状规则

C 形状最特别　　　　　　　　　　D 是次大的16倍重

80. 第2段中，举"冻豆腐"的例子是为了说明：

A 形状和重量比无关　　　　　　　B 重量比与温度有关

C 碎花瓶理论没有道理　　　　　　D 重量比不受材料影响

81. 关于碎花瓶理论，下列哪项正确？

A 缺少理论支持　　　　　　　　　B 被部分人怀疑

C 对气候条件要求高　　　　　　　D 重量比不是固定的

82. 最后一段主要介绍的是碎花瓶理论的：

A 市场前景　　　　　　　　　　　B 实验条件

C 应用价值　　　　　　　　　　　D 提出过程

83–86.

从前，有个叫公孙仪的人，非常善于弹琴。从他的琴声中能听出泉水涓涓，也能听出大海的怒涛；能听出秋虫的低鸣，也能听出小鸟婉转的歌唱。他弹奏欢快的曲调，会让人眉开眼笑；而悲哀的曲调，又使人心酸不已，甚至跟着琴声呜咽。凡是听过他弹琴的人，没有不被他的琴声打动的。

一次，公孙仪在弹琴时，看见有几头牛在不远处吃草，不由得突发奇想：我的琴声，听了的人都说好，牛会不会也觉得好呢？于是，公孙仪就坐到牛旁边，弹了他最拿手的曲子——《清角》。他的琴声美妙极了，任何人听了都会发出"此曲只应天上有，人间能得几回闻"的感慨。可是那些牛还是静静地低着头吃草，丝毫没有反应，就好像它们什么都没听到一样。

公孙仪想了想，又重新弹了一曲。这一次曲调变了，音不成音、调不成调，听上去实在不怎么样，像是一群蚊子扇动翅膀发出的"嗡嗡"声，中间似乎还夹杂着小牛"哞哞"的叫声。这回牛总算有了反应，纷纷竖起耳朵、甩着尾巴听了起来。琴声最终引起了牛的注意，是因为这个声音接近它所熟悉的东西。

后来，人们就用"对牛弹琴"这个成语来比喻有些人说话不看对象，对外行人说内行话，白白浪费了时间。

83. 根据第1段，公孙仪：

    A 琴声动人   **B** 是宋朝人

    C 歌声极美   **D** 喜欢养动物

84. 为什么公孙仪弹第二支曲子时才引起了牛的注意?

    A 牛吃光了草   **B** 琴声变大了

    C 他换了一把琴   **D** 是牛熟悉的声音

85. 根据上文，下列哪项正确?

    A 音乐来源于自然   **B** 公孙仪十分谦虚

    C 不存在完美的人   **D** 牛不会欣赏琴声

86. 上文主要想告诉我们什么?

    A 人生不应重复   **B** 不要害怕困难

    C 做事要看对象   **D** 细节决定成败

87–90.

甲、乙二人约好时间于某处相见。甲按时到达；乙在路上遇到一位故友，寒暄了一阵儿，赶到约定地点时，迟到了半小时。乙说："抱歉！迟到了一会儿。"甲说："我等老半天了，腿都站酸了。一会儿？一会儿有多久？"乙说："最多不到十分钟。"甲说："起码一小时。"

客观时间是半小时，乙估计"最多不到十分钟"，甲估计"起码一小时"，是甲有意夸大、乙有意缩小吗？不，他们说的都是自己内心体验的实话。那么为什么会有这种现象呢？这就是时间知觉的特点：相对主观性。

在同样一段时间里，人们为什么会有长短不同的感觉呢？这首先是因为人们所参与的活动的内容影响着人们对时间的估计。在上面的事例中，甲干等着，腿都站酸了，乙与故友久别重逢，寒暄说话。一个活动内容枯燥，一个活动热烈有趣，难免造成时间知觉上的差异。其次，情绪和态度影响人对时间的估计，这正如人们常说的"欢乐恨时短"，"寂寞嫌时长"，"光阴似箭"，"度日如年"等。心理学研究发现，有许多因素影响人们对时间的知觉。实际上，客观时间并不会因为人们的主观感觉而变快或变慢。然而人们却可以运用心理学知识，掌握时间错觉，利用时间错觉，使某些活动产生特殊的心理效应。

87. 根据第1段，可以知道：

　　A 甲临时有事　　　　　　　　　B 甲准时到了
　　C 约会地点有变动　　　　　　　D 乙迟到了一个小时

88. 为什么甲觉得时间特别长？

　　A 腿扭伤了　　　　　　　　　　B 天气很寒冷
　　C 因乙迟到而生气　　　　　　　D 等待让人觉得无聊

89. 根据最后一段，下列哪项正确？

　　A 乙的感受更准确　　　　　　　B 睡前不易做运动
　　C 客观时间不会变　　　　　　　D 情绪与主观感受无关

90. 最适合做上文标题的是：

　　A 时间与命运　　　　　　　　　B 时间就是金钱
　　C 约会注意事项　　　　　　　　D 时间的"快""慢"

三、书 写

第一部分

第91-98题：完成句子。

例如：　发表　　这篇论文　　什么时候　　是　　的

　　　　<u>这篇论文是什么时候发表的?</u>

91.　作品　　　　得到了　　　　他的　　　　观众的认可

92.　明显　　　效果　　　那种　　　治疗失眠的方法　　　更

93.　香肠　　　这些　　　吧　　　过期了　　　已经

94.　劳动节　　　本店照常　　　营业　　　期间

95.　贷款利率　　　再次　　　调整　　　做了　　　银行对

96.　评为　　　主持人　　　他连续五年　　　优秀　　　被

97.　需要　　　你的杀毒　　　软件　　　升级了

98.　请您　　　相关　　　一下　　　信息　　　填写

第二部分

第 99–100 题：写短文。

99. 请结合下列词语(要全部使用，顺序不分先后)，写一篇80字左右的短文。

外语　　进步　　掌握　　灰心　　鼓励

100. 请结合这张图片写一篇80字左右的短文。

05회

모의고사

녹음 듣기

준비 다 되셨나요?

1. 듣기 파일은 트랙 '**TEST 05**'입니다.
   (듣기 파일은 **맛있는북스 홈페이지**(www.booksJRC.com)에서 무료로 다운로드 할 수 있습니다.)
   미리 준비하지 않으셨다면 **QR코드**를 스캔해서 듣기 파일을 준비해 주세요.

2. **답안카드**는 본책 259쪽에 수록되어 있습니다. 한 장을 자른 후에 답을 기입하세요.

3. **2B연필, 지우개, 시계**도 준비하셨나요? 2B연필은 두 개를 준비하면 더 좋습니다. 하나는 마킹용,
   다른 하나는 쓰기 영역을 풀 때 사용하세요.

一步一个脚印!
한 걸음씩 착실하게 나간다!

汉语水平考试
HSK(五级)

注　意

一、HSK (五级) 分三部分：

1. 听力 (45题，约30分钟)

2. 阅读 (45题，45分钟)

3. 书写 (10题，40分钟)

二、听力结束后，有5分钟填写答题卡。

三、全部考试约125分钟 (含考生填写个人信息时间5分钟)。

一、听 力

第一部分

第 1-20 题：请选出正确答案。

1. **A** 没电了
   B 缺零件
   C 碰到水了
   D 被撞坏了

2. **A** 晕车了
   B 失眠了
   C 喝酒了
   D 发烧了

3. **A** 很有耐心
   B 知识丰富
   C 经过专门培训
   D 不喜欢调皮的孩子

4. **A** 存款不多
   B 不想贷款
   C 想咨询专家
   D 再考虑一下

5. **A** 很结实
   B 很高档
   C 很实用
   D 很时尚

6. **A** 不想安装
   B 收费太贵了
   C 空调质量不好
   D 男的弄错时间了

7. **A** 洗澡
   B 冲奶粉
   C 带孩子看病
   D 给孩子盖被子

8. **A** 提前挂号
   B 带毕业证
   C 查考试成绩
   D 抓紧时间报名

9. **A** 风景好
   B 交通便捷
   C 历史悠久
   D 人口密集

10. **A** 太甜了
    B 味道变了
    C 被挤碎了
    D 怀疑过期了

11. **A** 女的是记者
    B 女的不能参加
    C 签售会在下周举行
    D 男的在图书大厦工作

12. **A** 财经杂志
    B 古典小说
    C 心理书籍
    D 计算机书籍

13. A 找不到眼镜
    B 新配了眼镜
    C 看不清字幕
    D 不想去医院

14. A 商场对面
    B 学校宿舍
    C 广场北边
    D 广场南边

15. A 价格低
    B 设计独特
    C 知名度高
    D 天然无污染

16. A 确认数量
    B 复制文件
    C 设置密码
    D 修改地址

17. A 要注意细节
    B 输赢不重要
    C 结果还不确定
    D 德国队一定不会输

18. A 香肠
    B 白醋
    C 零食
    D 馒头

19. A 车次少
    B 人太多了
    C 发车时间晚
    D 终点站在郊区

20. A 犹豫不决
    B 表现出色
    C 非常干脆
    D 无法坚持到底

第二部分

第21-45题：请选出正确答案。

21. A 简历优秀
    B 工作没定
    C 是报社编辑
    D 面试表现很好

22. A 剪短发了
    B 想换个心情
    C 头发长得快
    D 心情很低落

23. A 4万元
    B 10万元
    C 15万元
    D 20万元

24. A 很朴实
    B 装饰华丽
    C 带有浪漫色彩
    D 传统与流行结合

25. A 整理材料
    B 预订机票
    C 替他去北京
    D 去机场接人

26. A 商场
    B 酒店
    C 旅行社
    D 大使馆

27. A 处理数据
    B 填登记表
    C 下载软件
    D 修改照片大小

28. A 规模大
    B 参赛者不多
    C 将持续10天
    D 是最后一届

29. A 要放在室外
    B 浇水要适度
    C 最好天天浇水
    D 竹子不适合家养

30. A 设备坏了
    B 受天气影响
    C 前方在修路
    D 临时改变方向

31. A 种树
    B 搬花盆
    C 抓兔子
    D 吃花生

32. A 参考资料
    B 向他求助
    C 学会放弃
    D 集中精力

33. A 要做鸟窝
   B 要给鸟洗澡
   C 想先收拾卧室
   D 为了征求妈妈同意

34. A 飞走了
   B 被猫吃了
   C 被狗咬了
   D 被妈妈放走了

35. A 做事不能犹豫
   B 善良是种美德
   C 不要轻易放弃
   D 严格要求自己

36. A 最难忘的人
   B 最讨厌的同学
   C 最尊敬的老师
   D 最密切的朋友

37. A 活泼开朗的
   B 能互帮互助的
   C 与自己相似的
   D 和自己性格互补的

38. A 友情比爱情更重要
   B 年轻人记忆力更好
   C 别人的支持是一种安慰
   D 朋友的肯定能带来安全感

39. A 人手不够
   B 竞争激烈
   C 生意太差
   D 装修费用高

40. A 很合理
   B 很奇怪
   C 显得太笨
   D 值得一试

41. A 买铃铛
   B 指出错误
   C 询问价格
   D 体验最新设施

42. A 不爱吃鱼
   B 不想继续做官
   C 不按规定办事
   D 不收别人送的鱼

43. A 要相信别人
   B 不要占小便宜
   C 不要忽视别人
   D 要时刻保持紧张

44. A 置之不理
   B 把洞补好
   C 找东西盖上
   D 换一件衣服

45. A 要学会知错就改
   B 不要片面看问题
   C 不要满足于现状
   D 眼见不一定为实

二、阅 读

第一部分

第46-60题：请选出正确答案。

46-48.

　　鼓励是一种重要的教育方法，每个人都能在不断地鼓励下获得自信、勇气和上进心。实践__46__，鼓励可以使人心情愉快，而当一个人在愉快的心境下学习时，无论是感觉、知觉，还是思维和记忆力，都会处于最佳__47__。所以，在教育孩子时，可以适当地鼓励孩子，这样做不仅可以增强他们的自信心，使孩子意识到自己的能力，还能提高他们对学习的兴趣，使他们__48__去求知。

46. **A** 把握　　　　　**B** 证明　　　　　**C** 提倡　　　　　**D** 观察

47. **A** 行为　　　　　**B** 状态　　　　　**C** 现象　　　　　**D** 背景

48. **A** 合理　　　　　**B** 悄悄　　　　　**C** 主动　　　　　**D** 干脆

49-52.

　　有这样一些人，他们在完成任何一__49__工作时，一开始就会预想到失败，从而产生一种莫名的恐惧，最后也多以失败告终。心理学上将这种现象称为"失败综合征"。有"失败综合征"的人，只希望自己完成无挑战性的、没有失败压力的工作。他们觉得失败会"丢面子"，所以他们往往过高地估计困难，__50__，工作起来仅用一半儿的努力。大量的__51__告诉我们：如果不冒险、不敢面对失败，想要成功是不可能的。只要勇敢地承担风险，用科学的态度去__52__失败，就能消除"失败综合征"的心理。

49. **A** 项　　　　　　**B** 幅　　　　　　**C** 片　　　　　　**D** 首

50. **A** 把成功看成唯一目的　　　　　　　**B** 从而分析发展的趋势
　　C 认为一切都是无所谓的　　　　　　**D** 而又过低地估计自己的能力

51. **A** 事物　　　　　**B** 事实　　　　　**C** 空间　　　　　**D** 领域

52. **A** 对待　　　　　**B** 采取　　　　　**C** 克服　　　　　**D** 否认

53–56.

　　潜水是以水下活动为主要内容，以锻炼身体、休闲娱乐为主要目的的运动，深受广大年轻人的喜爱。 __53__ 潜水运动在全球的流行，走进美妙的水中世界，尽情欣赏五颜六色、千姿百态的海底生物已经不再是一个童话般的 __54__ ，而是一份令人惊喜不已的浪漫。进入互联网时代后， __55__ ，指在他人不知情的情况下，隐蔽地浏览信息或留言、而不主动表露自己身份的行为，这与潜水时在水下不露头的动作非常 __56__ 。

53. **A** 对比　　　　　**B** 随着　　　　　**C** 按照　　　　　**D** 利用

54. **A** 愿望　　　　　**B** 形象　　　　　**C** 风俗　　　　　**D** 秘密

55. **A** 潜水运动越来越普遍　　　　　　**B** 潜水的风险也逐渐突出
　　C 潜水不再有年龄的限制　　　　　**D** 潜水一词又有了新的意思

56. **A** 仿佛　　　　　**B** 密切　　　　　**C** 平衡　　　　　**D** 相似

57–60.

　　有一次，著名画家李方膺到朋友家做客。大家天南海北，无所不谈，谈着谈着， __57__ 转到了绘画上。其中一个人说："我看世界上什么都能入画，就一种东西画不出来。"有人问它是什么东西，他轻轻地说了一个字："风。"大家听了都沉默不语， __58__ ，只有李方膺不以为然地说："风，能画，完全能画。"在场的人听了很好奇，都催促李方膺，让他当场给大家画一张"风"看看。

　　李方膺没有 __59__ ，他沉思片刻，便俯身画起来。不到一顿饭的功夫，就把"风"画出来了。众人忙上前观看，只见画面上有片茂密的竹林，正用力地向一边倾斜着，使人一看就能 __60__ 地感到一股狂风正在吹过，似乎还能听到竹叶互相摩擦的"沙沙"声。在场的人无不连声称赞。

57. **A** 气氛　　　　　**B** 话题　　　　　**C** 视觉　　　　　**D** 道理

58. **A** 觉得的确如此　　　　　　　　　**B** 每个人都很得意
　　C 根本不相信他的话　　　　　　　**D** 认为他不过是吹牛罢了

59. **A** 期待　　　　　**B** 推辞　　　　　**C** 躲藏　　　　　**D** 讽刺

60. **A** 强烈　　　　　**B** 纷纷　　　　　**C** 陆续　　　　　**D** 敏感

第二部分

第61－70题：请选出与试题内容一致的一项。

61. 洞庭湖位于湖南、湖北省交界处，是中国第二大淡水湖，号称"八百里洞庭"。洞庭湖风光迷人，它最大的特点是湖中有山，湖外有湖，水天一色。湖南省和湖北省中的"湖"字，指的就是洞庭湖。

   A 洞庭湖的水是咸的
   B 洞庭湖面积在不断扩大
   C 洞庭湖动植物种类繁多
   D 湖南省的名字与洞庭湖有关

62. 昆虫是地球上数量最多的动物群体，它们的踪迹几乎遍布世界的每个角落。大多数昆虫都具有高超的飞行技术，能借助飞行来选择适宜的生存环境，寻找食物和同伴。

   A 昆虫的分布很广
   B 昆虫会传播病毒
   C 昆虫的数量非常有限
   D 昆虫的飞行技术不佳

63. 中国古代的神话传说"嫦娥奔月"流传已久。据说嫦娥的丈夫后羿得到了不死药，为避免坏人抢走仙药，嫦娥就自己吞下了不死药，结果她飞到了月亮上，从此与后羿分离。月母见二人互相思念却不能相见，就让嫦娥每年八月十五这天与后羿相会。这就是中秋节团圆习俗的由来。

   A 后羿偷吃了不死药
   B 嫦娥和后羿每月见一次
   C 不死药最终被坏人抢走
   D 月母帮助后羿和嫦娥见面

64. 在生命的旅途中，走得一帆风顺固然值得庆幸，但多走几段弯路也未必不是一种收获。多欣赏几段风景，就会多一些生活体验。人生之旅是否有意义、有价值，不在于起点或终点的输赢，也不在于途中的你追我赶，而在于沿途所见的风景，以及内心的那份感受与领悟。

A 不要走弯路
B 旅行有助于开阔视野
C 过程有时比结果重要
D 人生的意义在于输赢

65. 模特是一种与时尚紧密相关的职业。模特们用自己的身体语言来表现服装或者其他物品的内涵，给人带来美的享受。但并不是每个人都可以成为模特，做模特的人通常身材非常好，很苗条，而且个子也很高。

A 模特的语言表达能力强
B 模特不喜欢吃油炸食品
C 模特对身材的要求很高
D 高学历的人很难成为模特

66. 企业的发展离不开团队，企业管理者必须学会如何组织、掌握及管理团队。企业管理者应以每个员工的专长为思考点，为他们安排适当的位置，并依照他们的优缺点做机动性的调整，使团队发挥最大的效能。

A 企业不应忽视网络安全
B 管理者应重视员工的意见
C 团队建设对企业管理很重要
D 企业的发展离不开政府的支持

67. 武术伴随着历史与文明的发展，走过了几千年的风雨历程。因为训练的过程很艰苦，所以练武不仅可以提高人的身体素质，还能够磨练人的意志和品格，这也是练武者往往都具有勤奋刻苦、坚强勇敢的品质的原因。

A 武术在不断发展变化
B 练武有益于身心健康
C 武术是现代流行运动
D 很多父母让孩子练武

68. 铁树开花具有很强的地域性。在热带，铁树生长10年后就能开花结果。但当它被移植到中国寒冷干燥的地方时，就很少开花了。即使是室内盆栽的铁树，有的往往也要几十年甚至上百年才能开花，所以人们就用"铁树开花"来比喻极难实现或非常罕见的事情。

    A 铁树开花是不存在的
    B 盆栽铁树可年年开花
    C 铁树开花需一定的气候条件
    D 铁树原本生长在寒冷的北方

69. 结婚后随着生活的深入，夫妻双方各自的弱点会逐渐暴露出来，这时很容易出现感情的摩擦。几乎所有的夫妻都要经过这样一个磨合期，这段时期，夫妻双方要互相谅解，不要只看对方的缺点，伤了彼此的和气。

    A 恋爱时摩擦会很大
    B 婚姻让人变得温柔
    C 婚后缺点会被放大
    D 夫妻间要互相体谅

70. 《本草纲目》是明代李时珍写的一本医药学著作。书中记录了1892种药物，而且对每一种药物的产地、形态、栽培及功用等都进行了叙述。此外，书中还记载了古代医家和民间流传的药方11096个，并附有千余幅图片。该书现已被翻译成多种语言在国外流传。

    A 《本草纲目》图片模糊不清
    B 《本草纲目》由多人合作完成
    C 《本草纲目》被保存在博物馆
    D 《本草纲目》记录了很多药方

第三部分

第71-90题：请选出正确答案。

71-74.

　　从前，一位国王梦见自己的牙齿都掉了。他对此梦疑惑不解，于是请一位智者为他解梦。智者说："陛下，很不幸，每掉一颗牙齿，就意味着您会失去一个亲人。"国王大怒："你竟敢胡说八道，给我滚出去！"国王气愤之余，还命人重打了这位智者100棍。国王又找来另一位智者为他解梦。这位智者对国王说："陛下，您真幸福！这是个吉祥的梦，意味着您会比您的亲人长寿。"国王听后大喜，赏给这位智者100个金币。

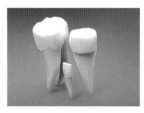

　　当这位智者拿着赏金走出宫殿时，一位大臣不解地问他："真是<u>不可思议</u>！您对梦的解释其实同第一位智者是一样的，为什么他被惩罚了，而您却得到了金币呢？"智者语重心长地说："很简单，不同的表达方式所产生的效果往往有很大的差异，真理亦须巧言。任何时候都要讲真话，但说出真相也要选择适当的方式。真理就像一块儿宝石，如果拿起来扔到别人的脸上，就可能造成伤害。但是，如果加上精美的包装，诚心诚意地奉上，对方必定会欣然接受。"

71. 关于第一位智者，可以知道：

 A 撒了谎   **B** 运气好
 C 挨了打   **D** 指责国王

72. 下列哪项不是第二位智者的观点？

 A 一定要讲真话   **B** 说话要分对象
 C 国王会失去亲人   **D** 国王比亲人的寿命长

73. 第2段中画线词语"不可思议"是什么意思？

 A 没办法思考   **B** 感觉非常矛盾
 C 让人难以理解   **D** 不要背后议论人

74. 这个故事主要想告诉我们什么？

 A 沉默是金   **B** 要学会赞美他人
 C 学问需要不断积累   **D** 说话要注意表达方式

75-78.

　　小时候，我认识一个木匠，他擅长吹笛子。一天，我到山上砍了根竹子，请他帮我做一支笛子。他苦笑道："不是每根竹子都能做成笛子的。"我觉得他是在骗我，我找的那根竹子粗细适宜，厚薄均匀，质感光滑，竹节也不明显，是我千挑万选才相中的，为什么不能做成笛子呢？

　　他解释说："这是今年的竹子，就算做成了笛子，也经不起吹奏。"我更加困惑了：今年的竹子怎么了？难道非要放旧了再拿来做？东西不都是越新鲜越好吗？他看出了我的困惑，接着讲道："你不知道，凡是用来做笛子的竹子都需要经历寒冬。因为竹子在春夏长得太散漫，只有到了冬天，气温骤冷，天天'风刀霜剑严相逼'，它的质地才会改变，做成笛子吹起来才不会走调。而当年生的竹子，没有经过霜冻雪侵，尽管看起来长得不错，然而用来制作笛子的话，不但音色会差许多，而且还会出现小裂痕，虫子也很喜欢蛀这样的竹子。"

　　其实，人生就好比是这根用来做笛子的竹子，只有历经了风霜雨雪、千锤百炼，才能奏出动人的曲子。

75. 作者为什么觉得木匠在骗他？

　　A 他也会吹笛子　　　　　　　　　**B** 木匠态度不好
　　C 他找的那个竹子很好　　　　　　**D** 木匠的表情让人怀疑

76. 根据第2段，用"今年的竹子"做成的笛子：

　　A 不耐吹　　　　　　　　　　　　**B** 不新鲜
　　C 颜色鲜艳　　　　　　　　　　　**D** 笛孔较少

77. 经历过寒冬的竹子：

　　A 少有裂痕　　　　　　　　　　　**B** 长得散漫
　　C 质感更光滑　　　　　　　　　　**D** 不适合做笛子

78. 上文主要想告诉我们什么？

　　A 好奇心让人进步　　　　　　　　**B** 苦难会使人成长
　　C 不要轻易否定自己　　　　　　　**D** 要勇于迈出第一步

79–82.

人类习惯躺着睡觉，与人类不同，鸟类大都是以双足紧扣树枝的方式"坐"在数米高的树上睡觉的，而且从不会跌落下来。这是为什么呢？

一位鸟类学家解释说，人类和鸟类的肌肉作用方式有很大的区别，尤其是在进行"抓"这一动作时，更是完全相反。

两者相比较，人类是主动地去抓，鸟类则是被动地去抓。当人类想要抓住东西的时候，需要用力使肌肉紧张起来。而鸟类只有在要松开所抓的物体时，肌肉才会紧张起来。也就是说，当鸟类飞离树枝时，其爪子的肌肉呈紧张状态，而当它"坐"稳之后，肌肉便松弛下来，爪子就自然地抓住树枝了。

这位鸟类学家还介绍说，不同的鸟睡眠时间也不大相同。鹬属的鸟基本上一天只睡一到三个小时；啄木鸟等穴洞孵卵鸟类睡眠时间最长，大约要睡6个小时。另外，他还指出，同人类相比，鸟类没有"深度睡眠"这一阶段，它们所谓的睡眠只是进入了一种"安静的状态"而已，因为它们必须警惕随时可能出现的天敌，以便及时地飞走逃生。

79. 根据第1段，鸟类一般：

    A 躲在洞里睡觉   **B** 贴在墙上睡觉

    C 坐在树枝上睡觉   **D** 平躺在屋顶上睡觉

80. 为什么鸟类与人类的睡眠方式不同？

    A 体重不同   **B** 睡眠环境不同

    C 大脑发育程度不同   **D** 肌肉作用方式不同

81. 根据第4段，下列哪项正确？

    A 很多鸟只在凌晨睡觉   **B** 啄木鸟的睡眠时间短

    C 鸟类的睡眠时间不等   **D** 鹬属的鸟每天睡6小时

82. 鸟类没有"深度睡眠"是因为：

    A 身体结构所致   **B** 为了保持警觉

    C 听觉十分敏感   **D** 睡眠姿势不舒服

83-86.

　　从前有一户姓张的人家和一户姓吴的人家相邻。两家中间有三尺空地，由于他们的房子都是祖上留下的产业，时间久远，这三尺空地究竟属于哪家，谁也不清楚。

　　后来，吴家重修房子，想要占用那三尺空地，张家不同意，说这三尺空地是他们家的，吴家则认为是自己的，两家为此争执不下。在这期间，张家人写了一封信给在北京当大官的张英，要求张英出面干涉此事。

　　张英收到信件后，认为应该谦让邻里，给家里回信中写了四句话："千里修书只为墙，让他三尺又何妨？万里长城今犹在，不见当年秦始皇。"张家人读了信后觉得很惭愧，明白其中意思，主动让出三尺空地。吴家见状，深受感动，也主动让出三尺房基地，这样就形成了一个6尺的巷子。两家礼让之举传为美谈。

　　六尺巷只有百米长，但留给人们的思考却很多。谦让虽然可能会使我们暂时失去面子，失去利益，但却可以让我们拥有优雅的风度和平和的心境。其实，得与失总是相对平衡的，我们失去的，往往会以另一种形式得到补偿。谦让，是一种修养，是一种美德，也是一种人生的至高境界。

83. 那"三尺空地"属于谁？

　　A 张家　　　　　　　　　　　　**B** 吴家
　　C 官员家　　　　　　　　　　　**D** 并不清楚

84. 张英建议张家如何做？

　　A 上门送礼　　　　　　　　　　**B** 主动道歉
　　C 卖给吴家　　　　　　　　　　**D** 把地让出来

85. 根据上文，下列哪项正确？

　　A 吴家赔偿了张家　　　　　　　**B** 张家受到了损失
　　C 六尺巷意义深刻　　　　　　　**D** 两家成为了至交

86. 上文主要谈的是：

　　A 应该互相谦让　　　　　　　　**B** 办事要懂得技巧
　　C 人生难免遇到困难　　　　　　**D** 邻里之间要互相帮助

87–90.

有个女孩儿在百般犹豫后，用一个月的薪水，买了一件心仪已久的衣服。穿上新衣服的她，看着别人惊艳的眼神，心中充满了自信，工作也有了很大的进步。

可是有一天，她发现衣服上的一枚纽扣儿不见了。那是一种形状很奇特的纽扣儿，她翻遍衣柜，也没有找到，于是就穿了另一件衣服去上班。可是她觉得没有了那件衣服，自己只是个极平凡的女孩儿。她心里一直想着那件衣服，一整天都打不起精神，也没有了平日的自信。

一天，一个朋友到她家里来，偶然看到了那件衣服，吃惊地问："这么漂亮的衣服你怎么不穿呢？"她说："丢了一枚扣子，又买不到同样的。"朋友微笑着说："那你可以把其他的扣子都换了啊，那不就一样了吗？"女孩儿听了非常高兴，于是选了她最喜欢的扣子，把原来的都换掉了。衣服美丽如初，她重拾了灿烂的心情。

我们常常因为小小的缺憾而放弃一整件事，也常常因为放弃了一件事而使生活变得暗淡。如果我们能用一种全新的心情去替换失望，用笑容填满缺失，那么生命一样是完美无憾的。

87. 根据第1段，那件衣服：

   A 颜色鲜艳　　　　　　　　　B 穿起来很舒服
   C 给了女孩儿自信　　　　　　D 被同事藏了起来

88. 关于那件衣服的纽扣儿，下列哪个正确？

   A 很突出　　　　　　　　　　B 样子特别
   C 数量有限　　　　　　　　　D 很容易脱落

89. 朋友给了女孩儿什么建议？

   A 别在意细节　　　　　　　　B 把衣服送穷人
   C 换掉所有纽扣儿　　　　　　D 找人定做纽扣儿

90. 上文主要想告诉我们：

   A 要学会放弃　　　　　　　　B 不要因小失大
   C 世上没有十全十美　　　　　D 应该主动承认错误

三、书写

第一部分

第91-98题：完成句子。

例如：　发表　　这篇论文　　什么时候　　是　　的

　　　　这篇论文是什么时候发表的?

91.　给我　　对方目前　　明确的解释　　没有

92.　有助于　　疲劳　　听音乐　　缓解

93.　大家　　让　　很感动　　坚强精神　　他的

94.　这个　　有　　操场　　5000平方米

95.　计算　　一遍　　再重新　　你把　　结果

96.　会　　充电时间　　缩短　　电池寿命　　过长

97.　有些　　平衡　　动物　　靠尾巴　　保持

98.　万马图　　一幅　　卧室的墙上　　着　　挂

第二部分

第99-100题：写短文。

99. 请结合下列词语(要全部使用，顺序不分先后)，写一篇80字左右的短文。

演讲　　竞争　　激烈　　熬夜　　冠军

100. 请结合这张图片写一篇80字左右的短文。

06회

모의고사

준비 다 되셨나요?

녹음 듣기

1. **듣기 파일**은 트랙 'TEST 06'입니다.

   (듣기 파일은 **맛있는북스 홈페이지**(www.booksJRC.com)에서 무료로 다운로드 할 수 있습니다.)

   미리 준비하지 않으셨다면 **QR코드**를 스캔해서 듣기 파일을 준비해 주세요.

2. **답안카드**는 본책 259쪽에 수록되어 있습니다. 한 장을 자른 후에 답을 기입하세요.

3. 2B연필, 지우개, 시계도 준비하셨나요? 2B연필은 두 개를 준비하면 더 좋습니다. 하나는 마킹용,

   다른 하나는 쓰기 영역을 풀 때 사용하세요.

机会总是留给有准备的人!

기회는 준비된 사람에게 온다!

汉语水平考试
HSK(五级)

注　意

一、HSK (五级) 分三部分：

　　1.　听力 (45题，约30分钟)

　　2.　阅读 (45题，45分钟)

　　3.　书写 (10题，40分钟)

二、听力结束后，有5分钟填写答题卡。

三、全部考试约125分钟 (含考生填写个人信息时间5分钟)。

一、听 力

第一部分

第1-20题：请选出正确答案。

1. A 买辆车
   B 买车位
   C 学会停车
   D 取得驾驶执照

2. A 很英俊
   B 表情严肃
   C 工作勤奋
   D 比较大方

3. A 商场
   B 射击场
   C 健身房
   D 乒乓球馆

4. A 没有橡皮
   B 没带身份证
   C 有两块饼干
   D 不能参加考试

5. A 同事
   B 上司
   C 舅舅
   D 邻居

6. A 女的太渴了
   B 男的想歇一会儿
   C 他们快到山顶了
   D 他们爬了两百多个台阶

7. A 公司经营
   B 股市情况
   C 投资风险
   D 注册公司

8. A 胃
   B 肚子
   C 后背
   D 胳膊

9. A 有优惠
   B 提供早餐
   C 只剩一间房
   D 看不见沙滩

10. A 缺少经验
    B 被领导骂了
    C 电脑中病毒了
    D 提交了实验报告

11. A 要打车
    B 想现在下车
    C 路上很安全
    D 手机没电了

12. A 背不下来古诗
    B 不能正常毕业
    C 无法按时交论文
    D 找不到参考资料

13. A 家具展
    B 货币展
    C 服装展
    D 摄影展

14. A 软件升级了
    B 文件被删除了
    C 部分功能收费
    D 无线网络没信号

15. A 宾馆
    B 机场
    C 火车上
    D 车库里

16. A 那儿景色很美
    B 那儿有很多朋友
    C 那儿住得很舒适
    D 那儿有美好的回忆

17. A 太忙了
    B 要动手术
    C 要参加别的会议
    D 想让秘书锻炼一下

18. A 擅长绘画
    B 会做窗帘
    C 业余爱好广
    D 打算卖手工

19. A 会编辑视频
    B 快要结婚了
    C 帮女的录视频
    D 拍视频祝贺朋友

20. A 要把握住青春
    B 机会不是等来的
    C 拜托男的教她电脑
    D 鼓励男的坚持下去

第二部分

第 21-45 题：请选出正确答案。

21. **A** 开会
    B 旅游
    C 访问亲戚
    D 参观博览会

22. **A** 开车接他
    B 尽快回家
    C 少买些零食
    D 给他送钥匙

23. **A** 送货到家
    B 表面光滑
    C 厚薄不均匀
    D 广受顾客好评

24. **A** 销售方案
    B 面试结果
    C 兼职要求
    D 求职条件

25. **A** 周六召开会议
    B 包间有点儿小
    C 有18人出席会议
    D 多了两名出席人员

26. **A** 俱乐部
    B 培训班
    C 旅行社
    D 青年旅馆

27. **A** 付钱
    B 注册会员
    C 办理护照
    D 准备照片

28. **A** 最少存5万
    B 收益率较低
    C 风险有些大
    D 至少存半年

29. **A** 受到了表扬
    B 吃到了美食
    C 教材编写完了
    D 项目获得批准

30. **A** 动画片
    B 足球频道
    C 体育节目
    D 访谈节目

31. **A** 扩大企业规模
    B 吸引更多资金
    C 提高公司股价
    D 制定营销方案

32. **A** 要推出新产品
    B 内部重新装修
    C 总经理要辞职
    D 公司产业结构升级

33. A 气球破了
    B 风太大了
    C 气球飞走了
    D 不小心摔倒了

34. A 买零食
    B 说气球回家了
    C 告诉他要坚强
    D 陪他一起追气球

35. A 本领大
    B 是一位老师
    C 很受孩子尊敬
    D 懂得如何与孩子沟通

36. A 很曲折
    B 变化无常
    C 要一步一步走
    D 需要独立前行

37. A 不耐烦
    B 犹豫不决
    C 深刻思考
    D 后悔不已

38. A 要言行一致
    B 人生要有目标
    C 要合理利用时间
    D 命运掌握在自己的手中

39. A 挣钱
    B 积累经验
    C 帮助别人
    D 享受生活

40. A 被社会淘汰
    B 建成了宫殿
    C 成了建筑师
    D 创办了企业

41. A 金钱不是万能的
    B 要学会独立思考
    C 要坚持自己的选择
    D 不要轻视平凡的工作

42. A 是我们的镜子
    B 促使我们进步
    C 为我们提供经验
    D 帮我们消除威胁

43. A 敌人是把双刃剑
    B 生存是动物的目的
    C 有天敌的动物会壮大
    D 动物没有天敌易消失

44. A 看的范围小
    B 突出自己的缺点
    C 能看到他人优点
    D 无法看到他的全部

45. A 学会尊重别人
    B 主动承认错误
    C 客观思考问题
    D 严格要求自己

二、阅 读

第一部分

第46-60题：请选出正确答案。

46-48.

　　纸币是由国家发行并强制使用的货币，它的发行量__46__流通中所需要的货币量为限度。纸币的制作成本低，流通损耗小，易于保管、携带和运输，因此成为当今世界各国__47__使用的货币形式。世界上最早的纸币，出现于中国北宋时期的成都，名为"交子"。"交子"的__48__，弥补了现钱的不足，便利了商业往来，是中国货币史上的一个里程碑。

46. **A** 以　　　　　　**B** 把　　　　　　**C** 凭　　　　　　**D** 趁

47. **A** 广大　　　　　**B** 任意　　　　　**C** 普遍　　　　　**D** 彻底

48. **A** 产生　　　　　**B** 构成　　　　　**C** 表现　　　　　**D** 成分

49-52.

　　宠物是孩子的好伙伴。它们可以与孩子一起玩耍，同时也能与孩子__49__情感。孩子可以对它们说自己的心事，它们虽不会说话，却是最好的听众，这能给孩子带来安慰。孩子生病时，宠物会陪伴他们，鼓励他们，帮助他们勇敢地__50__困难。此外，宠物也需要孩子的照顾。照顾宠物的过程可以锻炼孩子实际生活的能力，__51__。送只宠物给孩子吧！只要教会他们互相尊重，他们就会__52__得很好，成为亲密的伙伴。

49. **A** 操心　　　　　**B** 交流　　　　　**C** 发挥　　　　　**D** 分析

50. **A** 抓紧　　　　　**B** 面对　　　　　**C** 取消　　　　　**D** 改革

51. **A** 既然帮助了孩子　　　　　　　　　**B** 打消他们贪玩的念头
　　C 享受独自玩儿的快乐　　　　　　　**D** 还能培养孩子的爱心

52. **A** 调整　　　　　**B** 相处　　　　　**C** 吸取　　　　　**D** 实践

53–56.

　　人类的进食方式大致可分为三种。其一是用手。这是一种最自然的进食方式，例如，婴儿不需母亲教导，___53___。其二是用刀叉。刀叉当然是在人类发明火和冶铁之后才会有的___54___。人们获得猎物之后，在火上烤熟，然后用叉子叉着，用刀割来吃，这比用手抓进食已经有了很大___55___。其三是用筷子。在当今世界，用筷子进食的国家___56___上集中在亚洲，包括中国、日本、韩国、越南和新加坡等。

53. **A** 就会用手抓东西吃　　　　　　　**B** 而且会表达自己的心理
　　 C 很容易就学会了用筷子　　　　　**D** 都会用假装哭泣达到目的

54. **A** 硬件　　　　　 **B** 行为　　　　　 **C** 财物　　　　　 **D** 工具

55. **A** 振动　　　　　 **B** 收获　　　　　 **C** 进步　　　　　 **D** 及格

56. **A** 根本　　　　　 **B** 总算　　　　　 **C** 一律　　　　　 **D** 基本

57–60.

　　植物学家在考察了某山脉的植被后，发现了一个奇怪的___57___：最近100年来，许多应在山底牧场开放的花已经开到了海拔2000米的高山雪带上，而原先雪带上的植物则越过雪带向更高处攀登。植物学家在研究了___58___资料后认为，造成这种情况的主要原因是这个地区的气温在逐渐升高，那些适宜在低温环境下生长的植物为了___59___适宜的温度，不得不向更高处攀登。这一现象说明许多植物都对自然界有灵敏的反应，___60___，不断调整自身的生存状态。

57. **A** 背景　　　　　 **B** 现象　　　　　 **C** 规则　　　　　 **D** 频道

58. **A** 密切　　　　　 **B** 诊断　　　　　 **C** 相关　　　　　 **D** 通常

59. **A** 流传　　　　　 **B** 寻找　　　　　 **C** 符合　　　　　 **D** 满足

60. **A** 使植物越来越多　　　　　　　　　**B** 它们的分布十分异常
　　 C 由此带来许多环境问题　　　　　**D** 并且可以根据环境的变化

第二部分

第61–70题：请选出与试题内容一致的一项。

61. 电视剧《白鹿原》改编自中国著名作家陈忠实的同名小说。这部近50万字的长篇小说以陕西关中平原上的白鹿村为背景，细致地讲述了白、鹿两大家族之间发生的故事。全书有着厚重的史诗风格和真实感，自出版以来，深受读者的赞赏和欢迎。

  A 《白鹿原》是短篇小说
  B 《白鹿原》受到了广泛好评
  C 《白鹿原》是陈忠实的第一部作品
  D 《白鹿原》描写了山西的风土人情

62. 活字印刷术是宋朝一个叫毕昇的普通老百姓发明的。这一发明用可以移动的胶泥字块儿代替传统的手工抄写，大大地节省了人们的时间和精力，为知识和文化的传播与交流创造了条件，称得上是人类历史上最伟大的发明之一。

  A 活字印刷术成本太高了
  B 活字印刷术提高了印刷效率
  C 活字印刷术限制了人们的想象力
  D 活字印刷术是唐代最伟大的发明

63. 可再生能源是指在自然界中可以不断再生、永续利用的能源，具有取之不尽、用之不竭的特点，主要包括太阳能、风能、水能、地热能和海洋能等。可再生能源对环境无害或危害极小，而且分布广泛，有很大的发展潜力。

  A 环境污染不利于生存
  B 可再生能源开发难度大
  C 可再生能源可取代石油
  D 海洋能属于可再生能源

64. 很多人认为事先做计划会很浪费时间，而事实上，提前做好计划可以减少工作所用的总时间。行动之前先进行头脑热身，构想好要做之事的每个细节，这样当我们行动时，便会得心应手。

A 应事先做好计划
B 考虑问题要灵活
C 成功离不开行动
D 想法要转化为行动

65. 关于"吹牛"这个词是怎么来的，有很多种说法。其中有一种很有趣，认为它与牧民的生活有关。牧民们最看重的财产就是牲畜，因此人们聚在一起时总喜欢谈论自己的牛啊、马啊，有时难免说大话。"吹牛"这个词渐渐就有了这个意思。

A "吹牛"指说大话
B 牛是牧民唯一的财产
C 词典里查不到"吹牛"一词
D 牛、马是草原上的生产工具

66. "难得糊涂"是著名书画家郑板桥的一句名言，这句话的内涵其实就是"贵在理解"。人与人相处时，因为年龄、文化水平、个人修养、家庭与生活环境等不同，对一些事物的认识肯定会存在差异，这些都是正常现象，无需过分计较，应给予彼此更多的理解和包容。

A 相处之道贵在理解
B 郑板桥受世人尊重
C 年龄影响人的文化水平
D 计较得失不能全面发展

67. 婚姻是一双鞋。无论什么鞋，最重要的是合脚；无论什么样的婚姻，最美妙的是和谐。切莫只贪图鞋的华贵，而委屈了自己的脚。别人看到的是鞋，自己感受到的是脚。脚比鞋重要，这是一条真理，却常常被人们忘记。

A 鞋子的款式最重要
B 夫妻双方要互相照顾
C 幸福的婚姻在于谦让
D 要选择适合自己的婚姻

68. 幽默能拉近人与人之间的距离，也能缓和矛盾。在交谈中，一个懂得幽默的人知道如何调节气氛，他会让紧张严肃的谈话变得轻松愉快。而不懂得幽默的人很可能一不小心就让自己变成了无趣、破坏气氛的人。

   A 开玩笑要看对象
   B 幽默感是天生的
   C 幽默的人会破坏气氛
   D 幽默有助于人际关系

69. "齐"、"鲁"原是两国的国名。战国末年，随着民族融合和文化同化的基本完成，齐、鲁两国文化逐渐融为一体，成为一个统一的文化圈，"齐鲁"的地域概念也由此形成。这一地域与后来的山东省范围大体相同，所以"齐鲁"就成了山东的代称。

   A 山东省面积非常大
   B 民族融合始于战国初年
   C 山东的代称来自于古代国名
   D 文化的融合促进了经济的发展

70. 葡萄被誉为"世界四大水果之首"，它不仅味美可口，而且营养价值很高。身体虚弱的人，多吃些葡萄或葡萄干，有助于增强体质，这是因为葡萄含有蛋白质、维生素及矿物质等多种营养成分，尤其是葡萄糖含量较高，而且可被人体直接吸收。

   A 葡萄营养丰富
   B 葡萄干易于运输
   C 葡萄糖不好吸收
   D 晚饭后不易吃葡萄

第三部分

第71-90题：请选出正确答案。

71-74.

　　每年春天，南雁北归，我们都能看到天空中的大雁或排成"一"字，或排成"人"字，总是结伴而行。

　　这要从大雁的飞行动力说起。大雁在飞行时，除了扇动翅膀外，主要利用上升的气流在空中滑行，节省体力以利于长途飞行。在雁群前面领头的老雁，翅膀在空中划过时，会产生一股微弱的上升气流，后面的雁为了利用这股气流，就紧跟在前面大雁后面飞。这样一只跟一只，就排成整齐的雁队了。在同样的能量下，一群大雁排队飞行，要比一只大雁单独飞行多出70%的路程。这就是团队的力量。

　　但是团队力量讲求的是组成团队的每一个单元都尽心尽力，而不是等团队创造出成绩后自己去捡便宜。试想如果每只大雁都消极怠工，不奋力飞行，那么"一"字形，"人"字形的队形恐怕难以形成，也不会产生协同效应。只有每只大雁在自己的位置上认真飞行，尽职尽责，整个团队才能飞得更高、飞得更远。

71. 除了靠扇动翅膀，大雁还靠什么飞行?

　　A 风速　　　　　　　　　　　　**B** 张开双脚

　　C 直射的阳光　　　　　　　　　**D** 上升的气流

72. 大雁编队飞行的目的是?

　　A 节省体力　　　　　　　　　　**B** 避开寒流

　　C 怕伙伴走丢　　　　　　　　　**D** 便于躲避天敌

73. 画线词语"消极怠工"最可能是什么意思?

　　A 不知满足　　　　　　　　　　**B** 喜欢冒险

　　C 不积极工作　　　　　　　　　**D** 待人不真诚

74. 上文主要想告诉我们什么?

　　A 团结力量大　　　　　　　　　**B** 知足者常乐

　　C 要善于利用科学　　　　　　　**D** 要保持自己的个性

75–78.

你的朋友是否经常向你抱怨他的压力很大？在他们抱怨时，你是否会耐心地倾听呢？如果是，那你可不只是在听别人讲而已。事实上，在倾听的过程中，你也会不知不觉地被他们的压力所"传染"。

心理学家发现，压力就像感冒一样会传染，这种"二手"的压力和焦虑情绪可以在工作场所迅速蔓延。因为人们能够以惊人的速度模仿他人的面部表情、声音和姿势，从而对他人的情绪感同身受。我们其实都是"海绵"，可以吸收周围人散发出的感染性的情绪。而在吸收他人压力的同时，我们自己也开始感受到压力，并会不自觉地去关注那些可能会困扰我们的问题。

为什么别人的压力会传染给我们？这是因为，一方面，我们吸收朋友或同事的压力是为了和他们打成一片；另一方面，持续灌进我们耳中的不满的声音，也会让我们开始产生消极的想法。研究者发现，我们不仅会接受他人消极的思维模式，还会下意识地模仿他们在压力下的身体语言，这导致我们在交谈时会与他们一样弓起背、皱起眉。另外，女性遭遇"二手压力"的风险更大，因为她们往往更容易与他人产生共鸣。

75. 根据第2段，"二手压力"：

    A 无法缓解　　　　　　　　　B 普遍存在
    C 来自于女性　　　　　　　　D 传播速度快

76. 为什么说"我们其实都是'海绵'"？

    A 性格软弱　　　　　　　　　B 学习能力强
    C 有很强的适应性　　　　　　D 会吸收别人的情绪

77. 根据第3段，下列哪项正确？

    A 与同事应保持距离　　　　　B 思维模式相对固定
    C 身体语言不易模仿　　　　　D 女性更易受他人影响

78. 最适合做上文标题的是：

    A 海绵效应　　　　　　　　　B 倾听的力量
    C 会传染的压力　　　　　　　D 如何读懂身体语言

79–82.

有研究人员曾对毕业照进行了专门的研究，他们收集了5000张初中和高中全班同学的毕业合影，从中确定了50000人。经过长达41年的跟踪调查，研究人员发现：从总体上看，那些面带善意微笑的学生，到中年后他们的事业成功率和生活幸福程度，都远远高于那些面部表情不好、郁郁寡欢的人。

没错，微笑能预知你的成功。看看我们的周围，那些愈是愁眉苦脸、牢骚满腹的人，愈是生活得不尽如人意，与成功无缘。相反，那些总是面带微笑的人，似乎好运特别喜欢跟着他们，不管他们的事业还是生活，都比旁人要成功。

为什么？原因很简单，脸上的表情往往反映了一个人的心态。有什么样的心态，往往就有什么样的现在和未来。当一个人以微笑的姿态面对生活，他便拥有了积极的心态，这不仅能让自身的知识能力得到最优化的发挥，充满自信地面对各种挫折，还能让他的人际关系变得越来越融洽，从而在人生道路上形成良性循环，走出一片广阔的天地。

79. 关于那项研究，下列哪项正确？

    A 针对大学生   **B** 持续了很长时间

    C 结果令人很意外   **D** 被研究者获得了奖励

80. 第2段中的"不尽如人意"是什么意思？

    A 有点儿后悔   **B** 不能使人满意

    C 不会享受生活   **D** 很难理解别人的意思

81. 根据上文，面部表情：

    A 不易控制   **B** 总是被忽视

    C 不一定真实   **D** 能反映人的心态

82. 上文主要讲的是：

    A 如何控制表情   **B** 怎样与人相处

    C 成功的必经之路   **D** 微笑的积极作用

83-86.

一只老鼠鼓起勇气向狮子挑战，想要同它一决高低，被狮子拒绝了。老鼠问："你害怕吗？""非常害怕。"狮子说，"如果我答应你，你就能得到曾与狮子比武的殊荣；而我呢，则会被所有动物嘲笑，说我竟然和老鼠打架。"

毫无疑问，这只狮子是非常明智的。因为它清楚与老鼠比赛的麻烦在于：即使赢了，对手也只是一只老鼠而已。一般情况下，大人物是不屑与低层次的人竞争的，他们更乐于与旗鼓相当甚至远高于自己的对手较量。

与不是同一重量级的人争执不休，不仅会浪费时间，降低别人对自己的期望，还会在无意中提升对方的层次。其实，生活中最聪明的人往往是那些对无足轻重的事情无动于衷的人，他们清楚该做什么，不该做什么；知道什么事情可以改变命运，什么事情只会浪费青春。这样的人善于把精力花在重要的事情上，而将无关紧要的事情放在一边。

许多时候，做一件正确的事情，要比正确地做10件事情重要得多。在短暂的人生面前，做正确的事情是"延长"生命的最好办法。不要任意挥霍你的精力，把它用在正确的地方吧。

83. 狮子为什么拒绝了老鼠的挑战？

    A 老鼠很狡猾　　　　　　　　　　B 想安静休息
    C 担心被老鼠打败　　　　　　　　D 不屑与老鼠比武

84. 与层次低的人争执，会：

    A 浪费时间　　　　　　　　　　　B 没有结果
    C 使自己变笨　　　　　　　　　　D 提高自己的能力

85. 根据第3段，什么样的人是聪明的人？

    A 勇于挑战的人　　　　　　　　　B 遇事冷静的人
    C 清楚该做什么的人　　　　　　　D 善于抓住机会的人

86. 上文主要告诉我们：

    A 懂得如何保护自己　　　　　　　B 怎么延长人生的宽度
    C 不要高估自己的能力　　　　　　D 把精力放在重要的事情上

87–90.

赵括是赵国大将赵奢的儿子。赵括从小受到父亲的影响，熟读兵书，并且还爱跟别人谈论军事，和人争论起来无往不胜，有时甚至连他父亲都说不过他。赵括因此很骄傲，自以为天下无敌。但是赵奢心里明白：自己的儿子虽然对兵书倒背如流，但是没有实际作战的经验，想法很不切实际。他曾私下里对妻子说："儿子虽然对兵书理论都很了解，但是缺乏实际锻炼，不能当大将。如果让他当了大将，只能害了赵国。"

有一年，秦国出兵攻打赵国。那时赵奢已经去世，由老将廉颇负责指挥全军。廉颇年纪虽高，但打仗却很有经验。他根据敌强己弱的形势，采取坚守阵地的做法，绝不主动出击，即使秦军多次挑战，也不出兵迎战，因此使得秦国无法快速取胜。

秦国知道这样拖下去对自己十分不利，不仅士兵会疲惫不堪，粮食也会耗尽，于是就施行了反间计。他们派人到赵国散布谣言，说："秦军最害怕赵括，根本不怕廉颇。"赵王本来就对廉颇的做法不满，听到这些话后，就信以为真，派了赵括去替代廉颇。赵括完全改变了廉颇的作战方案，死搬兵书上的条文，主动攻打秦军，结果中了秦国的圈套，40多万赵军全部被歼灭，他自己也中箭身亡。

这就是成语"纸上谈兵"的故事，现在这个词常用来比喻空谈理论不能解决问题，告诫我们做事一定要理论联系实际。

87. 赵括的父亲认为赵括：

    A 勇敢好战   **B** 不爱争论

    C 缺乏作战经验   **D** 具有指挥才能

88. 根据第2段，可以知道廉颇：

    A 年龄不大   **B** 善于用兵

    C 比较胆小   **D** 被秦国打败

89. 根据上文，下列哪项正确？

    A 赵王上了秦国的当   **B** 赵括十分尊重廉颇

    C 赵括积极配合廉颇   **D** 赵括取得了战争胜利

90. 最适合做上文标题的是：

    A 纸上谈兵   **B** 不战而胜

    C 代父作战的赵括   **D** 三十六计走为上

三、书 写

第一部分

第 91-98 题：完成句子。

例如： 发表　　这篇论文　　什么时候　　是　　的

　　　这篇论文是什么时候发表的?

91. 任何问题　　抱怨　　解决　　无法

92. 挥动　　翅膀　　蝴蝶　　着

93. 疲劳　　导致　　眼睛　　长时间面对电脑　　容易

94. 这则　　报道了　　真实地　　当地的情况　　新闻

95. 是亚洲　　最大的　　面积　　湖　　这

96. 好评　　小张的表现　　领导的　　获得了

97. 他　　把　　捐给了慈善团体　　全部　　个人财产

98. 将　　摩托车展览会　　在　　第6届　　广州举行

第二部分

第 99-100 题：写短文。

99. 请结合下列词语(要全部使用，顺序不分先后)，写一篇80字左右的短文。

实习　　将来　　收获　　单调　　基础

100. 请结合这张图片写一篇80字左右的短文。

07회 모의고사

준비 다 되셨나요?

녹음 듣기

1. **듣기 파일**은 트랙 '**TEST 07**'입니다.

   (듣기 파일은 **맛있는북스 홈페이지**(www.booksJRC.com)에서 무료로 다운로드 할 수 있습니다.)

   미리 준비하지 않으셨다면 **QR코드**를 스캔해서 듣기 파일을 준비해 주세요.

2. **답안카드**는 본책 259쪽에 수록되어 있습니다. 한 장을 자른 후에 답을 기입하세요.

3. 2B연필, 지우개, 시계도 준비하셨나요? 2B연필은 두 개를 준비하면 더 좋습니다. 하나는 마킹용,

   다른 하나는 쓰기 영역을 풀 때 사용하세요.

是金子总会发光!

금은 언젠가는 빛난다!

汉 语 水 平 考 试
HSK(五级)

注　意

一、HSK(五级)分三部分：

    1. 听力(45题，约30分钟)

    2. 阅读(45题，45分钟)

    3. 书写(10题，40分钟)

二、听力结束后，有5分钟填写答题卡。

三、全部考试约125分钟(含考生填写个人信息时间5分钟)。

一、听 力

第一部分

第1-20题：请选出正确答案。

1. A 伤口痒
   B 要动手术
   C 擦破了皮
   D 病情很严重

2. A 行业竞争
   B 公司规模
   C 公司待遇
   D 行业发展

3. A 贷款
   B 手机银行
   C 设置密码
   D 开通股票账户

4. A 太酸了
   B 太辣了
   C 醋放少了
   D 油太多了

5. A 在看病
   B 当爸爸了
   C 嗓子很疼
   D 要升职了

6. A 被淋湿了
   B 被撕碎了
   C 被油弄脏了
   D 掉色很严重

7. A 升级了
   B 没声音
   C 老关机
   D 上不了网

8. A 当奖品用
   B 买一送一
   C 要过儿童节了
   D 寄给灾区的孩子

9. A 4号车厢
   B 8号车厢
   C 13号车厢
   D 17号车厢

10. A 身体不舒服
    B 有点儿紧张
    C 对话题没兴趣
    D 最后一个发言

11. A 海鲜优惠
    B 服务周到
    C 规模不太大
    D 价格不合理

12. A 女的反对
    B 男的很失望
    C 下周发通知
    D 上班时间推后了

13. **A** 太渴了
    B 注意地面
    C 帮忙打开
    D 瓶子打碎了

14. **A** 能力强
    B 很自信
    C 善于交际
    D 不够熟练

15. **A** 厨房
    B 客厅
    C 阳台
    D 卧室

16. **A** 见领导
    B 签合同
    C 应聘工作
    D 设计方案

17. **A** 表示歉意
    B 通知她开会
    C 让她接待来宾
    D 提醒准备材料

18. **A** 要下暴雨
    B 想看报纸
    C 树叶都掉了
    D 根本没刮风

19. **A** 网络信号稳定
    B 女的在写论文
    C 他们在地下室
    D 男的在打扫房间

20. **A** 退货
    B 拆包裹
    C 去商场
    D 买窗帘

第二部分

第21-45题：请选出正确答案。

21. A 女的还没考试
    B 男的想买新车
    C 女的开车很熟练
    D 男的开车很紧张

22. A 在北京举办
    B 只举办一场
    C 现在可以买票
    D 这个月上旬举办

23. A 闯红灯
    B 超速行驶
    C 疲劳驾驶
    D 酒后驾车

24. A 画歪了
    B 柜子坏了
    C 要重新买
    D 椅子太矮了

25. A 下载字幕
    B 安装软件
    C 升级系统
    D 删除文件

26. A 铁制的
    B 还需改进
    C 声音单调
    D 是民族乐器

27. A 上半年
    B 明年初
    C 下个月底
    D 国庆节后

28. A 研究生
    B 公司员工
    C 企业领导
    D 语言学教授

29. A 数据分析
    B 资料收集
    C 得出结论
    D 刚获得批准

30. A 没带现金
    B 钱包被偷了
    C 找回了钱包
    D 丢了笔记本

31. A 儿子结婚
    B 举行宴会
    C 富人过生日
    D 邻居在那儿请客

32. A 小气
    B 谦虚
    C 狡猾
    D 骄傲

33. A 将它作为礼物
　　B 要卖那些盒子
　　C 喜欢木盒的气味
　　D 为了卖出更多珠宝

34. A 很粗糙
　　B 相当结实
　　C 十分精美
　　D 没有价值

35. A 要顺其自然
　　B 不要只顾眼前
　　C 不能只看表面
　　D 不要以貌取人

36. A 下了暴雨
　　B 鸟窝破了
　　C 掉进了河里
　　D 网被带走了

37. A 别追了
　　B 把网织大
　　C 给鸟吃食
　　D 和他一起抓鸟

38. A 没劲儿了
　　B 翅膀受伤了
　　C 目标不统一
　　D 猎人打枪了

39. A 没有效果
　　B 朋友进不去
　　C 朋友丢了鞋
　　D 瓜果被偷了

40. A 爬进去
　　B 找了一个洞
　　C 把鞋扔进果园
　　D 借助大树跳进去

41. A 不要逃避挑战
　　B 学会主动切断后路
　　C 得不到的才是最好的
　　D 成长过程中免不了做错事

42. A 不够幽默
　　B 语速太慢
　　C 声音有些低
　　D 解说经验丰富

43. A 腿受伤了
　　B 第一次当嘉宾
　　C 接受过主持训练
　　D 曾是篮球运动员

44. A 是诗人
　　B 善于交际
　　C 字写得漂亮
　　D 喜欢赞美别人

45. A 重要的事
　　B 快乐的事
　　C 美好的回忆
　　D 不如意的事

二、阅 读

第一部分

第46-60题：请选出正确答案。

46-48.

　　江河湖海中，江、河、湖一般在冬天都会结冰，但海水却不易结冰，这是为什么呢？原来，一般情况下，水在零度就会结冰，但如果水里溶入了一些其他____46____，例如盐，那么它结冰的温度就会降到零度以下。由于海水里面____47____不少盐分，所以海水结冰的温度要比一般的淡水低，在冬天也就不太容易结冰了。____48____，海水的流动性很强，这也使得海水很少结冰。

46. A 生物　　　　　B 物质　　　　　C 程序　　　　　D 原料

47. A 包括　　　　　B 产生　　　　　C 含有　　　　　D 具有

48. A 另外　　　　　B 以外　　　　　C 甚至　　　　　D 一再

49-52.

　　写小说的人总是害怕重复，为了不重复自己的作品，创作的时间一次比一次长。但是生活不同于写小说，有时候，____49____。每天跟自己喜欢的人在一起，常常跟他一起去旅行，重复同一个承诺和梦想，听他____50____次提起童年往事，每年的同一天和他庆祝生日，每年的情人节、除夕也和他共同____51____。我们所谓的幸福不正是重复地做同一件事情吗？甚至连吵架也会是重复的，为了一些琐事吵架，冷战，然后疯狂思念____52____，最后和好。我们不是一直在重复做着这些相似的事情，然后相信这就是幸福吗？

49. A 重复也是种幸福　　　　　　　　B 生活不能总是冒险
　　 C 要坚持自己的理想　　　　　　　D 写小说需要的是想象力

50. A 一律　　　　　B 反复　　　　　C 无数　　　　　D 其余

51. A 合作　　　　　B 度过　　　　　C 担任　　　　　D 代表

52. A 个人　　　　　B 对方　　　　　C 对手　　　　　D 各自

53–56.

有一位农夫，辛勤耕作于田间，日子过得虽说不上富裕， __53__ 也和美快乐。一天晚上，农夫做了个梦，梦见自己得到了18块儿金子。 __54__ ，第二天，农夫在自己的田里竟然真的挖到了一块儿金子，他的家人和亲友都为此感到高兴不已，可农夫却闷闷不乐，整天心事重重。别人问他："你已经成为了富翁，还在为什么事 __55__ ？"农夫回答："我在想，另外17块儿金子到哪儿去了？"得到了一块儿金子，却 __56__ 了生活的快乐。看来，有时真正的快乐和金钱无关。贪婪是幸福最大的敌人。

53. **A** 倒   **B** 则   **C** 便   **D** 趁

54. **A** 说来也巧   **B** 讽刺的是
    C 让人无言以对   **D** 简直是开玩笑

55. **A** 孝顺   **B** 发愁   **C** 虚心   **D** 慌张

56. **A** 引起   **B** 享受   **C** 抓紧   **D** 失去

57–60.

大熊猫原来的名字其实是"猫熊"，意思是"像猫一样的熊"，也就是说它 __57__ 上类似于熊，而外貌却像猫。严格地说，"熊猫"是一种错误的称呼。那么这一错误的称呼是怎么来的呢？原来，早年间重庆市的一家博物馆 __58__ 展出过"猫熊"的标本，它的说明牌自左向右横写着"猫熊"两个字。可是，当时报刊的横标题都是自右向左认读的，所以记者们便在 __59__ 中把"猫熊"误写成了"熊猫"。"熊猫"这一称呼， __60__ ，被人们熟知。人们说惯了，也就很难再纠正过来了。于是，大家就将错就错，称"猫熊"为"熊猫"了。

57. **A** 本质   **B** 规矩   **C** 后果   **D** 形势

58. **A** 难怪   **B** 早晚   **C** 曾经   **D** 照常

59. **A** 发言   **B** 报道   **C** 预报   **D** 改革

60. **A** 既亲切又热情   **B** 经媒体广泛传播后
    C 令记者们感到害羞   **D** 是现代人的一项发明

第二部分

第61-70题：请选出与试题内容一致的一项。

61. 重庆被称为中国的"雾都"，这是由其特殊的地理环境造成的。重庆地处盆地，四面都是高山，而且长江、嘉陵江两大江在此处交汇，江水形成的水汽不易扩散，潮湿的空气很容易结成雾气。重庆一年平均有104天都是雾天，雾景也是重庆的一道特色风景。

 A 重庆气候四季如春
 B 重庆交通四通八达
 C 重庆多雾与其地理环境有关
 D 潮湿的空气不利于雾气形成

62. 在超市结账的时候，服务员都会先扫一下条形码。条形码是一种特殊的图形，里面包含了一些和商品有关的信息，如生产国代码、生产厂商代码和商品名称代码等，这些图形只有计算机才能"看"得懂。

 A 条形码分为两种
 B 条形码只能扫一次
 C 条形码是黑白色的
 D 条形码提供商品信息

63. 下午茶是介于午餐和晚餐之间的餐饮方式，对补充人体能量大有好处。现代社会生活节奏快，上班族的午餐经常吃得太少或者过于仓促，而一份营养均衡的下午茶，不仅能赶走瞌睡，还有助于恢复体力。

 A 下午茶不宜每天饮用
 B 午餐要注意营养均衡
 C 下午茶易导致夜晚失眠
 D 下午茶有助于补充能量

64. 人在愤怒时智商是最低的。在愤怒时，人们会做出非常愚蠢的决定而自以为是，也会做出相当危险的举动而浑然不知。通常这个时候所做的决定，90%以上都是错误的。

 A 理智的人更受欢迎
 B 愤怒时不要轻易做决定
 C 智商高的人不容易发脾气
 D 做决定前应多和别人商量

65. 在一般情况下，对于不太熟悉的人，人们往往会根据对方的反应和外界条件来选择相应的言语或行为。尤其是对还不十分了解、但又希望继续交往的人，人们会尽量把缺点隐藏起来，把自己好的一面表现出来。

A 第一印象不易改变
B 真诚是交友的基础
C 言语行为会受环境影响
D 人们会对熟悉的人有好感

66. 为减轻经济压力，不少白领加入了兼职者的队伍，虽然很辛苦，但他们都认为自己会把兼职当做生活的固定组成部分。不过，如何保持与工作的平衡，如何在巨大的精神压力下保持良好心态，都是这群人应该解决的重要问题。

A 兼职的收入都非常高
B 兼职是一种生活乐趣
C 兼职可能会影响工作
D 兼职会增加经济压力

67. 新鲜的豆腐经过冷冻后，会产生一种酸性物质，这种物质能够分解人体内积存的脂肪，从而起到减肥的作用。而且豆腐虽然经过了冷冻，但营养成分并没有被破坏。所以，多吃冻豆腐，对于减肥的人是很有益处的。

A 冻豆腐营养价值低
B 冻豆腐能长久保存
C 女性不宜多吃冻豆腐
D 冻豆腐是一种健康食材

68. "压岁钱"是指春节时长辈送给小辈的红包。清朝时，长辈把铜钱串起来，放在孩子的卧室里，表示新年祝贺。到民国时期，流行用红纸包一百铜元给孩子，意思是希望孩子"长命百岁"。

A 春节时要给长辈压岁钱
B 压岁钱代表着一种祝福
C 压岁钱必须放在卧室里
D 送压岁钱的历史并不长

69. 中国有句话叫"没有规矩，不成方圆"，这里的"规"指的是圆规，"矩"指的是尺子，意思是说如果没有规和矩这两样工具就画不出方形和圆形。同样，做事也需要遵守一定的规则和制度，否则便很难成功。

   A 成功源于打破常规
   B 谨慎是做事的前提
   C 不要忽视工具的作用
   D 规矩和制度不可缺少

70. 有些人会喝牛奶吃药，但研究表明，这并不科学。牛奶会影响人体对药物的吸收速度，还容易在药物表面形成覆盖膜，使牛奶中的矿物质与药物发生化学反应，生成非水溶性物质，这样会降低药效。所以，在服药前后的一到两小时内不宜饮用牛奶。

   A 饭前一小时不应服药
   B 用牛奶服药会降低药效
   C 牛奶可促进人体对药物的吸收
   D 牛奶会刺激药物表面的覆盖膜

第三部分

第71-90题：请选出正确答案。

71-74.

一群野雁来到一个公园的湖边，它们打算先在这里生活，等到秋天再回南方过冬。公园里的游客见到大雁都很惊喜，纷纷掏出饼干、鱼片等食物丢给它们。一开始那群大雁不知道游客丢的是什么东西，"哗"地一声全吓跑了。等游客走了以后，它们才慢慢地靠近那些食物，品尝起来。

后来，大雁知道游客对它们没有威胁，每当游人丢下食物时便争先恐后地一哄而上。日子久了，大雁就以游客给的食物为生，一个个长得圆滚滚的。秋天来了，大雁们还是过着安逸的生活。它们不再想去南方，因为飞那么远太累。到了冬天，大雪下个不停，游客日渐稀少。冷风不断地从羽毛里透进去，大雁冻得直发抖，再加上食物越来越少，它们又冷又饿。有几只试图往南方飞，但沉重的身躯和寒冷的天气让它们没飞多远就又折了回来。它们只能紧紧地依偎在一起，怀念去年的这个时候。

幸福是通过自己不断地努力和奋斗得来的，而不是依靠别人的施舍才有的。

71. 一开始面对游客给的食物，大雁：

   A 看不清　　　　　　　　　　**B** 很平静
   C 不敢吃　　　　　　　　　　**D** 觉得难吃

72. 大雁为什么选择留了下来？

   A 南方食物稀少　　　　　　　**B** 与游客产生了感情
   C 北方气候适宜生活　　　　　**D** 习惯了舒适的生活

73. 根据第2段，下列哪项正确？

   A 大雁后悔没去南方　　　　　**B** 大雁的羽毛很耐寒
   C 游客决定春天再来　　　　　**D** 有些大雁被冻死了

74. 这个故事主要想告诉我们什么？

   A 万事开头难　　　　　　　　**B** 要勇于承担责任
   C 幸福要靠自己争取　　　　　**D** 适合自己的才是最好的

75–78.

　　有一位成功的女教师讲了这样一个故事：10多年以前，她的女儿正在上幼儿园。有一天，她看到了女儿的一幅绘画作品。当时，她一下子就愣住了。孩子总是充满了想象，孩子的世界也应该是一个充满了想象的世界。可是，在她女儿的一幅名为《陪妈妈逛街》的画中，既没有高楼大厦，也没有马路上的车辆，更没有各种各样的商品，有的只是数不清的大人们的腿。奇怪！她拿着女儿的画沉思了很久，终于解开了疑惑。

　　原来，孩子只有几岁，身高只能达到大人的腰部，走在大街上，川流不息的人群将孩子遮掩着，孩子除了能看到大人们的腿，还能看到什么呢？女教师如梦初醒。是啊！孩子们上街看到的不是高楼大厦和来往的车辆，而是大人们的腿，这是由他们的身高决定的；学生对很多问题疑惑不解，这是由他们的年龄、智力和见识决定的；企业的员工看到的只是自己的工资待遇和发展前途，而不是公司的整体运行和未来发展，这是由他们所处的位置决定的……

　　女教师说，要正确看待别人的"高度"，不要指望别人和你的见识一样。教子、教学、管理一方、为人处世，其实就是这么简单。

75. 刚看到女儿的画时，女教师：

　　A 很悲痛　　　　　　　　　　B 被感动了
　　C 不太满意　　　　　　　　　　D 难以理解

76. 第2段中"如梦初醒"的意思是：

　　A 忽然明白了　　　　　　　　　B 被别人提醒
　　C 想到一个好主意　　　　　　　D 发现了自己的错误

77. 根据上文，女教师认为：

　　A 女儿缺乏想象力　　　　　　　B 员工更关心工资待遇
　　C 孩子的成长需要保护　　　　　D 总裁应多为员工着想

78. 上文主要谈的是：

　　A 教学之路　　　　　　　　　　B 人各有所长
　　C 如何培养孩子　　　　　　　　D "高度"决定见识

79-82.

　　小说《边城》的作者沈从文曾被聘用到一所学校做讲师，主讲大学一年级的现代文学选修课。当时，沈从文已经在文坛上崭露头角，在社会上也小有名气，因此还未到上课时间，教室里就坐满了学生。上课时间到了，沈从文走进教室，看见下面黑压压一片，心里陡然一惊，脑子里变得一片空白，连准备了无数遍的第一句话都堵在嗓子里说不出来了。

　　他呆呆地站在那里，面色尴尬至极，双手拧来拧去无处可放。上课前他自以为成竹在胸，所以就没带教案和教材。整整10分钟，教室里鸦雀无声，所有的学生都好奇地等着这位新来的老师开口。沈从文深吸了一口气，慢慢平静了下来，原先准备好的东西也重新在脑子里聚拢，然后他开始讲课了。不过由于他依然很紧张，原本预计一小时的授课内容，竟然用了不到15分钟就讲完了。

　　接下来怎么办？他再次陷入了窘境。无奈之下，他只好拿起粉笔在黑板上写道：我第一次上课，见你们人多，怕了。顿时，教室里爆发出了一阵善意的笑声，随即一阵鼓励的掌声响起。

　　有了这次经历，在以后的课堂上，沈从文都会告诫自己不要紧张，渐渐地，他开始在课堂上变得从容起来。

79. 第1段中，"黑压压一片"指的是：

　　A 听课的人多　　　　　　　　　　**B** 压力特别大
　　C 教室的灯光很暗　　　　　　　　**D** 学生的反应很慢

80. 沈从文没带教案的原因是：

　　A 忘在房间里　　　　　　　　　　**B** 教案会限制发挥
　　C 想给学生一个惊喜　　　　　　　**D** 认为准备得很充分

81. 看见沈从文写的那句话，学生们：

　　A 表示理解　　　　　　　　　　　**B** 感到很意外
　　C 受到了鼓舞　　　　　　　　　　**D** 批评了他一顿

82. 根据上文，可以知道：

　　A 校长非常生气　　　　　　　　　**B** 沈从文被辞退了
　　C 那堂课很快结束了　　　　　　　**D** 沈从文讲课经验丰富

83–86.

南北朝时期有位著名的画家叫张僧繇，他笔下的飞禽走兽栩栩如生，令人拍手叫绝。据说，他曾在墙壁上画过两只鹰，吓得一些小鸟从此不敢在屋檐下做窝。他画的龙更是活灵活现。成语"画龙点睛"便出自关于他的传说。

有一年，张僧繇在安乐寺的墙壁上画龙，人们听说了，便奔走相告，争着前去看个究竟。在安乐寺里，张僧繇不到半天功夫就画好了四条龙。可这些龙都没有眼睛，众人好奇地问他："为什么不给龙画上眼睛呢？"张僧繇解释说："眼睛是整条龙的关键，画上眼睛，龙有了精神，就会飞走了。"大家听了都不相信，认为这话过于荒诞，一定要他给龙画上眼睛试试。张僧繇没有办法，只好拿起笔来给其中两条龙画上了眼睛。刹那间，电光闪闪，雷声轰鸣，画上眼睛的两条龙破壁飞去。人们都被这突如其来的情景吓呆了，等到定下神来，那两只龙早已飞得无影无踪，墙壁上只剩下两条没画上眼睛的龙。

后来人们就用"画龙点睛"这个成语比喻写作或说话时在关键地方加上精辟的语句，使内容更加生动传神。

83. 根据第1段，小鸟：

    A 叫声很吵　　　　　　　　　　**B** 害怕张僧繇

    C 在屋檐下做窝　　　　　　　　**D** 以为画的鹰是真的

84. 张僧繇为什么不给龙画眼睛？

    A 师傅不让画　　　　　　　　　**B** 墨水不够了

    C 怕龙飞走了　　　　　　　　　**D** 一时忘记了

85. 关于张僧繇，可以知道什么？

    A 擅长绘画　　　　　　　　　　**B** 能与龙交流

    C 每天刻苦练习　　　　　　　　**D** 写作技术很高

86. 上文主要讲的是：

    A 绘画技巧　　　　　　　　　　**B** 关于龙的传说

    C 文化与历史的关系　　　　　　**D** 成语"画龙点睛"的由来

87–90.

我们经常坐的飞机上其实并没有降落伞，其中的原因有很多。

首先，飞机的险情或者故障多出现在起飞和降落的时候，通常都是瞬间发生的，所以，即使每位乘客都有降落伞，也来不及完成跳伞的准备工作。

其次，一般商用客机的飞行高度为10000米左右，而适合跳伞的高度是800米到1000米左右。在飞机飞行的高度，空气十分稀薄，温度极低，人在机舱外根本无法生存。再加上客机的飞行速度很快，即使飞机可以降低至跳伞的高度，但由于空气阻力，乘客跳出机舱后，也会感觉像是重重地撞在了一堵墙上，根本无法承受这种程度的撞击。并且，由于空气阻力，人所有的衣物会被剥离身体。因此，带着降落伞包安全下降9000米，基本上是不可能的。

第三，就算在降落伞没有被剥离身体、并且能够正常打开的情况下，跳伞生还的几率也几乎为零，因为地面条件往往不适合降落。另外，跳伞需要非常专业的技术，并不是未经过特殊训练的一般乘客所能瞬间掌握的。未经训练的人由于不会操纵降落伞，很容易把自己裹到伞包中，然后像一块儿石头一样砸向地面。

最后，如果每个乘客都配备一个降落伞，将会占去很多空间，增加飞机的重量，这将会影响到飞机的营运能力。

87. 关于飞机险情，可以知道：
    A 无法预知　　　　　　　　　　B 很难被控制
    C 受天气影响大　　　　　　　　D 多出现于起降时

88. 根据第3段，客机：
    A 舱外温度较高　　　　　　　　B 舱门不容易打开
    C 无法在低空飞行　　　　　　　D 飞行高度不适合跳伞

89. 关于跳伞，下列哪项正确？
    A 需经专业训练　　　　　　　　B 不适合高龄者
    C 高度越低越危险　　　　　　　D 对身体素质要求高

90. 上文主要谈什么？
    A 跳伞运动的坏处　　　　　　　B 降落伞的使用方法
    C 飞机如何应对险情　　　　　　D 飞机上为什么没有降落伞

三、书 写

第一部分

第91-98题：完成句子。

例如： 发表　　这篇论文　　什么时候　　是　　的

　　这篇论文是什么时候发表的? _____

91. 1990年　　　正式　　　茶叶博物馆　　　建成于

92. 请　　　勿在　　　抽烟　　　仓库里

93. 流传着　　　关于龙的　　　很多　　　当地　　　神话

94. 为员工　　　公司　　　医疗保险　　　办理了

95. 我的　　　方案　　　领导　　　赞成　　　是否

96. 被　　　倒了　　　垃圾桶　　　撞　　　小猫

97. 诗　　　描写　　　这是　　　一首　　　蝴蝶的

98. 使我　　　采访　　　深受　　　他的　　　启发

第二部分

第 99−100 题：写短文。

99. 请结合下列词语(要全部使用，顺序不分先后)，写一篇80字左右的短文。

　　退休　　公寓　　日益　　寂寞　　制定

100. 请结合这张图片写一篇80字左右的短文。

준비 다 되셨나요?

1. 듣기 파일은 트랙 '**TEST 08**'입니다.

(듣기 파일은 **맛있는북스 홈페이지**(www.booksJRC.com)에서 무료로 다운로드 할 수 있습니다.)

미리 준비하지 않으셨다면 **QR코드**를 스캔해서 듣기 파일을 준비해 주세요.

2. **답안카드**는 본책 259쪽에 수록되어 있습니다. 한 장을 자른 후에 답을 기입하세요.

3. 2B연필, 지우개, 시계도 준비하셨나요? 2B연필은 두 개를 준비하면 더 좋습니다. 하나는 마킹용,

다른 하나는 쓰기 영역을 풀 때 사용하세요.

坚持就是胜利!

버티는 게 이기는 것이다!

汉语水平考试
HSK(五级)

注　意

一、HSK(五级)分三部分：

　　1. 听力(45题，约30分钟)

　　2. 阅读(45题，45分钟)

　　3. 书写(10题，40分钟)

二、听力结束后，有5分钟填写答题卡。

三、全部考试约125分钟(含考生填写个人信息时间5分钟)。

一、听 力

第一部分

第1-20题：请选出正确答案。

1.　A 过敏了
　　B 拉肚子
　　C 被烫伤了
　　D 胳膊很痒

2.　A 以前是会计
　　B 学过相关知识
　　C 正在看这方面的书
　　D 有这方面的工作经验

3.　A 男的成绩很好
　　B 月底公布结果
　　C 决赛在北京举办
　　D 比赛结果还没出来

4.　A 货到付款
　　B 银行转账
　　C 只收现金
　　D 不收支票

5.　A 男的正在读博士
　　B 男的请女的提建议
　　C 女的是出版社编辑
　　D 女的催男的写论文

6.　A 缺少人手
　　B 经营得不错
　　C 违反了规定
　　D 成立了很久了

7.　A 下暴雨
　　B 雾太大
　　C 有大雪
　　D 风沙严重

8.　A 写辞职信
　　B 买新机器
　　C 下楼打印
　　D 找人修复印机

9.　A 产品质量好
　　B 已是最低价
　　C 价钱能商量
　　D 产品数量有限

10.　A 走路不小心
　　B 撞到墙上了
　　C 滑雪摔倒了
　　D 被热水烫了

11.　A 卧室光线暗
　　B 上午不进阳光
　　C 整体设计有问题
　　D 卫生间有点儿小

12.　A 表扬
　　B 羡慕
　　C 感激
　　D 责备

13. **A** 开业时
    B 辩论会上
    C 宴会结束时
    D 生日聚会时

14. **A** 文件太大了
    B 网速太慢了
    C 下载失败了
    D 电脑空间不够

15. **A** 无法付款
    B 拿不动箱子
    C 不会安装衣柜
    D 看不懂说明书

16. **A** 吃早饭
    B 多吃水果
    C 早点起床
    D 出去运动

17. **A** 餐厅
    B 客厅
    C 电梯里
    D 公交车上

18. **A** 放瓶子
    B 留着用
    C 装鞋子
    D 包快递

19. **A** 用很久了
    B 需要杀毒
    C 装错了软件
    D 安装的程序太多

20. **A** 努力工作
    B 抓紧时间
    C 多锻炼身体
    D 多注意休息

第二部分

第21-45题：请选出正确答案。

21. A 着凉了
    B 一直咳嗽
    C 没带雨伞
    D 全身湿透了

22. A 发现了钱
    B 找到了手表
    C 捡到了戒指
    D 收到了舅舅的信

23. A 电器维修
    B 旅游策划
    C 保险行业
    D 汽车销售

24. A 男的脾气不好
    B 女的把头发剪短了
    C 爷爷担心孙女身体
    D 最近流行绿色头发

25. A 和老师沟通
    B 换一个幼儿园
    C 学习心理专业
    D 多陪孩子玩儿

26. A 机场
    B 电影院
    C 火车上
    D 综合医院

27. A 听别人说的
    B 自己看见的
    C 教练转达的
    D 根据经验猜的

28. A 太辣
    B 味道怪
    C 糖放多了
    D 不合胃口

29. A 还没结婚
    B 买了特产
    C 老家在成都
    D 要参加婚礼

30. A 小李是新来的
    B 公司资金不足
    C 女的很了解小李
    D 出版社放弃了合作

31. A 耐心
    B 安全感
    C 责任感
    D 早起习惯

32. A 调整情绪
    B 促进交际
    C 减少孤独
    D 培养兴趣

33. **A** 计时器
    B 烦恼箱
    C 哲理故事
    D 铅笔和橡皮

34. **A** 数据不准确
    B 心理学家撒了谎
    C 很多烦恼没发生
    D 实验者感到很意外

35. **A** 不要自找烦恼
    B 如何解决烦恼
    C 心情影响工作效率
    D 人无远虑，必有近忧

36. **A** 忍耐力
    B 坚持训练
    C 赛前准备
    D 坚强的精神

37. **A** 设置休息区
    B 将赛程分段
    C 寻找饮水站
    D 保持心理平衡

38. **A** 跟在对手后面
    B 放弃参加比赛
    C 迅速冲向终点
    D 无法坚持到最后

39. **A** 很疼爱
    B 不相信他
    C 常常打他
    D 要求严格

40. **A** 高兴
    B 感动
    C 幸福
    D 吃惊

41. **A** 感谢了老师
    B 承认了错误
    C 给妈妈买礼物
    D 帮助班里同学

42. **A** 用量少
    B 常加盐
    C 茶具华丽
    D 喜欢浓茶

43. **A** 广东
    B 四川
    C 山东
    D 宁夏

44. **A** 跳进江中
    B 请人帮忙
    C 加速划船
    D 在船上刻记号

45. **A** 不要自欺欺人
    B 经验来源于生活
    C 事物是发展变化的
    D 人应掌握一门技术

二、阅 读

第一部分

第 46-60 题：请选出正确答案。

46-48.

　　有一个企业家在一个毕业典礼上讲到了工作与生活的关系。他说："我们的人生是一___46___游戏，我们必须同时去接5个球，5个球___47___是工作、家庭、健康、朋友以及精神生活。工作是橡皮球，如果它掉下来，就会再弹回去，但是其他4个球是由玻璃___48___的，如果让4个球中的任何一个落地，它必定会粉碎，变得和以前不一样，那么游戏注定是失败的。"

46. A 则　　　　　　B 阵　　　　　　C 场　　　　　　D 团

47. A 多亏　　　　　B 分别　　　　　C 毕竟　　　　　D 果然

48. A 建立　　　　　B 消化　　　　　C 生长　　　　　D 制作

49-52.

　　"沉默是金"表达了一个人的处世方式。意思就是做事的时候，一定要多听取别人的意见与建议，自己的言行要___49___，不了解情况的时候，千万不要随便发表议论，以___50___"祸从口出"。

　　"沉默是金"被尊为处世哲学，是一种智慧的表现。可是随着社会的发展，竞争越来越___51___，当确实存在问题的时候，我们要积极地表达自己的想法，提出问题所在，然后找出解决问题的方法。所以，我们要记住，___52___。

49. A 神秘　　　　　B 出色　　　　　C 谨慎　　　　　D 乐观

50. A 避免　　　　　B 强调　　　　　C 教训　　　　　D 公布

51. A 落后　　　　　B 刺激　　　　　C 时髦　　　　　D 激烈

52. A 要少说多做　　　　　　　　　B 谦虚使人进步
　　C 沉默不一定是金　　　　　　　D 努力做一个诚恳的人

53-56.

　　有一位叫愚公的老人，他家的门口有两座山，挡住了出门的路，出行很不方便。一天，他说："我打算＿＿53＿＿走这两座大山，大家看怎么样?"愚公的儿子、孙子们一听，都表示＿＿54＿＿，可是，愚公的妻子觉得搬走两座大山太难了，没有同意。

　　第二天，愚公带着一家人开始搬山了。周围的邻居知道以后也都过来帮忙。有一个叫智叟的老头听说以后，＿＿55＿＿，对愚公说："你都快九十岁了，走路都不方便，怎么可能搬掉两座大山?"愚公说："即使我死了，还有我的儿子在这里。儿子死了，还有下面的一代又一代。只要一直＿＿56＿＿做，就有可能成功。"

53.	**A** 摆	**B** 踢	**C** 移	**D** 摸
54.	**A** 不满	**B** 惊喜	**C** 苦恼	**D** 赞成

55. **A** 笑话他太傻　　　　　　　　　**B** 也一起来帮忙
　　 C 想起了当年的自己　　　　　　**D** 认为这是一件大事

56.	**A** 模仿	**B** 坚持	**C** 克服	**D** 集合

57-60.

　　乘坐一辆公交车，我们知道它有起点和终点，却无法预知沿途的经历。有的人行程长，有的人行程短。有的人很从容，可以＿＿57＿＿窗外的景色。有的人很窘迫，总处于拥挤之中。要想获得舒适与优雅，座位必不可少。有的人很＿＿58＿＿，一上车就有座。有的人很倒霉，＿＿59＿＿，他还站着。有时别处的座位不断空出来，唯独身边这个毫无动静。而当他下定决心向别处走去，刚才那个座位上的人却正好离开。有的人用了种种的方式，经历了长长的＿＿60＿＿，终于可以坐下，但这时他已经到站了。

57.	**A** 盼望	**B** 珍惜	**C** 欣赏	**D** 听取
58.	**A** 透明	**B** 刻苦	**C** 热情	**D** 幸运

59. **A** 忙碌了一整天　　　　　　　　**B** 不但被领导批评
　　 C 即使全车人都坐下了　　　　　**D** 主动给有需要的人让座

60.	**A** 反思	**B** 等待	**C** 矛盾	**D** 休息

第二部分

第61–70题：请选出与试题内容一致的一项。

61. 通过研究发现，牙膏存放不宜超过十个月。因为存放一定时间后，牙膏内所含的许多化学物质会发生化学反应。除了引起牙膏变质以外，也会降低牙膏的去污与保洁作用。有些过敏体质的人使用了变质的药物牙膏后，还会引起过敏反应。

   A 牙膏不要存放过久
   B 过敏的人应该少用牙膏
   C 应选择适合自己的牙膏
   D 变质的牙膏没有去污作用

62. 最好的维生素来源于蔬菜和水果。虽然它们都是植物，但是营养成分不太相同，因此二者不能互相替代。营养专家认为，餐餐有蔬菜、天天吃水果对健康有好处，建议青少年每天至少应该吃200–400克水果、300–500克蔬菜。

   A 部分水果可代替蔬菜
   B 水果的营养价值更大
   C 蔬菜和水果的成分相同
   D 每天都应该吃水果和蔬菜

63. 《清明上河图》是中国十大传世名画之一，是北宋画家张择端现存的唯一作品。该作品宽24.8厘米，长528.7厘米，保存于北京故宫博物院。作品以长卷形式将繁杂的景物记录在统一而富于变化的画面中，生动地记录了北宋都城汴京的繁华景象。

   A 这幅画有500多米宽
   B 这幅画是世界上最长的画
   C 这幅画展现了汴京的景象
   D 这幅画记录了皇帝的生活

64. 要成为一名优秀员工，应该有什么样的理念？那就是不找理由找方法，方法总比问题多。世界上没有不能解决的问题，只有解决不了问题的人。不管什么问题一旦被发现，就一定有解决的方法。这是一种充满自信的理念，也是一种更具建设性、创造性的理念。

A 生活中需要借口
B 员工应脚踏实地工作
C 问题总有解决的办法
D 面试时要表现出自信

65. 地震是一种自然现象，目前人类还不能阻止它的发生。但是，我们可以采取有效措施，最大限度地减少灾害损失。发生地震时切忌恐慌，应沉着冷静应对，避免去高楼或人群拥挤的地方，原地躲避是最好的选择。

A 人类无法预测地震
B 地震的发生很难被阻止
C 政府应加强地震安全教育
D 高楼之间要保持一定的距离

66. 阳朔县位于广西壮族自治区东北部。那里气候湿润，自然资源丰富，水陆交通方便，有着"中国旅游名县"的美誉。阳朔县"山清、水秀、峰奇、洞巧"，被称为天下四绝，每年接待740万海外来的旅客。

A 阳朔位于中国东北部
B 阳朔县自然风景优美
C 阳朔县的人口有740万
D 阳朔的工业资源十分丰富

67. 相传，孔明灯是由三国时的诸葛亮所发明。当年，诸葛亮被司马懿围困于平阳，无法派兵出城求救。诸葛亮算准风向，制成会飘浮的纸灯笼，系上求救的讯息，后来果然脱险了。因诸葛亮字孔明，故后世就称这种灯笼为孔明灯。

A 孔明灯是红色的
B 孔明灯救了司马懿
C 孔明灯最初被用于战争
D 孔明灯寄托了对家乡的思念

68. 庄子说，水里的鱼游来游去，多么快乐啊！可是有人问，你不是鱼，怎么知道鱼的快乐呢？庄子严肃地说，你也不是我，怎么知道我不懂鱼的快乐呢？那个人顿时无语了。庄子说，人类看世界是主观的，但是客观永远只是相对的，你不能随便否定别人的意见。

A 庄子喜欢钓鱼
B 庄子的朋友很了解鱼
C 庄子是伟大的教育家
D 不能随便否定别人的意见

69. 睡眠质量好坏与环境因素息息相关。首先，环境绿化要做好。因为绿化好有利于提高空气中氧气的含量，而充足的氧气可使人心情舒畅，从而提高睡眠质量。其次，居室通风要合适。如果空气中二氧化碳浓度过高，会影响人的大脑功能，从而使睡眠质量下降。

A 睡前不要做剧烈运动
B 室内不宜养过多植物
C 空气不好时要紧闭门窗
D 充足的氧气可以促进睡眠

70. 许多人做事常常半途而废，其实，只要再多花一点点力气，再坚持一点点时间，就会胜利。人们之所以容易放弃，主要是因为缺乏毅力。在你遇到困难想放弃时，别忘了提醒自己：人生就像四季的变迁，此刻只不过是人生的冬季而已。冬天来了，春天还会远吗？

A 滴水可穿石
B 要从小事做起
C 坚持就是胜利
D 立刻做决定有风险

第三部分

第71-90题：请选出正确答案。

71-74.

世界上并非只有人才会撒谎，动物也会撒谎，而且还很巧妙。

某个动物园里发生了危险的一幕：一只大猩猩被铁笼子里的铁支架压着了，看样子，压得真不轻，因为大猩猩的表情显得很痛苦。当管理员急匆匆地赶到现场去救它时，它却突然站了起来，张开手臂，抱住了管理员。原来，这只大猩猩觉得实在是闷得慌，想找个伴玩玩，因此使用了这一招。

一只黑猩猩向其他同伴示意，附近某个地方有香蕉，大家赶紧行动吧！其实，这只黑猩猩并没有告诉其他猩猩香蕉的真正位置，它指的那个位置是个假位置。当其他黑猩猩傻乎乎地按它所指的方向前进时，它自己向真正有香蕉的地方走去。被骗的黑猩猩扑了个空，而撒谎的黑猩猩则饱食一顿。当它返回原地见到受骗的同伴时，却装得若无其事，不露一点马脚。

除了猩猩，狐狸也会撒谎。当母狐狸发现食物时，为了能得到较多的食物，它往往会发出一种虚假的警告信号，故意把小狐狸吓跑，然后大吃大嚼起来。

动物撒慌，也是动物生存斗争的一种手段。

71. 根据第2段，那只大猩猩：

   A 很幼稚　　　　　　　　　　B 假装痛苦
   C 伤得不轻　　　　　　　　　D 被送去治疗了

72. 根据第3段，那只黑猩猩为什么向同伴指了假位置?

   A 记错了方向　　　　　　　　B 想独吞香蕉
   C 跟它们开玩笑　　　　　　　D 为了试探他们

73. 关于母狐狸，下列哪项正确?

   A 很有母性　　　　　　　　　B 本性很凶
   C 喜欢吃葡萄　　　　　　　　D 会骗小狐狸

74. 这段话主要想告诉我们:

   A 动物也会撒谎　　　　　　　B 讲信用很重要
   C 怪异的动物行动　　　　　　D 动物抢食秘诀——撒谎

75–78.

　　老马和妻子搬到了一个陌生的城市。他每天忙着做生意，早出晚归，从没在意过周围的邻居。有一天晚上，突然停电了，房间里一片漆黑。老马很后悔没有准备蜡烛，只好无奈地抱怨起来。这时，门口突然传来轻轻的、略为迟疑的敲门声。"谁呀？"老马在这个城市并没有熟人，也不愿意被人打扰。他很不情愿地起身，费力地摸到门口，极不耐烦地开了门。

　　门口站着一个小女孩，她怯生生地对老马说："先生，我是您的邻居。请问你有蜡烛吗？""没有！"老马气不打一处来，"嘭！"的一声把门关上了。"真是麻烦！"老马对妻子抱怨道，"讨厌的邻居，我们刚刚搬来就来借东西，这么下去怎么得了！"

　　就在他满腹牢骚的时候，门口又传来了敲门声。打开门，又是刚才那个小女孩，她的手里多了两根蜡烛，红通通的，就像小女孩涨红的脸，格外显眼。"妈妈说，楼下新来了邻居，可能没有蜡烛，让我拿两根给你们。"

　　在那一瞬间，老马猛然意识到：生活中充满了善良，只是被自己冰冷的心蒙蔽了而已。

75. 根据第1段，可以知道：

　　A 老马生意很好　　　　　　　　**B** 妻子买好了蜡烛
　　C 那座城市很繁华　　　　　　　**D** 老马不认识邻居

76. 小姑娘来做什么?

　　A 借东西　　　　　　　　　　　　**B** 送蜡烛
　　C 打招呼　　　　　　　　　　　　**D** 找妈妈

77. 根据上文，老马可能是一个什么样的人?

　　A 非常积极　　　　　　　　　　　**B** 做事很粗心
　　C 不关心别人　　　　　　　　　　**D** 没有经营头脑

78. 下列最适合做上文标题的是：

　　A 邻居的烦恼　　　　　　　　　　**B** 陌生的城市
　　C 温暖人心的蜡烛　　　　　　　　**D** 世上没有后悔药

79–82.

阿凡提是一个非常聪明的人，很多人都愿意请他帮忙。

有一天，一个穷人找他说："阿凡提，请帮助我。""你怎么了？"原来，他今天路过一个餐馆，觉得好饿，就闻了闻味道，这时，饭馆老板巴依揪着他说："给钱！快给钱！"穷人说："我只是闻了味道罢了。"巴依说："闻了我饭菜的香味儿就应该给钱。"阿凡提听了穷人的话说："别担心，我帮你还钱。"

于是阿凡提带着钱袋跟穷人一起去找巴依了。巴依说："你要还的钱拿来了吗？"阿凡提说："他是我的朋友，我来帮他还清。"他说着把钱袋哗哗地摇了摇。巴依听了就很着急，说："那快给我钱啊。"阿凡提把钱袋在巴依的耳朵旁摇了摇，钱袋"哗哗响"，然后要跟穷人回去。这时巴依说："怎么不给我钱就回去呢？"阿凡提说："钱的声音你听到了吗？"巴依说："听到了，听到了。"阿凡提把钱袋还给穷人说："他闻了你饭菜的香味儿，你听了他钱袋的声音，这账就还清了。"巴依气得说不出话来。

79. 根据第2段，那个穷人：

 A 性格软弱　　　　　　　　　　B 生了一场大病
 C 没有吃餐馆的饭　　　　　　　D 是阿凡提的朋友

80. 餐馆老板为什么向穷人要钱？

 A 他打算给穷人上菜　　　　　　B 餐馆先付款后吃饭
 C 穷人闻了饭菜的味道　　　　　D 穷人违反了餐馆规定

81. 阿凡提为什么"哗哗"地摇钱袋？

 A 让老板听声音　　　　　　　　B 证明自己有钱
 C 为了数钱币数量　　　　　　　D 要与穷人一起吃饭

82. 根据上文，下列哪项正确？

 A 阿凡提很聪明　　　　　　　　B 钱袋里没有钱
 C 穷人受到了鼓励　　　　　　　D 巴依知道自己错了

83–86.

　　从前，有一个商人，骑着骆驼，带着两袋大蒜，一路跋涉到遥远的地方。那里的人们第一次见到大蒜，更想不到世界上还有味道这么好的东西，所以，他们盛情地款待了这位远方来的商人。大家商量之后，把商人和大蒜带到国王那里。国王非常高兴，临别赠与他两袋金子作为酬谢。

　　另有一个精明的商人听说了这件事后，不禁为之动心。他想，那个地方肯定没有大葱，而且大葱的味道不是更好吗？于是他打听了那个地方，带着两筐葱到了那个地方。那里的人们同样没有见过大葱，甚至都认为大葱的味道比大蒜的味道更好！他们更加盛情地款待了精明的商人，并且把他和大葱带到国王那里，国王觉得用金子远不能表达他们对这位远道而来的客人的感激之情，最后再三商讨，决定把两袋大蒜赠给这位商人！

　　生活往往就是这样，你先抢一步，占尽先机，得到的是金子；而你步人后尘，东施效颦，得到的可能就是大蒜。

83. 当地人见到大蒜后：

　　A 再三拒绝　　　　　　　　　　**B** 一下子吃光
　　C 与商人合作　　　　　　　　　　**D** 热情招待了商人

84. 关于第一位商人，下列哪项正确？

　　A 来自沙漠地区　　　　　　　　　**B** 卖了两筐大葱
　　C 娶了那里的公主　　　　　　　　**D** 得到了两袋金子

85. 国王送给了第二个商人大蒜是因为：

　　A 用光了金子　　　　　　　　　　**B** 不喜欢大葱
　　C 教训第二个商人　　　　　　　　**D** 认为大蒜更珍贵

86. 上文告诉了我们什么道理？

　　A 抢占先机很重要　　　　　　　　**B** 要时刻充满感激
　　C 应该多向别人学习　　　　　　　**D** 付出真心才会有回报

87-90.

人的平均寿命大概是70~80岁，世界上也有这么一种鸟，它的寿命与人相当。

鸟类研究专家发现，苍鹰是自然界中最长寿的鸟，一般来说，它们可以活到70岁，但是，活到40岁的时候，它们的羽毛长得又长又厚，翅膀变得非常沉重，根本不能像从前那样飞翔。它们的爪子开始慢慢地老化，抓住猎物变得很困难。同时，它们的喙变得又长又弯，几乎碰到胸膛，很难吃东西。这时候，苍鹰面对两种选择：要么等死，要么经过一个十分痛苦的过程再获新生。通常情况下，它们都选择<u>后者</u>，走上了一条非常艰难的蜕变之路。

首先，它们要筑巢，因此它们竭尽全力地飞到悬崖的顶部，在那里呆150天。在这个过程中，苍鹰要用自己的喙不停地击打岩石，直到原来的喙完全掉下来，静静地等待新的喙生长出来。然后用新的喙把指甲一根一根拔掉。新的指甲长出来以后，它们再把羽毛一根一根地拔掉。5个月之后，会长出新的羽毛，苍鹰才能重新飞上蓝天。苍鹰由此获得新的生命力，可以再活30年。

在人的一生中，总会遇到崎岖和坎坷，有时还会遇到灾难。学学苍鹰吧，它的顽强精神，会帮助我们抵达成功的彼岸。

87. 当苍鹰活到40岁的时候：

    A 飞不动   **B** 爪子变长

    C 羽毛掉光   **D** 翅膀变弯

88. 第2段画线词语"后者"具体指的是什么？

    A 等死   **B** 重生

    C 被照顾   **D** 放弃飞翔

89. 根据第3段，在悬崖上的5个月里，苍鹰要：

    A 掉落悬崖   **B** 抛弃子女

    C 经历痛苦   **D** 接受阳光照射

90. 根据上文，我们可以知道什么？

    A 人要有梦想   **B** 生活要顺其自然

    C 要勇敢面对困难   **D** 要懂得珍惜生命

三、书 写

第一部分

第 91-98 题：完成句子。

例如： 发表　　　这篇论文　　　什么时候　　　是　　　的

　　　　<u>这篇论文是什么时候发表的?</u>

91. 一个传说　　　于　　　取材　　　这部电视剧

92. 尴尬　　　作家的　　　有点儿　　　表情　　　显得

93. 没有绝对　　　世界上　　　人　　　完美的

94. 小刘　　　全部　　　手机里的视频　　　删除了　　　把

95. 玫瑰花　　　是　　　爱情的　　　象征

96. 做过　　　幼儿园老师　　　我　　　三年　　　的

97. 暂停营业　　　的　　　牌子　　　玻璃门上　　　挂着

98. 保持　　　如果能　　　永远　　　就好了　　　青春

第二部分

第 99-100 题：写短文。

99. 请结合下列词语(要全部使用，顺序不分先后)，写一篇80字左右的短文。

作为　　自豪　　配合　　按照　　教练

100. 请结合这张图片写一篇80字左右的短文。

09회 모의고사

준비 다 되셨나요?

녹음 듣기

1. 듣기 파일은 트랙 'TEST 09'입니다.

(듣기 파일은 **맛있는북스 홈페이지**(www.booksJRC.com)에서 무료로 다운로드 할 수 있습니다.)

미리 준비하지 않으셨다면 **QR코드**를 스캔해서 듣기 파일을 준비해 주세요.

2. **답안카드**는 본책 259쪽에 수록되어 있습니다. 한 장을 자른 후에 답을 기입하세요.

3. 2B연필, 지우개, 시계도 준비하셨나요? 2B연필은 두 개를 준비하면 더 좋습니다. 하나는 마킹용,

다른 하나는 쓰기 영역을 풀 때 사용하세요.

时间就是金钱!

시간은 금이다!

汉语水平考试
HSK(五级)

注　意

一、HSK (五级) 分三部分:

1. 听力 (45题，约30分钟)

2. 阅读 (45题，45分钟)

3. 书写 (10题，40分钟)

二、听力结束后，有5分钟填写答题卡。

三、全部考试约125分钟 (含考生填写个人信息时间5分钟)。

一、听 力

第一部分

第1-20题：请选出正确答案。

1. **A** 性格内向
   B 打算贷款
   C 去留学了
   D 换工作了

2. **A** 不允许录音
   B 讲座取消了
   C 她要做助教
   D 录音可以下载

3. **A** 停车位
   B 图书馆
   C 理发店
   D 维修中心

4. **A** 电影拍完了
   B 女的提供了资金
   C 女的帮助寻找演员
   D 他们的合作很成功

5. **A** 建筑
   B 美食
   C 风俗
   D 风景

6. **A** 没化妆
   B 头发乱了
   C 不想照相
   D 没戴帽子

7. **A** 咨询专家
   B 找代理人购买
   C 先了解公司情况
   D 投资到别的地方

8. **A** 填表
   B 打电话
   C 看文件
   D 提前下班

9. **A** 缺少资金
   B 风险有些大
   C 需要重新制定
   D 目标对象不明确

10. **A** 郊区
    B 海边
    C 动物园
    D 海洋公园

11. **A** 台词优美
    B 不如小说
    C 故事感人
    D 很值得一看

12. **A** 开会迟到
    B 飞机晚点
    C 交通拥挤
    D 没提供早餐

13. A 把墙涂成白色
　　B 选择简装方案
　　C 扩大厨房面积
　　D 打通阳台和客厅

14. A 买个硬盘
　　B 安装恢复软件
　　C 拨打维修电话
　　D 保存在网盘里

15. A 男的很饿
　　B 女的要开店
　　C 男的想学习烤面包
　　D 女的面包做得很好吃

16. A 很有信心
　　B 是新员工
　　C 不被同事信任
　　D 错过了这个机会

17. A 有字幕
　　B 没有对白
　　C 现场有翻译
　　D 故事有意思

18. A 不那么流行
　　B 特别受欢迎
　　C 演唱者很有名
　　D 是一首爱情歌曲

19. A 卧室
　　B 厨房
　　C 客厅
　　D 办公室

20. A 几周
　　B 一个月
　　C 几个月
　　D 十个月

第二部分

第21-45题：请选出正确答案。

21. **A** 女的是医生
    B 男的正在减肥
    C 男的还能坚持
    D 女的的专业是体育

22. **A** 警察
    B 司机
    C 银行
    D 出租车公司

23. **A** 睡觉
    B 开车
    C 旅行
    D 打扫

24. **A** 机场
    B 市场
    C 火车站
    D 售票大厅

25. **A** 总裁
    B 人事经理
    C 销售经理
    D 设计总监

26. **A** 价格很贵
    B 产自云南
    C 材料特殊
    D 在外国买的

27. **A** 男的很年轻
    B 女的怀孕了
    C 男的误会别人了
    D 男的坐在了孕妇专座

28. **A** 领导
    B 老师
    C 同事
    D 家人

29. **A** 4000字
    B 4500字
    C 5000字
    D 6000字

30. **A** 不喜欢运动
    B 跟男的是同事
    C 对那里很熟悉
    D 是健身房教练

31. **A** 马上道歉
    B 装作不知道
    C 与妇女争吵起来
    D 又送给对方一把伞

32. **A** 夸奖那个先生
    B 那个先生赚了钱
    C 对那个先生表示感谢
    D 以为那个先生偷了伞

33. A 他不懂装懂
   B 老师批评他
   C 他上课睡觉
   D 他说话幽默

34. A 举左手
   B 面带微笑
   C 大声喊出来
   D 一直看着老师

35. A 变得更自信
   B 成绩更差了
   C 对数学产生兴趣
   D 性格变得外向了

36. A 缺少管理人员
   B 乱扔现象大减
   C 效果不太明显
   D 很多市民反对

37. A 自动定位
   B 与人对话
   C 播放笑话
   D 将垃圾分类

38. A 两周一换
   B 不适合孩子
   C 有多种语言
   D 来自市民的投稿

39. A 5点进实验室
   B 午休一个多小时
   C 在实验室吃午饭
   D 很晚才离开实验室

40. A 很勤奋
   B 很聪明
   C 很有前途
   D 精力充沛

41. A 损害健康
   B 缺少朋友
   C 忽视思考
   D 无法按时毕业

42. A 很生气
   B 很意外
   C 格外高兴
   D 表示感激

43. A 卖光了
   B 被收起来了
   C 被画布盖上了
   D 在其他画廊展览

44. A 保持冷静
   B 蹲坐下来
   C 按下所有按钮
   D 拨打求救电话

45. A 突然摔倒
   B 增加危险
   C 使电梯恢复
   D 被外边人听到

二、阅 读

第一部分

第 46–60 题：请选出正确答案。

46–48.

　　"国画"又称"中国画"，起源于汉代。它的　46　和材料主要有毛笔、墨、国画颜料和宣纸等。题材可分为人物、山水、花鸟等三种。　47　人物画所表现的是人类社会、人与人的关系；山水画所表现的是人与自然的关系，将人与自然融为一体；花鸟画则表现大自然的各种生命与人的和谐　48　。中国画在内容和艺术创作上，体现了古人对自然、社会及与之相关联的政治、哲学、宗教、道德、文艺等方面的认知。

46. **A** 类型　　　　　　**B** 画面　　　　　　**C** 工具　　　　　　**D** 方式

47. **A** 其中　　　　　　**B** 同时　　　　　　**C** 各自　　　　　　**D** 基本

48. **A** 集合　　　　　　**B** 开放　　　　　　**C** 实现　　　　　　**D** 相处

49–52.

　　曹操年轻的时候，就非常聪明。有一次，他带领大军经过一片原野，可是天气非常　49　炎热，士兵们渴得要命。曹操　50　着很远的地方，大声地对士兵说："前面是一　51　梅子林，树上结了好多梅子。只要我们走到那儿，就可以吃到梅子，尽情地止渴。"士兵们一听到前面有酸酸的梅子，　52　，感觉不那么渴了，大家一下子都有精神了。于是曹操顺利地带领大军继续向前走。虽然他们并没有发现曹操说的梅子林，但是怀揣着对梅子林的憧憬，最终找到了水源。

49. **A** 干燥　　　　　　**B** 热烈　　　　　　**C** 疯狂　　　　　　**D** 模糊

50. **A** 挥　　　　　　　**B** 指　　　　　　　**C** 披　　　　　　　**D** 甩

51. **A** 片　　　　　　　**B** 套　　　　　　　**C** 棵　　　　　　　**D** 支

52. **A** 马上晕了过去　　　　　　　　　　　**B** 想放弃参加战争
　　 C 嘴里就流出了口水　　　　　　　　**D** 对曹操越来越失望

53–56.

　　有一个年轻人问智者："我觉得自己很有能力，怎么没有人　53　我呢？"智者没有直接回答他的问题，而是从地上捡起一块石头，扔向远处，然后让他捡回来，他说不想捡，觉得一块石头哪有什么价值。于是，智者拿出来一块黄金，同样扔向了远处，然后又叫他捡回来，　54　，很快就把黄金捡回来了。当他弯腰捡起黄金的那一瞬间，他找到了答案。当一个人老是　55　自己未被发现的时候，为什么不想一想，在别人的眼里自己是不是只是一块石头，　56　自己真是一块石头，就应该努力把自己变成一块黄金。

53. **A** 强调　　　　　**B** 欣赏　　　　　**C** 启发　　　　　**D** 征求

54. **A** 告诉了他答案　　　　　　　　**B** 这次他二话没说
　　 C 他疑惑地问智者　　　　　　　**D** 他仍然拒绝了智者

55. **A** 想念　　　　　**B** 面临　　　　　**C** 责备　　　　　**D** 抱怨

56. **A** 何况　　　　　**B** 要不　　　　　**C** 毕竟　　　　　**D** 假如

57–60.

　　据报道，中国家庭宠物的数量已经超过1亿只，每年在养宠物上的　57　逾千亿元。在现代社会中，宠物已经成为许多家庭里亲密且重要的一员。

　　狗是最具人气的宠物，它在给人们带来欢乐的同时，也存在着一些安全隐患。那么，安全　58　它们要注意些什么呢？首先要注意的是，千万不要随便接近你不熟悉的狗。　59　，在未得到狗主人同意的情况下，也不要抚摸它，更不要和它闹着玩。如果主人同意你接近狗，　60　避免和狗对视。"对视"对狗来说，意味着你正在向它挑战。如果狗走到你前面，千万别想着逃跑，而是应该冷静地站着，因为它只是想嗅嗅陌生人的气味而已。

57. **A** 研究　　　　　**B** 消费　　　　　**C** 工业　　　　　**D** 出口

58. **A** 接触　　　　　**B** 合作　　　　　**C** 谈判　　　　　**D** 打扮

59. **A** 如果你没有准备零食　　　　　**B** 尽管你有多年实践经验
　　 C 哪怕它的主人就在旁边　　　　**D** 必须马上去医院接受治疗

60. **A** 珍惜　　　　　**B** 限制　　　　　**C** 难怪　　　　　**D** 尽量

第二部分

第61−70题：请选出与试题内容一致的一项。

61. 平遥古城是中国目前保存最为完整的古城。它位于山西省中部，城墙总长6163米，墙高约12米。城墙以内街道、铺面、市楼、建筑仍然保留着明清特色，而居住在那儿的人也保持着以前的民风民俗。

A 平遥古城历史不长
B 平遥古城建于唐朝
C 平遥古城保存得较为完整
D 平遥古城内以古塔最为著名

62. 速滑运动在世界上有悠久的历史。以前生活在寒冷地带的人们，在冬季冰封的江河湖泊中，以滑冰作为交通运输的手段。随着社会的进步，滑冰从交通手段逐渐发展为滑冰游戏，直到现在的速滑运动。

A 速滑运动来源于滑冰
B 滑冰需要考虑冰层厚度
C 滑冰不需要其他交通工具
D 滑冰运动主要存在于北方

63. 油盐酱醋是我们生活中不可缺少的调味品。大家可能不知道，其中的醋不但可以用来做菜，还有很多其他的功能。日常生活中，人们喝点儿醋可以缓解疲劳；失眠者睡觉前喝点儿加醋的水，很快就会睡着；同时醋还会让营养更易吸收，促进消化。

A 喝醋可以美容
B 喝醋容易失眠
C 喝醋有助于成长发育
D 醋可以促进营养的吸收

64. 心理学家发现：合适的衣着可以改善人的心情。让自己满意的穿着可以给人一种舒适的感受，有放松心情的作用。另外，在心情不好的时候，穿衣应该注意四不：一不打领带，二不穿硬质衣料衣服，三不穿过紧的衣服，四不穿易皱的衣服。

A 衣服要经常换洗
B 衣着要根据场合而定
C 鲜艳的服装让人心情变好
D 心情不好时最好不要穿过紧的衣服

65. 有这样一个实验：在一家商场里放了一面长镜，观察经过长镜的男女。在8个小时的观察中，一共有1620名女性经过，其中1/3的女性停下来花很短的时间看了看这面长镜，而男性有760名经过，差不多每个人都停下来看了看镜子，然后再四周环顾，看有没有被人注意。

A 经过的男人比女人多
B 那家商场要卖这面镜子
C 那个实验在多个城市做过
D 男性比女性更重视自己的形象

66. 一年四季中最寒冷的季节是冬季，树木失去了绿色，有的动物进入了冬眠，很多鸟类也飞到南方去过冬。原本很热闹的世界，突然变得非常安静。然而，这所有的一切都是为了迎接新的一年在做准备。

A 冬季不适合外出
B 大部分动物都冬眠
C 很多鸟秋季飞回北方
D 冬天是为来年做准备的季节

67. 以前西红柿一直被看做是有毒的果子，直到18世纪，西红柿才被证明有食用价值。现在它是人们餐桌上的美味，生着吃、熟着吃、炒着吃都可以。西红柿是世界上种植非常普遍的蔬菜，中国作为主要生产国之一也在不断地扩大种植的面积。

A 西红柿有很多种吃法
B 过去西红柿是有毒的
C 中国在减少西红柿的种植
D 西红柿的营养价值高于水果

68. 西方人进食的餐具主要是刀和叉，这与西方进餐以肉食为主有关。欧洲古代游牧民族的主食是牛羊肉，用刀切割肉，然后送进口里，非常方便。牧场和草原广大，食无定所，因此刀叉随身挂在腰带上。到了城市定居以后，刀叉进入家庭厨房，才不必随身带。

   A 刀叉不方便携带
   B 刀叉文化与饮食习惯有关
   C 越来越多的西方人学用筷子
   D 工业发展促进了刀叉的使用

69. 哈尔滨冰灯驰名中外。在很早以前，每到冬季的夜晚，人们总会看到三五成群的农夫和渔民在喂马和捕鱼，他们所使用的照明工具就是用冰做成的灯笼，这便是最早的冰灯。现在每年从1月5日开始都举行为期一个月的哈尔滨冰灯节。

   A 冰灯早期用于照明
   B 哈尔滨冰灯节亚洲最大
   C 冰灯节每年举行一个星期
   D 目前冰灯被应用于农业生产

70. 人不怕被别人看低，恰恰要怕的是被人看高了。看低了，你可以寻找机会全面地展现自己的才华，让别人一次次地对你"刮目相看"。可被人看高了，起初人们会觉得你很了不起，并对你寄托了种种厚望，可你随后的表现一次又一次让人失望，最终你可能成为他人背后嘲笑的对象。

   A 不要怕被轻视
   B 要客观看待问题
   C 机会永远留给有准备的人
   D 不要过度在意别人的评价

第三部分

第71-90题：请选出正确答案。

71-74.

司马光从小受到父亲影响，喜欢读书。据记载，司马光非常喜欢读《左传》，常常"手不释书，至不知饥渴寒暑"。七岁的时候，他就能熟练地背诵《左传》，并且能把二百多年的历史梗概讲述得清清楚楚，可见他从小就对历史怀有十分浓厚的兴趣。

除此以外，还有一件事使小司马光名满九州。有一次，他跟朋友们在院子里玩儿。院子里有一口大缸，缸里装满了水。有个小孩爬到缸沿上玩，一不小心，掉进缸里。水太深了，眼看那孩子快要没顶了。别的孩子一看见出了事，吓得一边哭一边喊，跑到外面向大人求救。司马光却急中生智，从地上捡起一块大石头，使劲向水缸砸去，"砰！"水缸破了，缸里的水流了出来，被淹在水里的小孩也得救了。小小的司马光遇事沉着冷静，从小就是一副小大人模样。

这就是流传至今的"司马光砸缸"的故事。这件偶然的事件使小司马光出了名，东京和洛阳有人把这件事画成图画，广泛流传。

71. 根据上文，司马光：

A 爱看书   B 性子很急
C 是历史学家   D 小时候差点被淹死

72. 关于那口缸，可以知道：

A 很薄   B 是圆的
C 用来洗菜   D 装满了水

73. 那个孩子是怎么被救出来的？

A 自己爬上来了   B 被大人拉出来了
C 缸里的水被倒出去了 D 司马光把水缸打破了

74. "司马光砸缸"的故事告诉我们：

A 遇事要冷静   B 如何教育孩子
C 要勇敢面对困难   D 要学会独立完成任务

75–78.

北京石花洞位于北京市房山区境内，距市中心50公里。
公元1446年，明朝正统十一年四月，圆广和尚云游的时候发现
该洞，并命名"潜真洞"。后来圆广和尚又命石匠在洞内雕刻佛
像，则又称为"石佛洞"。因洞内石花集锦，千姿百态，玲珑剔
透，在石花洞开发期间被北京市政府定名为"北京石花洞"。

石花洞洞体为层楼式结构，共分为上下七层，一至六层为溶洞景观，七层为地下
暗河。石花洞现已对外开放至四层，游览路线为2500多米，游览时间近两个小时。洞
内共有18个景区，120余处景观，分为16个厅堂，十大奇观，并有五个迄今为止的中国
溶洞景观之最。

石花洞内的自然景观玲珑剔透，有滴水、流水和停滞水沉积而形成的高大洁白的
石笋、石柱、石梯田等，和渗透水、飞溅水、毛细水沉积形成的众多晶花、石毛、石
菊、石珍珠、石葡萄等。并有晶莹的鹅管、珍珠塔、彩光壁等，石旗、石盾、石幔是
中国洞穴沉积物的典型代表，洞中大量的月奶石莲花为国内首次发现。石花洞中常年
恒温13℃，四季如春，是一年四季旅游的好去处。

75. 石花洞为什么又被称为"石佛洞"？

  A 石花众多
  C 是和尚发现的

  B 洞内刻有佛像
  D 模样像一尊佛

76. 根据第2段，石花洞：

  A 需坐船游览
  C 尚未完全开放

  B 共分为八层
  D 是中国最长的溶洞

77. 第3段主要谈的是什么？

  A 石花洞的景观
  C 石花洞的研究价值

  B 石花洞的历史
  D 石花洞的发展前景

78. 根据上文，下列哪项不正确？

  A 石花洞位于房山区
  C 石花洞没有月奶石莲花

  B 石花洞中四季如春
  D 石花洞最初于明朝被发现

79-82.

有一家人养了一条狗与一只猫。狗很勤快，每天，当家中无人时，狗便竖起两只耳朵，虎视眈眈地巡视主人家的周围，为主人做着看家护院的工作。当主人家有人时，它的精神便稍稍放松了，有时还会伏地沉睡。于是，在主人家每一个人的眼里，这只狗都是懒惰的，极不称职的，便经常不喂饱它，
更别提奖赏它好吃的东西了。猫是懒惰的，每当家中无人时，便伏地大睡，哪怕三五成群的老鼠在主人家中肆虐，这只猫也不予理睬。等主人家中有人时，它的精神也养好了，在主人的眼中，这无疑是一只极勤快极尽职的猫，好吃的自然给了它。

由于猫的懒惰，主人家的老鼠越来越多。终于有一天，老鼠将主人家最值钱的家当咬坏了，主人大怒。他召集家人说："你们看看，我们家的猫这样勤快，老鼠还猖狂到这种地步，我认为一个重要的原因就是那只懒狗，它整天睡觉也不帮猫捉几只老鼠。我郑重宣布，将狗赶出家门，再养一只猫。"

于是，狗被赶出了家门。虽然主人又养了一只"勤劳"的猫，但家里的老鼠却越来越多了……

79. 当家里没人时，狗：

    A 帮忙看家　　　　　　　　　　B 偶尔偷懒
    C 没有精神　　　　　　　　　　D 心情低落

80. 根据第1段，那只猫：

    A 很聪明　　　　　　　　　　　B 不抓老鼠
    C 长得可爱　　　　　　　　　　D 比狗跑得快

81. 主人为什么生气？

    A 狗吃得太多　　　　　　　　　B 猫被狗咬伤
    C 有家人反对养猫　　　　　　　D 值钱的东西被咬坏

82. 根据上文，狗被赶出家门后：

    A 老鼠变少了　　　　　　　　　B 多了一只猫
    C 主人很后悔　　　　　　　　　D 舍不得离开

83–86.

　　从前，有一魏国人坐车去楚国。楚国在南方，可这个人偏让马夫赶着马车一路向北而行。

　　路上，有人问他要去哪儿，魏国人大声回答说："去楚国!"路人对他说："去楚国，应往南走。你为什么不去南方，反而朝北走呢?"魏国人满不在乎地说："不要紧，我的马好，跑得快。"路人替他着急，一把拉住他的马车提醒他说："你的马再好也没有用，朝北不是到楚国该走的方向。"魏国人依然毫不醒悟地说："不要紧，我的路费多着呢!"路人又极力劝阻说："虽说你带了很多钱，可是你行的是相反方向，再多的钱也到不了楚国!"魏国人一心只想着要到楚国去，于是有些不耐烦地说："不要紧，我的马夫最会赶车，怎么会到不了楚国呢?"那个路人无奈，只好松开了拉住车把子的手，眼睁睁看着那个盲目上路的人向北而行……

　　方向不对，即使马跑得特别快，路费带得特别多，马夫特别会赶车，这些条件越好，也只能使他离目的地越来越远。无论做什么事，都要看准方向，才能充分发挥自己的有利条件;如果方向错了，那么有利条件只会起相反的作用。

83. 那个魏国人:

　　A 没去过楚国　　　　　　　　　**B** 朝北方行驶
　　C 买了两匹马　　　　　　　　　**D** 要周游世界

84. 路人为什么替魏国人着急?

　　A 楚国很远　　　　　　　　　　**B** 担心马生病
　　C 魏国人带的钱不够　　　　　　**D** 魏国人走错了方向

85. 根据第2段，下列哪项正确?

　　A 路人想跟魏国人同行　　　　　**B** 楚国国王在等着魏国人
　　C 马夫不知道去楚国的路　　　　**D** 魏国人不听取别人意见

86. 上文主要想告诉我们:

　　A 要看准方向　　　　　　　　　**B** 要善待他人
　　C 投入越大，损失越大　　　　　**D** 做好充分准备的重要性

87–90.

　　地理老师把一幅世界河流分布地图挂在黑板上，问大家："地图上的河流有什么特点呢？"

　　大家都回答："都是弯弯的曲线，不是直线。"

　　老师又问："为什么会是这样呢？"

　　大家七嘴八舌地开始议论，有同学说，河流走弯路，拉长了河流的流程，河流也因此能拥有更大的流量，当洪水来临时，河流就不会以水满为患了；还有同学说，由于河流的流程拉长，每个单位河段的流量就相对减少，河水对河床的冲击力也随之减弱，这就起到了保护河床的作用……

　　"同学们，你们说的这些都对。"老师说，"但是，在我看来，还有一个很重要的原因就是，走弯路是自然界的一种常态，而走直路是一种非常态。因为河流在前进的过程中，会遇到各种各样的障碍，这其中有些障碍是无法逾越的，所以它只有走弯路，绕道而行。也正因为走弯路，让它避开了一道道障碍，最终抵达了浩瀚的大海。"

　　其实，人生也是如此，当你遇到坎坷、挫折时，也要把曲折的人生看做是一种常态，不悲观失望，不长吁短叹，不停滞不前，把走弯路看做是前行的另一种形式、另一条途径，这样你就可以像那些走弯路的河流一样，抵达那浩瀚的人生大海。

87. 地图上的河流有什么特点？

　　A 都很长　　　　　　　　　B 都很宽

　　C 都是弯的　　　　　　　　D 分布不集中

88. 老师觉得学生的回答怎么样？

　　A 不完全　　　　　　　　　B 角度很好

　　C 理论不足　　　　　　　　D 没有道理

89. 在自然界中，走弯路：

　　A 很普遍　　　　　　　　　B 只限人类

　　C 会浪费精力　　　　　　　D 遇到更多困难

90. 最适合做上文标题的是：

　　A 一堂地理课　　　　　　　B 河流与人生

　　C 大自然的秘密　　　　　　D 考虑问题要全面

三、书 写

第一部分

第91-98题：完成句子。

例如： 发表　　这篇论文　　什么时候　　是　　的

　　　这篇论文是什么时候发表的?

91. 妈妈　　帮她　　打扫厨房　　让我

92. 着　　新的挑战　　公司　　面临

93. 再　　推迟　　签约　　日期不能

94. 拥抱　　都　　温暖　　比　　任何安慰的话

95. 导致　　上涨　　持续的　　粮油价格　　干旱天气

96. 2月中旬　　聚会时间　　大学同学们　　把　　定在

97. 经营　　小云　　一家服装公司　　一直在

98. 一个　　端午节　　是　　传统　　节日

第二部分

第 99–100 题：写短文。

99. 请结合下列词语(要全部使用，顺序不分先后)，写一篇80字左右的短文。

　　压力　　适合　　放松　　乐观　　偶然

100. 请结合这张图片写一篇80字左右的短文。

10회 모의고사

준비 다 되셨나요?

녹음 듣기

1. 듣기 파일은 트랙 'TEST 10'입니다.

   (듣기 파일은 **맛있는북스 홈페이지**(www.booksJRC.com)에서 무료로 다운로드 할 수 있습니다.)

   미리 준비하지 않으셨다면 **QR코드**를 스캔해서 듣기 파일을 준비해 주세요.

2. **답안카드**는 본책 259쪽에 수록되어 있습니다. 한 장을 자른 후에 답을 기입하세요.

3. 2B연필, 지우개, 시계도 준비하셨나요? 2B연필은 두 개를 준비하면 더 좋습니다. 하나는 마킹용,

   다른 하나는 쓰기 영역을 풀 때 사용하세요.

梦想成真!

꿈은 이루어진다!

汉语水平考试
HSK(五级)

注　意

一、HSK(五级)分三部分：

1. 听力(45题，约30分钟)

2. 阅读(45题，45分钟)

3. 书写(10题，40分钟)

二、听力结束后，有5分钟填写答题卡。

三、全部考试约125分钟(含考生填写个人信息时间5分钟)。

一、听 力

第一部分

第1-20题：请选出正确答案。

1. **A** 女的想买衣柜
   B 女的在收拾东西
   C 男的没有时间打扫
   D 男的经常找不到东西

2. **A** 跟不上动作
   B 新换了教练
   C 训练很没意思
   D 最近工作繁忙

3. **A** 收益下降了
   B 做了大量宣传
   C 邀请明星做广告
   D 开发了很多新产品

4. **A** 女的网恋
   B 女的结婚了
   C 女的中奖了
   D 女的怀孕了

5. **A** 机场
   B 登机口
   C 公交车站
   D 行李提取处

6. **A** 很轻松
   B 觉得可惜
   C 充满期待
   D 并不失望

7. **A** 太咸
   B 吃饱了
   C 有些烫
   D 没有胃口

8. **A** 常常迟到
   B 身体不舒服
   C 不能参加会议
   D 翻译水平很高

9. **A** 报名结束了
   B 考试竞争激烈
   C 男的要上网课
   D 女的要参加考试

10. **A** 提前下班
    B 视察工厂
    C 做销售计划
    D 修改项目方案

11. **A** 要出差
    B 星期一出国
    C 补交了材料
    D 正在办理护照

12. **A** 中大奖了
    B 买了新车
    C 通过了面试
    D 取得了驾驶执照

13. A 组织晚会
    B 预订宴会厅
    C 询问酒店价格
    D 确认参会人数

14. A 送回家
    B 抬东西
    C 叫救护车
    D 给家人打电话

15. A 很幽默
    B 很小气
    C 很严肃
    D 经常迟到

16. A 改题目
    B 增加表格
    C 删除第一段
    D 把第一段放到最后

17. A 15天以后
    B 这个月中旬
    C 下个星期三
    D 4月15日左右

18. A 学习外语
    B 去幼儿园
    C 去农村支教
    D 参加志愿活动

19. A 面积小
    B 可能潮湿
    C 通风不好
    D 上下楼麻烦

20. A 怀疑
    B 可怜
    C 责备
    D 佩服

第二部分

第 21-45 题：请选出正确答案。

21. **A** 办信用卡
    B 网上汇款
    C 开通网银
    D 变更手机号

22. **A** 医院
    B 地铁里
    C 出租车上
    D 回家的路上

23. **A** 是医生
    B 明天出院
    C 很感激女的
    D 刚做完手术

24. **A** 记者
    B 总裁
    C 建筑师
    D 健身教练

25. **A** 送货上门
    B 是新产品
    C 有优惠活动
    D 维修期间为两年

26. **A** 他们是同事
    B 女的没有信心
    C 男的在找工作
    D 公司只招一个人

27. **A** 着凉了
    B 秋天来了
    C 鼻子过敏
    D 味道太刺激

28. **A** 重装系统
    B 帮女的网购
    C 清理电脑垃圾
    D 给女的发下载地址

29. **A** 希望他努力
    B 鼓励他别放弃
    C 相信他能有好成绩
    D 认为男的会拿第一

30. **A** 衣柜里很乱
    B 旧西服被捐了
    C 男的喜欢黑色
    D 女的明天买西服

31. **A** 2个小时
    B 4个小时
    C 100个小时
    D 200个小时

32. **A** 能获得收入
    B 受他人影响
    C 喜欢表达自己
    D 热爱博物馆文化

33. **A** 培养孩子能力
    B 没时间陪孩子玩儿
    C 想告诉他一个道理
    D 让孩子了解世界地理

34. **A** 爸爸不相信他
    B 拼图没有意思
    C 地图被撕坏了
    D 杂志丢了一页

35. **A** 上网查资料
    B 看背面的图像
    C 借助爸爸的帮助
    D 参考墙上的地图

36. **A** 晕倒了
    B 迷路了
    C 行李被偷了
    D 与同伴走散了

37. **A** 已经没水分了
    B 本来就不喜欢
    C 担心吃了会更渴
    D 想留到需要的时候吃

38. **A** 没找到水源
    B 当地人救了他
    C 吃了那个苹果
    D 最后走出了沙漠

39. **A** 很粗
    B 枯死了
    C 树洞很深
    D 叶子掉光了

40. **A** 救小朋友
    B 给树浇水
    C 把球弄出来
    D 把鞋弄出来

41. **A** 个子不太高
    B 从小善于辩论
    C 常被大人夸奖
    D 是一位政治家

42. **A** 安装费用太贵
    B 不想耽误生意
    C 饭店的客人不多
    D 对设计图纸不满意

43. **A** 暂时停业
    B 换设计师
    C 开一家分店
    D 把电梯安装在室外

44. **A** 会给他优惠
    B 笑容很好看
    C 给的比别人多
    D 每次都不断添加

45. **A** 要学会互相理解
    B 谎言也有善良的
    C 做事要讲究方法
    D 要有勇气拒绝别人

二、阅 读

第一部分

第46–60题：请选出正确答案。

46–48.

　　随着社会的发展，现代人的生活越来越忙碌，从而导致很多人没有时间　46　生活，以前的好奇心和梦想都随着瞬间即逝的时间慢慢　47　。现代人总是想着赶路，眼睛看着远处的高楼，脚步一直向前，却忘了欣赏沿途的美丽　48　。在生活的快节奏下，你是否问过自己，这样生活值得吗？

46. **A** 分析　　　　　　**B** 评价　　　　　　**C** 享受　　　　　　**D** 计算

47. **A** 传播　　　　　　**B** 消失　　　　　　**C** 移动　　　　　　**D** 否定

48. **A** 背景　　　　　　**B** 事实　　　　　　**C** 风景　　　　　　**D** 传说

49–52.

　　有一个少年认为自己最大的缺点是胆小，于是他去找心理医生。医生听后说："这怎么能叫缺点呢？分明就是个优点嘛！你不过是非常　49　罢了，而这样的人往往是非常可靠的。"少年有些疑惑："这么说勇敢　50　成了缺点？"医生摇摇头："不，胆小是优点，而勇敢是另一种优点。就好像人们更注重黄金，但这并不能　51　白银的价值。如果你是个战士，　52　；不过如果你是个司机，胆小肯定是个优点。所以不要因为自己胆小而忧愁，想办法增长自己的知识、才干，不断充实自己，使自己成为在某个领域优秀的人才是最重要的。"

49. **A** 温柔　　　　　　**B** 谨慎　　　　　　**C** 沉默　　　　　　**D** 专心

50. **A** 一旦　　　　　　**B** 反而　　　　　　**C** 极其　　　　　　**D** 从而

51. **A** 承认　　　　　　**B** 确定　　　　　　**C** 否定　　　　　　**D** 珍惜

52. **A** 胆小显然是个缺点　　　　　　　　　　**B** 不要忘记你的职责
　　C 就要放下手中的一切　　　　　　　　　**D** 体会不到生命的意义

53-56.

　　当你拥有六个苹果的时候，＿＿53＿＿不要把它们都吃掉。因为即使你把六个苹果全都吃掉，你也只是吃到了六个苹果，只吃到了＿＿54＿＿一种味道，那就是苹果的味道。如果你把其中的五个拿出来给别人吃，尽管＿＿55＿＿上你丢了五个苹果，但实际上你却得到了其他五个人的友情和好感，＿＿56＿＿。放弃是一种智慧，学会放弃，或许你可以获得对你来说更加重要的东西。

53. **A** 千万　　　　**B** 仿佛　　　　**C** 格外　　　　**D** 简直

54. **A** 绝对　　　　**B** 明确　　　　**C** 唯一　　　　**D** 实用

55. **A** 原则　　　　**B** 表面　　　　**C** 抽象　　　　**D** 真正

56. **A** 它的味道各种各样　　　　　　**B** 有时甚至比这些更多
　　 C 也算是放弃一种味道　　　　　**D** 会永远记住苹果的味道

57-60.

　　春秋战国时期，齐国大夫晏子出使楚国，楚王想借此机会让齐国的使者丢脸，＿＿57＿＿楚国的强大。楚王知道晏子身材矮小，晏子来到楚国的时候，楚王命令守门的士兵＿＿58＿＿了城门，让晏子从旁边的洞口爬进去。晏子看了看眼前的＿＿59＿＿，马上就明白了楚王的意图。他对接待的人说："这是一个狗洞，不是城门。我要是访问狗国，当然可以爬狗洞。你们先去问个明白，我来访问的国家到底是楚国还是狗国？"下人立刻把晏子的话传给了楚王，楚王听了士兵的报告，＿＿60＿＿，把晏子迎接进去。

57. **A** 具备　　　　**B** 显示　　　　**C** 发表　　　　**D** 领导

58. **A** 接待　　　　**B** 关闭　　　　**C** 教训　　　　**D** 创造

59. **A** 情景　　　　**B** 景色　　　　**C** 范围　　　　**D** 奇迹

60. **A** 变得非常愤怒　　　　　　　　**B** 装作听不明白
　　 C 只好命令打开城门　　　　　　**D** 发现士兵欺骗了他

第二部分

第61-70题：请选出与试题内容一致的一项。

61. 《三字经》、《百家姓》、《千字文》，俗称"三百千"，是三部影响大而流行广的中国古代幼儿启蒙读物。《百家姓》是一本关于中文姓氏的书，成书于北宋初。原收集姓氏411个，后增补到504个。《百家姓》的次序不是依各姓氏实际人口排列，是因为读来顺口，易学好记。

   A 三百千是有关姓氏的书
   B 《百家姓》收录的姓氏有100个
   C 《百家姓》是一本古代儿童读物
   D 《百家姓》的姓氏排列顺序不科学

62. 爱因斯坦在谈到成功的秘诀时，他说道："我并没有什么特殊的才能，我只是保持了我的好奇心。我一直好奇的是，为什么有的人可以成功，而有的人却会失败。因此我花了十年的时间来学习成功学。想想你最好奇的事物是什么，追求你的好奇心，这将是成功的秘诀。"

   A 爱因斯坦充满童心
   B 爱因斯坦专研物理学
   C 爱因斯坦的智商很高
   D 爱因斯坦看重好奇心

63. 甲骨文是已发现的中国最早的文字。它大约产生于商周之际，记载了三千多年前中国社会、政治、经济、文化等各方面的资料，意义重大。专家们认为，甲骨文是较成熟的文字，它最初产生的年代应该更久远。

   A 甲骨文是象形文字
   B 甲骨文产生于商周之后
   C 甲骨文对历史研究很重要
   D 甲骨文不是真正意义上的文字

64. 相声是一种民间说唱曲艺。主要采用口头方式表演，是扎根于民间、源于生活，又深受群众欢迎的曲艺表演艺术形式。相声起源于北京，流传于全国各地。相声以引人发笑为艺术特点，以"说、学、逗、唱"为主要艺术手段。

A 现代相声发展不长
B 语言幽默是相声的特点
C 说相声的人多为老年人
D 相声主要流传于北方地区

65. 吐鲁番被称为"世界葡萄植物园"，现有500多种葡萄品种，其中仅无核白葡萄就有20个品种，葡萄总产量占全新疆一半以上。吐鲁番因气温高、日照时间长、昼夜温度差大，所以特别适合葡萄的生长。

A 吐鲁番属于沙漠地区
B 新疆的葡萄含糖量不高
C 吐鲁番的葡萄品种多样
D 白葡萄适合做成葡萄酒

66. 能源是人类活动的物质基础。从某种意义上讲，人类社会的发展是离不开优质能源的开发和先进能源技术的应用的。在当今世界，能源的发展、能源和环境的关系，是全世界、全人类共同关心的问题，也是国家社会经济发展的重要课题。

A 要着重开发新能源
B 能源是不可再生资源
C 世界各国都关注能源问题
D 能源开发和环境没有直接关系

67. 对于现代人来说，如果回到没有手机的时代，似乎很难想象。但是一项调查显示，37%的人愿意回到没有手机的时代，而63%的人明确表示不愿意，因为手机已经成为他们生活中的重要组成部分。

A 手机取代不了书本
B 现代人的生活越来越方便
C 手机的发展带来许多问题
D 大多数人已经离不开手机

68. 很多父母越是工作忙，越没有时间管孩子，但为了显示自己的严格要求，对孩子反而标准更高，这样就出现了恶性循环：孩子自己一人相处的时间越长，犯错误的机会越多，而被父母严厉批评的时候也越多，结果父母与孩子的关系越来越远。

   A 要培养孩子的兴趣爱好
   B 现代父母对孩子要求不高
   C 孩子一个人很容易犯错误
   D 父母是孩子的第一任老师

69. 握手是一种沟通思想、交流感情、增进友谊的重要方式。与别人握手时，应看着对方，面带微笑，集中注意力，不能戴着帽子或手套与别人握手，握手的时间不能超过3秒钟。这些细节都是表示对对方的尊重与礼貌。

   A 握手时不能说话
   B 戴着手套握手也可以
   C 握手时应该保持微笑
   D 长时间握手表示友好

70. 昆曲是中国传统戏曲中最古老的剧种之一。很多剧种都是在昆剧的基础上发展起来的，因此昆曲有"中国戏曲之母"的雅称。昆曲具有最完整的表演体系，它的基础深厚，遗产丰富，是我国民族文化艺术高度发展的成果。

   A 昆曲产生于中国云南
   B 昆曲影响着很多剧种
   C 昆曲的表演体系不完整
   D 昆曲与京剧同时期出现

第三部分

第71-90题：请选出正确答案。

71-74.

猎人带着猎狗去打猎。猎人一枪击中一只兔子的后腿，受伤的兔子开始拼命地奔跑。猎狗在猎人的指示下飞奔去追赶兔子。可是追着追着，兔子跑不见了，猎狗只好回到猎人身边。猎人见状便开始骂猎狗："你真没用，连一只受伤的兔子都追不到！"猎狗听了很不服气地回道："我尽力而为了！"

兔子带伤跑回洞里，它的兄弟们都围过来惊讶地问它："那只猎狗很凶呀！你又带了伤，怎么跑得过它的？""它是尽力而为，我是<u>全力以赴</u>！它没追上我，最多挨一顿骂，而我若不全力地跑就没命了呀！"

人本来是有很多潜能的，但是我们往往会给自己或给别人找借口："管它呢，我们已尽力而为了。"事实上尽力而为是远远不够的，尤其是现在这个竞争激烈的年代。正如心理学家所指出的，一般人的潜能只开发了2%~8%左右。这就是说，我们还有90%多的潜能处于沉睡状态。谁要想成功，创造奇迹，仅仅做到尽力而为还远远不够，必须用尽全力才行。

71. 根据第1段，那只兔子：

    A 跑得慢   **B** 迷了路

    C 腿受伤了   **D** 失去了孩子

72. 猎狗为什么被主人骂了？

    A 偷懒了   **B** 胆子太小了

    C 把兔子吃了   **D** 没有追到兔子

73. 第2段画线词语"全力以赴"是什么意思？

    A 力大无穷   **B** 勇敢不害怕

    C 投入全部精力   **D** 团结就是力量

74. 关于潜能，下列哪项正确？

    A 与智商有关   **B** 受年龄限制

    C 有很多没被开发   **D** 需要外部条件刺激

75–78.

　　一个小伙子到北京打工，凭着一身力气，成为了一名送奶工。很快，他靠自己的努力，成立了送奶公司。由于他诚实守信，服务优质，经过几年的打拼，他的公司很快发展到有20万个家庭订户的规模。

　　一天，他与一位做广告的朋友谈话时突然想到，公司现有20万个家庭订户，不就是一个庞大的网络吗？这张网只用于送奶实在是太浪费，为什么不以此为载体，在送奶的同时兼做广告投递呢？于是，他又成立广告传播公司。公司广告传播人员，由送奶工兼任。初战告捷后，他决定以送奶网络为载体，兼营更多的业务。随后，他与一些商场合作，进行电子商务配送，还创办广告杂志，新业务都依托于公司这张网铺开，其利润远远高于送奶的利润。

　　机会对于任何人都是公平的，它在我们身边的时候，不是打扮得花枝招展，而是普普通通的，根本就不起眼。看起来耀眼的机会不是机会，是陷阱；真正的机会最初都是朴素的，只有经过主动与勤奋，它才变得格外绚烂。

75. 下列哪项不是送奶公司发展快的原因？

　　A 诚信　　　　　　　　　　　**B** 运气
　　C 服务好　　　　　　　　　　**D** 很努力

76. 在与一位做广告的朋友谈话时，他想到：

　　A 改变用户习惯　　　　　　　　**B** 扩大服务范围
　　C 吸引更多优秀人才　　　　　　**D** 利用送奶网开展业务

77. 根据第2段，下哪项正确？

　　A 送奶工人手不足　　　　　　　**B** 免费提供广告杂志
　　C 公司利润不断增加　　　　　　**D** 商场收取很高的手续费

78. 上文主要告诉我们：

　　A 不能停止思考　　　　　　　　**B** 要善于把握机会
　　C 世界上有很多不公平　　　　　**D** 做一个普通人很可贵

79–82.

　　一个员工在公司里工作了25年，而每年的薪水却没有变化，他愤愤不平地去找老板，想让老板给他升职和加薪："我在这儿工作了25年，已经有了1/4世纪的经验。"老板无奈地笑了笑："在这1/4的世纪里，你用的都是同一种经验。"

　　我们常常满足于某种经验，动不动就拿过去的成绩来夸耀自己。可是，人生不是一时的成功，人生的定义是在不断成长中收获成功。就像巨大的橡树，你看不到它的生长，但是播下种子的时候，树枝上长出新芽的时候，你就可以给它下定义，因为生长每天每时每刻都在看不见中进行着。我们的经验也是在不断地追求与创新中一天天丰富起来的。

　　不要只生活在过去的经验里，寻找一个能拓展你自己的方向，只有你自己可以决定你事业能拓展的广度和能触及的高度。你的事业是否因为你没有拓展自己而停滞不前？你是否为你和你的团队所取得的成果而沾沾自喜？有什么妙方可以使你走出目前的困境？我的答案是：今天就花几分钟写下至少一种能够拓展自己才干的方法，然后要求自己抓住每一个提升能力、丰富经验的机会。这样，又一个25年之后，你就可以说：我拥有1/4世纪的经验。

79. 那个员工为什么愤愤不平地去找老板？

    A 被同事欺负　　　　　　　　**B** 工作量太大

    C 工资一直没涨　　　　　　　　**D** 想延长合同期限

80. 老板为什么不接受他的要求？

    A 他没有进步　　　　　　　　　**B** 他的业绩一般

    C 公司情况不佳　　　　　　　　**D** 想借机开除他

81. 根据第2段，举"橡树"的例子是为了说明：

    A 方向比速度重要　　　　　　　**B** 要延长生命的宽度

    C 经验需要不断积累　　　　　　**D** 不要过度追求名利

82. 根据第3段，我们应该怎么做？

    A 提高自身能力　　　　　　　　**B** 记录生活的细节

    C 学会节省时间与金钱　　　　　**D** 寻找与人合作的机会

83-86.

　　狼群在雪地上奔跑，它们已经好几天没有吃到食物了。猎物就在前面，狼群拼命地追赶。终于，一只狼扑向猎物，就在这一瞬间，后面的狼也赶到，猎物被咬死在地。这时，分享猎物的行动开始了，首先，是最强壮的狼，也就是咬死猎物的狼先吃，然后是强壮的狼吃，最后才是身体瘦弱的狼。如果食  物不够吃，体弱的狼就吃不上食物。猎物一吃完，狼群又开始奔跑起来，向下一猎物追去。

　　狼群就这样跑过漫长的冬季。偶尔狼群吃饱了，也总是把尾巴夹得紧紧的，它们也很少互相争斗，即使争斗，弱者也很快服输，夹着尾巴到另一边去了。

　　狼群的目标始终是前方的猎物。一队狼群就这样奔跑着，虽然队伍中不时有狼倒下，但狼群依然奔跑着，始终充满了活力。狼群的"分配原则"很值得称道。因为，猎物是跑在最前面的狼首先捕获的，没有它们，就不会有食物。从另一个意义说，跑在最前面的狼必须保持一定的体力，如果这一部分狼跑不动了，也不会有食物，对这支狼群来说其结果是灾难性的。

83. 狼群中最先吃猎物的谁?

    A 老狼　　　　　　　　　　**B** 幼狼
    C 母狼　　　　　　　　　　**D** 强壮的狼

84. 当吃完猎物后，狼群:

    A 欢呼庆祝　　　　　　　　**B** 互相争斗
    C 分散躲开天敌　　　　　　**D** 寻找下一个目标

85. 关于狼的"分配原则"，作者是什么态度?

    A 肯定　　　　　　　　　　**B** 讽刺
    C 不理解　　　　　　　　　**D** 表示遗憾

86. 如果跑在前面的狼跑不动了，狼群会:

    A 面临灾难　　　　　　　　**B** 抛弃他们
    C 停下来休息　　　　　　　**D** 控制进食量

87–90.

时间管理专家给学生做了一个演示。

他拿出一个口儿很大的瓶子放在桌子上，随后取出一堆拳头大小的石块，仔细地一块块放进玻璃瓶里，直到石块高出瓶口，再也放不下了，他问道："瓶子满了吗?"所有学生应道："满了。"时间管理专家反问："真的?"他伸手从桌下拿出一桶小石子，倒了一些进去，并敲击玻璃瓶让小石子掉入大石块的间隙。"现在瓶子满了吗?"他第二次问道。但这一次学生有些明白了，"可能还没有。"一位学生应道。"很好!"专家说。他伸手从桌下拿出一桶沙子，开始慢慢倒进玻璃瓶。沙子填满了大石块和小石子的所有间隙。他又一次问学生："瓶子满了吗?""没满!"学生们大声说。他再一次说："很好。"然后他拿出一壶水倒进了玻璃瓶。抬头看着学生，问道："这个例子说明什么?"一个心急的学生举手发言："它告诉我们：无论你的时间表多么紧张，如果你确实努力，你可以做更多的事!""不!"时间管理专家说，"那不是它真正的意思。

"这个例子告诉我们：如果你不先放大石块，那你就再也不能把它放进瓶子里。那么，什么是你生命中的大石块呢？与你爱人共度时光，你的信仰、教育、梦想，或是和我一样，教育指导其他人？切记得先去处理这些'大石块'，否则，一辈子你都不能做到。"

87. 时间管理专家先往瓶子里放了什么?

    A 水   **B** 沙子

    C 大石块   **D** 小石子

88. 专家一共往瓶子里放了几种东西?

    A 六种   **B** 五种

    C 四种   **D** 三种

89. 当沙子填满了瓶子时，学生们:

    A 大吃一惊   **B** 受到了打击

    C 觉得瓶子还没装满   **D** 明白了这个实验的意义

90. "切记得先去处理这些'大石块'"这句话是什么意思?

    A 放下身上的负担   **B** 先做重要的事情

    C 不要活得太糊涂   **D** 教育要摆在第一位

三、书 写

第一部分

第 91–98 题：完成句子。

例如： 发表   这篇论文   什么时候   是   的

　　　　这篇论文是什么时候发表的?

91. 命运   在   自己的手里   掌握

92. 得   采取   我们   应对措施   及时

93. 受到了   这个项目   的   总裁   认可

94. 决定   训练时间   适当   延长   教练们

95. 这项核心技术   应用到   被   领域   许多

96. 出现   闪电   打雷前   往往   会

97. 小老虎   尾巴   朝   翘起了   猎人

98. 乐观的   她   很羡慕   态度   让人

第二部分

第99-100题：写短文。

99. 请结合下列词语(要全部使用，顺序不分先后)，写一篇80字左右的短文。

结账　宣布　临时　海鲜　大方

100. 请结合这张图片写一篇80字左右的短文。

정답

녹음 대본

정답

듣기									
1. A	2. B	3. B	4. C	5. D	6. A	7. B	8. B	9. A	10. C
11. A	12. C	13. D	14. B	15. D	16. B	17. A	18. C	19. C	20. B
21. B	22. D	23. D	24. B	25. C	26. C	27. A	28. B	29. C	30. D
31. C	32. D	33. B	34. B	35. A	36. D	37. D	38. B	39. A	40. C
41. B	42. A	43. C	44. C	45. A					

독해									
46. C	47. A	48. B	49. B	50. A	51. C	52. C	53. D	54. B	55. A
56. A	57. D	58. B	59. B	60. A	61. D	62. C	63. B	64. B	65. D
66. C	67. C	68. A	69. B	70. D	71. A	72. A	73. C	74. D	75. D
76. C	77. B	78. B	79. B	80. D	81. B	82. A	83. C	84. B	85. D
86. B	87. D	88. D	89. B	90. C					

쓰기

91. 这场比赛真是太激烈了。

92. 小李忍不住说出了秘密。

93. 文章的第一段表明了作者的态度。

94. 恭喜你被清华大学录取了。

95. 孙子讲的笑话把姥姥逗乐了。

96. 这部电影并没有想象的那么精彩。

97. 我当时的心情无法用语言来形容。

98. 他从事软件开发工作已经5年了。

99.

		我	相	处	10	年	的	朋	友	结	婚	了	。	在	婚
礼	上	,	我	回	忆	起	了	以	前	的	生	活	。	虽	然
因	为	想	法	不	同	,	我	们	俩	偶	尔	产	生	过	一
些	矛	盾	,	但	是	我	们	依	然	是	最	好	的	朋	友。
因	为	我	们	彼	此	太	熟	悉	了	,	都	不	想	因	为
一	些	小	事	失	去	最	好	的	朋	友	。				

100.

		我	非	常	喜	欢	吃	冰	激	凌	,	可	是	小	时
候	妈	妈	不	让	我	多	吃	,	所	以	那	个	时	候	我
最	大	的	梦	想	就	是	每	天	都	吃	冰	激	凌	。	今
年	暑	假	,	我	一	个	人	去	海	边	旅	行	。	坐	在
沙	滩	上	,	一	边	欣	赏	着	美	丽	的	海	景	,	一
边	吃	冰	激	凌	,	真	是	太	美	好	了	！			

01회

모의고사

녹음 대본

(音乐，30秒，渐弱)

大家好！欢迎参加HSK (五级) 考试。
大家好！欢迎参加HSK (五级) 考试。
大家好！欢迎参加HSK (五级) 考试。

HSK (五级) 听力考试分两部分，共45题。
请大家注意，听力考试现在开始。

第一部分

第 1 到 20 题，请选出正确答案。
现在开始第 1 题：

1. 女：没想到你的射击水平这么高！
1-01
   男：我以前专门学过射击，后来因为胳膊受伤了，就没继续学。
   问：关于男的，可以知道什么？

2. 男：现在禁止放鞭炮，虽然保护了环境，但是我总觉得没有了过年的氛围。
1-02
   女：不能放鞭炮没关系，能跟家人团圆才是最重要的。
   问：根据对话，可以知道什么？

3. 女：俗语说得好，"远亲不如近邻"，这次真是太感谢你了。
1-03
   男：你太客气了，下次我家有事儿可能还得请你帮忙呢。
   问：他们可能是什么关系？

4. 男：最近大家都在玩儿"王者荣耀"那个游戏，你也玩儿吗？
1-04
   女：我听说过，不过我觉得玩儿游戏太浪费时间了，所以没有尝试。
   问：女的为什么没玩儿那个游戏？

5. 女：这款眼镜怎么样？我戴上它是不是看起来很年轻？
1-05
   男：确实，我差点儿没认出来是你。
   问：女的戴上那款眼镜以后有什么变化？

6. 男：你怎么了？哪儿不舒服吗？
1-06
   女：我胃有点儿难受，可能是昨天吃得太辣了，你能不能给我倒杯热水？
   问：女的怎么了？

7. 女：下周辩论赛我们的对手是外交学院的，他们的实力非常强。
1-07
   男：没关系，我们好好儿准备，到时候能发挥出咱们的真实水平就行。
   问：他们下周要做什么？

8. 男：你在哪儿呢？电影马上就要开始了。
1-08
   女：我刚才烫头发呢，没想到需要这么长时间。别着急，我马上就要到电影院了。
   问：女的刚才可能在哪儿？

9. 女：我的航班明天晚上11点才降落，那时候还有机场大巴吗？
1-09
   男：别担心，我们公司会派车去接您的。
   问：女的担心什么？

10. 男：这套房子的确便宜，但是离地铁站
1-10　　太远了，上下班不太方便。
　　　女：你再考虑一下，实在不行的话我就
　　　　　租给别人了。
　　　问：关于那套房子，下列哪项正确？

11. 女：这种植物一定要放在阳光充足的地
1-11　　方吗？
　　　男：那倒不用，只要多给它浇水，它就
　　　　　不会死。
　　　问：男的是什么意思？

12. 男：你们部门新来的小王怎么样？
1-12　女：他虽然性格有些内向，但是工作认
　　　　　真，从来不偷懒。
　　　问：关于小王，可以知道什么？

13. 女：听说你明天要去西安，是去旅游
1-13　　吗？
　　　男：不是，我的大学同学结婚，婚礼在
　　　　　西安举行。
　　　问：男的去西安做什么？

14. 男：你好，请问挂号窗口在哪儿？
1-14　女：在旁边的门诊楼里，你进去就能看
　　　　　见了。
　　　问：男的在找什么地方？

15. 女：你最近还总是失眠吗？
1-15　男：自从喝了你送给我的茶，我现在睡
　　　　　眠质量比以前好多了。
　　　问：关于那个茶，可以知道什么？

16. 男：这家店今天怎么没开门？
1-16　女：你看门上贴了字，上面写着"本人
　　　　　送儿子去清华大学读书，暂停业五
　　　　　天"。
　　　问：关于那家店，下列哪项正确？

17. 女：听说今年的国际冰雪节是规模最大
1-17　　的一次，你想去吗？
　　　男：当然想去，五号那天举行开幕式，
　　　　　咱们就那天去吧。
　　　问：冰雪节什么时候开始？

18. 男：你的行李箱里有打火机、充电宝
1-18　　吗？如果有的话，请拿出来。
　　　女：充电宝也不能托运吗？你等一下，
　　　　　我把它拿出来。
　　　问：根据对话，下列哪项正确？

19. 女：你看到我的梳子了吗？我记得明明
1-19　　放在这儿了。
　　　男：你的东西扔得到处都是，我刚才收
　　　　　拾的时候，把它放进抽屉里了。
　　　问：女的正在找什么？

20. 男：小李，你再核对一下这篇报告里的
1-20　　数据是不是最新的。如果不是，最
　　　　　好修改一下。
　　　女：好的，张总。
　　　问：男的提醒女的做什么？

第二部分

第 21 到 45 题，请选出正确答案。

现在开始第 21 题：

21. 女：这个玩具车已经组装好了，但是没
1-21　　有反应。

　　男：你是按照说明书组装的吗？会不会
　　　　哪一步错了？

　　女：我是完全按照上面的步骤装的，应
　　　　该不会有问题。

　　男：你拿过来，我看看。

　　问：根据对话，可以知道什么？

22. 男：主持人你好，我想点一首《等你下
1-22　　课》送给我的妻子。

　　女：请问你和妻子是怎么认识的？

　　男：我们是高中同学，我点这首歌的目
　　　　的是想回忆一下我们美好的高中生
　　　　活。

　　女：你们的爱情真让人羡慕。好，接下
　　　　来这首歌送给你们。

　　问：关于男的，可以知道什么？

23. 女：这部电影从演员的表演到整个故事
1-23　　内容，以及画面和音乐都可以说非
　　　　常完美。

　　男：我也很喜欢这部电影，只不过美中
　　　　不足的是男主角选得不好。

　　女：我觉得男主角没问题，多帅啊！

　　男：他的表演不够深入，感情没有完全
　　　　表达出来。

　　问：男的觉得男主角怎么样？

24. 男：你能给我推荐几组家具吗？
1-24

　　女：先生，您看，这组家具美观大方，
　　　　适合多种装修风格的房子。

　　男：需要付运费吗？

　　女：不用，我们会为您免费送货到家
　　　　的。

　　问：那组家具有什么特点？

25. 女：你帮我看看这首诗，这句话是什么
1-25　　意思？

　　男："一览众山小"说的是爬上泰山以
　　　　后，别的山看起来都变得很矮了。

　　女：你真厉害，看一眼就明白了。

　　男：我们小时候学过很多古诗，所以理
　　　　解起来容易一些。

　　问：女的为什么请男的帮忙？

26. 男：你收到志愿者报名通知了吗？
1-26

　　女：没有，你收到的是短信通知吗？

　　男：不是短信，是邮件。你查看一下邮
　　　　箱，如果没有，也许在垃圾邮件
　　　　里。

　　女：果然在垃圾邮件里了，谢谢你提醒
　　　　我。

　　问：根据对话，可以知道什么？

27. 女：您如何评价这场比赛？
1-27

　　男：这场比赛队员们都尽了自己最大的
　　　　努力，尽管我们输了，但并不遗
　　　　憾。

　　女：通过这场比赛，您觉得有什么收
　　　　获？

　　男：我们对山东队有了进一步的了解，
　　　　接下来会专门针对对手的特点进行
　　　　练习。

　　问：关于这场比赛，男的是什么看法？

28. 男：刚才跟你打招呼的人是谁？
    女：是咱们公司附近那家农业银行的张经理。
    男：你们很熟吗？
    女：也不算，之前我办理汽车贷款的时候，跟他打过几次交道。
    问：根据对话，下列哪项正确？

29. 女：师傅，麻烦您能开快一点儿吗？
    男：路上结了一层冰，有些滑，我不敢开太快。
    女：我五点的高铁，照这个速度来得及吗？
    男：肯定来得及，您放心吧。
    问：女的为什么让男的开快一点儿？

30. 男：你的手指流血了，怎么弄的？
    女：我刚才洗碗，不小心把一个碗打碎了，收拾碎片的时候被划了一下。
    男：快过来，我给你擦些药。
    女：没事儿，你帮我贴张创可贴吧。
    问：关于女的，可以知道什么？

第 31 到 32 题是根据下面一段话：

中国人民大学的家书博物馆，是进行家书展览的博物馆，馆藏5万余件信件，大部分为手书信，最早的写于明末，最晚的写于近两年，跨越了几百年的岁月。家书博物馆内不但保存了很多名人的信件，还藏有大量由普通人所写的家信。从政府官员、军人，到商人、学生，他们的家信里展示了普通生活的酸甜苦辣，刻着时代的印迹。

31. 关于家书博物馆，可以知道什么？

32. 根据这段话，下列哪项是那些家书里的内容？

第 33 到 35 题是根据下面一段话：

某一天，一只小狮子在玩耍时被一只大象踩死了。狮子爸爸非常愤怒，大喊道："我要把大象撕成碎片！"可是过一会儿他就犹豫起来。想着大象庞大的身形和强壮的力量，他越想越害怕，于是小声说道："这一定是山羊的错误！"说完他立刻冲了出去，把附近山上一大群正在吃草的山羊都咬死了。跟这只狮子一样，人们在遭遇困难或不如意时，也常常不能正面应对，而是把气出在比自己更弱势的人身上，在给别人带来麻烦的同时，自己的问题也没有得到解决。

33. 根据这段话，小狮子怎么了？

34. 狮子爸爸为什么犹豫了？

35. 这段话主要想告诉我们什么？

第 36 到 38 题是根据下面一段话：

办公室需要植物吗？某科学杂志近日报道，一所大学的研究人员对两个大型商务办公室进行了监控分析研究。结果发现，办公室增加绿色植物之后，员工的心情得到明显改善，三个月内工作效率提高了15%。原来绿色植物可以提高员工注意力，缓解眼睛疲劳。

该研究还发现，绿色植物如芦荟、橡皮树等还可以吸附污染物颗粒及灰尘；一些有香味的植物，如柠檬等有显著的消毒杀菌作用，从而改善办公环境的空气质量；虎尾兰、仙人掌等绿色植物还能吸收电脑、手机等发出的电磁辐射，从而优化办公环境。

36. 那家办公室增加绿色植物之后，有什么变化？

37. 摆放有香味的植物有什么好处？
1-40

38. 这段话主要谈的是什么？
1-41

第39到41题是根据下面一段话：
1-42

近日，某共享单车品牌和"芝麻信用"公司共同宣布将使用免押金形式，从此以后信用将代替押金，成为新的服务形式。只要芝麻信用积分高于650分的用户，就可以不用交押金直接骑车，新用户从注册到使用也将不到1分钟。这样，人们不仅享受便利，还可以通过在一次次的信用服务中积累自己的信用，形成信用数据，越来越好的数据也可以让用户、市民享受更优质的服务，这将成为一个良性循环。芝麻信用相关负责人说："尊重换来尊重，信用改善信用"。

39. 那两家公司宣布了什么？
1-43

40. 芝麻信用高于650分的用户有什么优惠？
1-44

41. 说话人对这种形式是什么态度？
1-45

第42到43题是根据下面一段话：
1-46

在大众旅游时代下，中国人的旅游观念也逐渐发生着变化。最近，一款旅游应用软件的分析数据显示，"旅游购物"虽然依然火爆，但其热度与往年相比有显明降温，中国的消费者越来越理性。很多旅游消费逐渐从"购买商品"转向"购物体验"，从"重视价格"转向"重视品质"。缩短在商场和免税店的停留时间，减少购物支出，而去剧院看一场演出、参观博物馆、或是去美术馆欣赏佳作，成为越来越多的游客的选择。

42. 中国人的旅游观念发生了什么变化？
1-47

43. 越来越多的游客在旅游时可能不会做什么？
1-48

第44到45题是根据下面一段话：
1-49

一天，大科学家爱因斯坦回家时，不知不觉走到了一个陌生的地方。当他发现自己迷了路时，想问别人，却忘了自己家的住址。幸好他还记得他的办公室的电话号码，就往办公室打了一个电话。他怕秘书笑话，就假装别人询问："请问，爱因斯坦的家住在哪里？"秘书说："对不起，爱因斯坦博士不愿别人打扰他，我不能告诉你他的住址。"这时爱因斯坦不得不说："我就是爱因斯坦呀。"他的话使秘书大吃一惊。

44. 爱因斯坦为什么打电话？
1-50

45. 接电话的人是谁？
1-51

听力考试现在结束。

맛있는 중국어 HSK 5급 1000제

02회 모의고사

정답

듣기

1. C	2. B	3. C	4. A	5. C	6. C	7. B	8. D	9. C	10. C
11. C	12. C	13. B	14. B	15. C	16. D	17. A	18. C	19. B	20. A
21. D	22. B	23. A	24. C	25. B	26. B	27. C	28. B	29. A	30. C
31. B	32. A	33. C	34. A	35. C	36. A	37. B	38. B	39. B	40. D
41. B	42. D	43. D	44. A	45. B					

독해

46. B	47. A	48. C	49. B	50. D	51. C	52. B	53. C	54. A	55. D
56. C	57. C	58. A	59. D	60. B	61. A	62. B	63. A	64. B	65. D
66. A	67. A	68. D	69. C	70. B	71. D	72. D	73. D	74. C	75. B
76. D	77. B	78. A	79. B	80. D	81. C	82. A	83. C	84. D	85. B
86. C	87. A	88. B	89. B	90. C					

쓰기

91. 他的观点有些片面。

92. 他利用业余时间做杂志模特。

93. 合理的饮食能够维持好身材。

94. 这辆摩托车一点儿都不时尚。

95. 请在合同上签一下您的姓名。

96. 暂时不要向运动员公布这个消息。/
这个消息暂时不要向运动员公布。

97. 哥哥是个追求完美的人。

98. 这次冬令营让我收获了很多。

99.
　　小时候，我经常剩饭。那时奶奶告诉我，世界上还有很多人没有饭吃，绝对不要浪费粮食。我听了奶奶的话，养成了珍惜粮食的习惯。当我看到有人浪费粮食的时候，我会主动跟他们说，告诉他们珍惜粮食的重要性。

100.
　　我是一名健身教练，每天有很多人找我训练。他们有的人是为了减肥，有的人是为了看起来好看，有的人是为了健康。健身很辛苦，不是一天两天就可以完成的。要想实现自己的健身目标，最重要的就是坚持。

녹음 대본

(音乐，30秒，渐弱)

大家好！欢迎参加HSK (五级) 考试。
大家好！欢迎参加HSK (五级) 考试。
大家好！欢迎参加HSK (五级) 考试。

HSK (五级) 听力考试分两部分，共45题。
请大家注意，听力考试现在开始。

第一部分

第1到20题，请选出正确答案。
现在开始第1题：

1. 女：你的腿怎么受伤了？
2-01
   男：周末跟朋友一起去滑冰，不小心摔
       倒了。医生说至少要两周才能康
       复。
   问：男的的腿为什么受伤了？

2. 男：喂，我想办理签证，请问需要准备
2-02
       什么材料？
   女：不好意思，我们目前不办理签证业
       务，你给大使馆打电话问问吧。
   问：女的是什么意思？

3. 女：这是我准备的自我介绍，你帮我看
2-03
       看怎么样。
   男：内容既真实又幽默，挺好的。记
       住，明天面试的时候千万别紧张。
   问：女的明天要做什么？

4. 男：你什么时候烫头发了？
2-04
   女：我都烫一个星期了，你才发现？我
       觉得自从咱们俩结婚以后，你就不
       关心我了。
   问：他们可能是什么关系？

5. 女：外面风太大，你再穿厚点儿。
2-05
   男：没关系，我就出去一会儿，马上就
       回来。
   问：女的觉得男的穿得怎么样？

6. 男：中国人写电影名的时候，一般使用
2-06
       书名号。
   女：我原来以为只有书名才能使用书名
       号呢，谢谢你的提醒。
   问：关于女的，可以知道什么？

7. 女：他这首曲子弹得太快了，手指真灵
2-07
       活。
   男：他可是著名的钢琴家，从小就开始
       练习。我想他可能已经弹过无数次
       这首曲子了。
   问：女的认为那个钢琴家怎么样？

8. 男：听说你要自驾去沙漠旅行，不怕辛
2-08
       苦吗？
   女：没关系。我主要想去那里找新的
       感受、新的想法，说不定对我的写
       作有帮助。
   问：女的为什么要去沙漠旅行？

9. 女：春节期间的火车票非常紧张，你买
2-09
       好了吗？
   男：买了，不过只买了单程票，回来的
       票过两天再买。
   问：关于男的，可以知道什么？

10.
2-10
男：小张的沟通能力不错，这次谈判派他去肯定没问题。

女：我也觉得他最适合，希望他能顺利完成任务。

问：关于小张，下列哪项正确？

11.
2-11
女：今天早上的会议不是九点开始吗？

男：刚刚李主任发信息说改到九点一刻了，咱们等会儿再去会议室吧。

问：会议几点开始？

12.
2-12
男：连续下了好几天雨，今天终于见到太阳了。

女：趁着今天阳光好，赶紧把被子拿出来晒晒吧。

问：前几天天气怎么样？

13.
2-13
女：我这里有很多一块的零钱，能帮我换成整钱吗？

男：可以，不过我们数钱可能要花一些时间，您可以坐在这儿。

问：男的接下来可能会做什么？

14.
2-14
男：请梳理一下你前面的头发，把眉毛露出来。

女：好的，稍等一下。

问：男的为什么让女的梳理头发？

15.
2-15
女：你知道"水果之王"指的是什么水果吗？

男：我听说过，是木瓜。木瓜含有多种维生素，营养十分丰富。

问：关于木瓜，可以知道什么？

16.
2-16
男：从公交车下来都走了十分钟了，怎么还没到景区？

女：快了，前边有个路口，拐过去就是了。

问：根据对话，可以知道什么？

17.
2-17
女：你怎么这么了解植物？这些花、草，我都不知道叫什么名字。

男：我订阅了一本叫《博物》的杂志，里面讲了很多关于动、植物的故事。

问：男的读的是什么书？

18.
2-18
男：由于一直下大雨，您点的外卖可能会稍微晚一点儿送到。

女：没关系，您不要太着急，注意安全。

问：根据对话，下列哪项正确？

19.
2-19
女：恭喜你实现了自己的理想，终于当上了律师。

男：谢谢。不过现在才是真正的开始，我一定会努力，争取成为一名优秀的律师。

问：男的现在是做什么的？

20.
2-20
男：我的发票中了50块钱，可以直接拿奖吗？

女：可以，您把发票拿到前台，服务员会给您现金。

问：关于男的，可以知道什么？

第21到45题，请选出正确答案。
现在开始第21题：

21. 女：这是我做的笔筒，送给你吧。
    男：谢谢你！你的手真巧，这个笔筒比超市里卖的都好看。
    女：过奖了。我没有什么别的爱好，平时闲着的时候就喜欢做些小东西。
    男：有时间也教我做一个吧！
    问：女的的兴趣是什么？

22. 男：电视怎么一个频道也收不到？篮球比赛马上就要开始了。
    女：是不是信号不好？
    男：不是信号的问题。
    女：哎！你也太马虎了，这条线根本没有插上。
    问：男的要看什么节目？

23. 女：我家邻居的孩子才3岁，现在每天拿着手机玩儿游戏，怎么办啊？
    男：现在很多家庭都这样，让孩子过早地接触游戏。
    女：但是这样做会影响孩子的健康成长。
    男：你最好找机会跟邻居谈谈这个问题。
    问：关于孩子过早接触游戏，他们是什么态度？

24. 男：所有的健身器材都在这里了。
    女：更衣室在哪儿？
    男：您跟我来。更衣室在这儿，门口放着免费提供的毛巾。
    女：谢谢。
    问：对话可能发生在什么地方？

25. 女：来到山西，一定要带一些山西的特产回去。
    男：山西最有名的特产是什么？
    女：当然是山西的醋了，已经有几千年的历史了。
    男：那我一定得买几瓶回去尝尝。
    问：女的建议男的做什么？

26. 男：您好，我预订了13号去北京的机票，能帮我改到14号吗？
    女：您的订单号是多少？
    男：284005634。
    女：14号的航班还有最后一个位子，您稍等，我帮您改一下。
    问：男的正在做什么？

27. 女：你今天气色不错，有什么高兴的事儿吗？
    男：这两天我买的股票涨得很厉害，太让人兴奋了。
    女：恭喜你！还等它继续涨涨吗？
    男：我打算先把它卖了，能赚到这些钱我已经满足了。
    问：男的为什么很高兴？

28. 男：这是什么香蕉？居然连皮也能吃！
    女：这是国外最新研究出来的。
    男：这个香蕉在哪儿买的？多少钱？
    女：在进口水果店，60块钱一根。
    问：关于那个香蕉，可以知道什么？

29. 女：院长，您能在本次摄影比赛的闭幕式上发言吗？
    男：闭幕式是哪一天举行？
    女：星期五晚上。
    男：好的，你把这次比赛的相关资料发到我的邮箱里吧。
    问：女的邀请男的做什么？

30. 男：您写出了那么多个性鲜明的角色，
其中哪一个是您最喜欢的？

女：每一个角色都像是我的孩子，我都
挺喜欢的。

男：有没有哪一个角色是按照您自己的
形象写的呢？

女：其实每一个人物身上多多少少都包
含了我的一些性格。

问：女的最可能是做什么的？

第31到32题是根据下面一段话：

互联网时代，电子屏幕占据了人们绝大
多数的注意力，眼睛早已经不堪负累。相对
来说，听书就比较好，如果是在家，还可以
打开音响、免提等，避免长时间戴耳机造成
耳朵损伤。而且人们变得越来越忙碌，时间
被分成一个个碎片，让每个人都拿出大块儿
时间去阅读，确实不太现实，但同时，人们
学习的需求又在增加，这样的情况下，听书
就是一个不错的选择。

31. 现代人的时间有什么特点？

32. 这段话主要谈的是什么？

第33到35题是根据下面一段话：

科学家做了一个这样的实验：给一头驴
吃一种草料，它会正常吃完；当给它两种草
料时，问题就大了。东边是一大堆干草，西
边是一小堆新鲜的嫩草。驴子跑到干草处刚
要吃，突然想，西边那堆草新鲜，肯定好
吃，于是就跑到嫩草堆。刚要吃，它又想，
别的驴子把干草吃光的话，自己就要饿肚
子，还是回去吃干草！就这样，一会儿考虑
数量，一会儿考虑质量，一会儿分析颜色，

一会儿分析新鲜度，这只犹犹豫豫、来来回
回的驴子，终于疲劳过度，直到饿死。

33. 当给那头驴吃一种草时，会发生什么？

34. 关于那个实验，下列哪项正确？

35. 那个实验告诉我们一个什么道理？

第36到38题是根据下面一段话：

著名心理学家提出了人际关系中的"跷
跷板效应"，即人际交往本质上是一个社会
交换的过程，相互给予彼此所需要的。一段
稳定的人际关系，必须保持相互交换的平
衡，这样才能实现双方利益的最大化。

相反，以自我为中心，是人际交往中的
一种障碍，它会阻止人际关系的正常发展。
因为以自我为中心的人，总是以自己的需要
和兴趣为中心，只关心自己的利益和得失，
而不考虑别人的感觉和利益，这类人往往缺
少朋友。自私的人就如同坐在一个静止的跷
跷板顶端，虽然维持了高高在上的优势位
置，但整个人际交往却失去了互动的乐趣，
因而变得无味。

36. 根据这段话，人际交往应该是什么样的
过程？

37. 在人际交往中，保持交换平衡，有什么
好处？

38. 关于自私的人，下列哪项不正确？

第 39 到 41 题是根据下面一段话：

2-42

　　作家余秋雨从小便十分爱读书。他上中学的时候，学校的图书馆不小，但每天借书都要排长队，而且想借的书十次有九次都被借出去了。后来，余秋雨打听到，有一个叫"青年宫图书馆"的地方看书比较方便，就立即去申办了一张借书证。青年宫离余秋雨的家很远，他在晚饭后要步行一个多小时才能到达青年宫。当他走到图书馆时，离关门已经不到一个小时了。因为把书借出来不容易，所以余秋雨只能在那里看。等找到书，就只剩下半个多小时了，能读几页呢？　但是，就为了这几页，他每天走一个多小时，看完再走一个多小时回家。这种阅读精神怎能不让人为之感动？

39. 余秋雨为什么不在学校图书馆借书？

2-43

40. 当余秋雨走到青年宫图书馆时，会发生什么？

2-44

41. 关于余秋雨，下列哪项正确？

2-45

第 42 到 43 题是根据下面一段话：

2-46

　　如今中国人餐桌上的粮食，主要是大米和白面，大米是由水稻、白面是由小麦加工而来的，水稻和小麦都是中国传统的农作物。而中国人的第三大主粮是从美洲传来的玉米，它除了作为日常生活中食用的粗粮以外，还是猪、牛、羊、鸡等的饲料，最终会转化成肉类。至于同样来自美洲的土豆，对于大部分中国人来说并不是主食，而是一种蔬菜。它最后会变成凉拌土豆丝，以及炒菜、炖菜里的土豆片、土豆块、土豆丁等。

42. 关于白面，下列哪项正确？

2-47

43. 下列哪项不属于中国人的主食？

2-48

第 44 到 45 题是根据下面一段话：

2-49

　　儿童文学是童年经验的一部分，它不会因为人的长大和成熟而失去它的影响。一位著名学者写道："其实，就算是成年人，心里仍然有童话的影子。他们虽然表面上不会承认那些幼稚的故事对自己的影响，却可能注定一辈子逃不掉童话的影响。"从另一方面，我们可以下一个这样的推论：因为有儿童文学，我们才能保留童年；有了永在的童年，成人才有了精神家园。

44. 随着人的长大和成熟，儿童文学会怎么样？

2-50

45. 关于儿童文学，可以知道什么？

2-51

听力考试现在结束。

01 **02** 03 04 05 06 07 08 09 10

정답

듣기

1. C	2. B	3. D	4. D	5. C	6. D	7. A	8. C	9. C	10. A
11. C	12. A	13. B	14. B	15. A	16. A	17. C	18. D	19. C	20. C
21. A	22. D	23. D	24. C	25. C	26. D	27. B	28. C	29. B	30. B
31. C	32. D	33. D	34. B	35. D	36. B	37. C	38. B	39. A	40. D
41. D	42. B	43. A	44. A	45. C					

독해

46. A	47. B	48. D	49. A	50. A	51. B	52. D	53. B	54. C	55. A
56. B	57. C	58. B	59. A	60. B	61. D	62. A	63. A	64. B	65. C
66. A	67. D	68. C	69. A	70. A	71. C	72. A	73. D	74. D	75. C
76. D	77. C	78. D	79. C	80. D	81. C	82. C	83. A	84. C	85. B
86. A	87. D	88. D	89. C	90. A					

쓰기

91. 爷爷退休前在政府部门工作。

92. 怎样才能使身体保持平衡？

93. 那两位球员配合得相当完美。

94. 申请签证的手续比以前简化了不少。

95. 树上的果实成熟了。

96. 医生劝她改变睡眠习惯。

97. 养宠物能培养孩子的爱心。

98. 主动认错是一种成熟的表现。

99.

		青	少	年	的	心	理	健	康	问	题	值	得	关	注。
他	们	往	往	很	敏	感，		遇	到	什	么	问	题，		很
少	主	动	表	达。	当	父	母	发	现	自	己	的	孩	子	
跟	平	常	不	一	样	时，		千	万	不	要	批	评	他	们，
而	要	试	着	跟	他	们	交	流，		听	听	他	们	的	心
里	话，		帮	助	他	们	解	决	问	题。					

100.

		我	的	丈	夫	就	像	孩	子	一	样，		特	别	喜
欢	玩	儿	手	机	游	戏。	一	到	周	末，		就	呆	在	
家	里，		整	天	玩	儿	游	戏，		从	来	不	做	家	务。
看	到	我	辛	苦	扫	地	的	样	子，		他	也	不	帮	忙。
我	真	的	很	生	气！	我	一	直	想	把	他	的	手	机	
扔	掉！														

03회
모의고사

녹음 대본

(音乐，30秒，渐弱)

大家好！欢迎参加HSK (五级)考试。
大家好！欢迎参加HSK (五级)考试。
大家好！欢迎参加HSK (五级)考试。

HSK (五级)听力考试分两部分，共45题。
请大家注意，听力考试现在开始。

第一部分

第1到20题，请选出正确答案。
现在开始第1题：

1. 女：我怎么又输了？咱们再下一盘。
3-01 男：你下象棋可不是我的对手，不管下多少盘结果都一样。
   问：男的是什么意思？

2. 男：这个设计方案相当不错，是谁做的？
3-02 女：设计部的小李，他在今年这批新人里表现很突出。
   问：女的认为小李怎么样？

3. 女：你以前不是很喜欢吃辣吗？怎么现在吃得这么清淡？
3-03 男：我参加了合唱团，当然要保护好嗓子了。
   问：关于男的，下列哪项正确？

4. 男：怎么才能加入"绿色沙漠"志愿者团队呢？
3-04 女：你可以在这里登记，也可以登录志愿培训网站注册。
   问：男的在咨询什么？

5. 女：小李，你那儿有7号电池吗？我的无线键盘没电了。
3-05 男：真巧，我昨天刚买了两节，给你。
   问：女的为什么向男的要电池？

6. 男：坐了一天的火车，累了吧？赶紧去洗个澡，休息一下。
3-06 女：我买的软卧票，在车上睡了好长时间，一点儿也不累。
   问：关于女的，可以知道什么？

7. 女：儿子呢？从幼儿园接回来了吗？
3-07 男：刚把他接回来，现在正在客厅里玩儿呢。
   问：儿子现在在哪儿？

8. 男：毕业论文写得怎么样了？听说，今年答辩时间提前了。
3-08 女：我正为这事发愁呢。老师说我的论文理论深度不够，叫我抓紧修改。
   问：老师为什么让女的修改论文？

9. 女：医生，我姥姥说病房里太闷了，想出去透透气。我能带她出去走走吗？
3-09 男：现在还不行，她刚做完手术，伤口还没完全好。
   问：男的为什么不让姥姥出去？

10.
3-10
男：你现在想考研究生也来得及，我这
里有很多书可以给你做参考。

女：那太好了，借给我吧。我要抓紧时
间复习了。

问：关于女的，可以知道什么？

11.
3-11
女：爸爸，我能看动画片吗？

男：可以，不过你把声音调小一点儿。

问：男的要求女的怎么做？

12.
3-12
男：听说你的新书就要出版了。恭喜啊！

女：谢谢，不过有些地方得调整一下，
估计下个月才能正式出版。

问：关于那本书，可以知道什么？

13.
3-13
女：你怎么一直打喷嚏？是不是着凉
了？

男：有点儿，我早上起来的时候，发现
被子没盖好。

问：男的怎么了？

14.
3-14
男：我们店里的商品全都是手工制作
的，每一件都独一无二。

女：麻烦你帮我把这条项链拿来，我想
试一试。

问：女的对哪件商品感兴趣？

15.
3-15
女：谈判进行得顺利吗？

男：出了点儿意外，本来之前已经谈好
了，可是对方一直在推迟签合同的
时间。

问：关于谈判，下列哪项正确？

16.
3-16
男：你怎么要带这么多东西？我估计这
个箱子装不下。

女：仓库里有一个大箱子，你帮我找出
来吧。

问：女的为什么要换大箱子？

17.
3-17
女：踢得真棒！咱们肯定能赢。

男：是，只要保持这种状态，冠军肯定
是我们的。

问：根据对话，下列哪项正确？

18.
3-18
男：你怎么这么没精神？晚上熬夜了？

女：不是，我昨天刚从加拿大回来，时
差还没倒过来。

问：女的看起来怎么样？

19.
3-19
女：这张照片拍得很不错。

男：我用软件调了一下色彩，看起来更
鲜艳。

问：根据对话，下列哪项正确？

20.
3-20
男：一起下水玩儿吧！很凉快！

女：我不会游泳，就坐在沙滩上晒会儿
太阳，顺便给你们拍照。

问：女的要做什么？

第二部分

第21到45题，请选出正确答案。
现在开始第21题：

21.
3-21
女：那个项目批下来了吗？

男：还没有，我们刚刚把计划书递上
去。

女：那你多关注一下，有进展随时向我
汇报。

男：你放心吧。

问：关于那个项目，可以知道什么？

22. 男：什么事让你这么兴奋？
3-22 女：我最喜欢的明星要来上海开演唱会了。
    男：那你买到票了吗？
    女：当然，我已经在网上订好了。
    问：女的现在心情怎么样？

23. 女：你现在看东西，还模糊吗？
3-23 男：还有点儿，但比之前好多了。
    女：那你要坚持滴眼药水。另外，尽量让眼睛多休息。
    男：好的，谢谢大夫。
    问：医生建议男的怎么做？

24. 男：老师刚给我推荐了一份兼职，可惜我没时间。
3-24 女：是做什么的？
    男：在一家报社做编辑，具体时间是周一至周三。你有兴趣吗？
    女：有是有，只是我们学院每个礼拜二上午都有研讨会。
    问：女的是什么意思？

25. 女：这次主持人大赛对选手有什么要求？
3-25 男：除了要求是传媒专业外，还得有两年以上广播电台或电视台的工作经验。
    女：那我也能参加，报名截止到什么时候？
    男：这个月18号，没剩几天了。
    问：关于这次主持人大赛，下列哪项不正确？

26. 男：你想给你女儿报什么培训班？
3-26 女：她对音乐很感兴趣，我在考虑让她学乐器。
    男：正好我有朋友在少儿培训机构教音乐，我可以介绍给你。
    女：好啊，那太谢谢你了。
    问：女的想让女儿学什么？

27. 女：你看看这些地名，"三角地"、"五角场"、"十六铺"……
3-27 男：这些地方的名字都含有数字，挺有趣的。
    女：是啊，我姥姥告诉我，上海很多地名的由来都是有故事、有历史的。
    男：还有没有别的带数字的地名？你再给我介绍介绍。
    问：他们在讨论什么？

28. 男：我刚才整理书柜，发现了一张合影。你看！
3-28 女：这不是咱们参加工作第一年拍的吗？
    男：是啊，将近20年了。
    女：那时候，大家都说你是咱们公司最帅的小伙子呢。
    问：他们在看什么？

29. 女：你们健身房是24小时营业吗？
3-29 男：我们周末晚上八点关门，不过星期一到星期五您随时都可以过来。
    女：你们是怎么收费的？
    男：我们这儿有月卡、季卡、年卡，价格在这张表格上了，您看看。
    问：女的在做什么？

30. 男：有没有水？渴死我了。
3-30 女：没有矿泉水了，只有刚刚烧好的开
　　　水。
　　　男：没关系。给我个杯子，我去倒水。
　　　女：你小心点儿，别烫着了！
　　　问：女的提醒男的什么？

第31到32题是根据下面一段话：
3-31
　　　一位商人在演讲中给观众出了一道题：
"某个地方发现了金矿，很多人闻讯赶去，
然而一条大河挡住了他们的去路。换做是
你，你会怎么做？"有人说绕道走，也有人
说游过去。商人含笑不语，最后说："为什
么非得去淘金？为什么不买一条船开展营运
呢？"商人继续说："在那种情况下，你就是
把船票价格要得再高，淘金的人也会心甘情
愿购买，因为前面有金矿啊！"想他人不曾
想的，做他人不曾做的，这就是成功之道。

31. 对于观众的回答，商人是什么态度？
3-32
32. 这段话主要告诉我们什么？
3-33

第33到35题是根据下面一段话：
3-34
　　　江南是一个很漂亮的地方，是许多中国
人的梦里水乡，在地理位置上，主要是指长
江下游南岸地区。在很多中国人的心里，江
南代表繁荣、富饶、美好。这里景色优美，
经济繁荣，文化事业发达，从古到今，都是
理想的居住地。俗语"上有天堂，下有苏杭"
里的苏州和杭州就是江南的代表城市。人们
也常用人杰地灵来形容江南，说明这里地方
好、人才多。

33. 从地理位置上看，江南指的是哪里？
3-35

34. 根据这段话，在中国人的心中，江南是
3-36 什么样的？

35. "人杰地灵"是什么意思？
3-37

第36到38题是根据下面一段话：
3-38
　　　一所大学曾经做过一场长达二十年的调
查，最初，研究人员对学生提了一个问题：
你们有目标吗？90%的学生回答说有。研究
人员又问：如果你们有了目标，是否把它们
写下来了呢？这时只有4%的学生回答说：
写下来了。20年后，研究人员找到当年参加
调查的学生们，结果发现有目标并且写下来
的学生，无论是事业发展还是生活水平都远
远超过了那些没有这样做的学生，他们创
造的价值超过96%的学生的总和。那么，那
96%的学生今天在做什么呢？研究发现，这
些人忙忙碌碌，一辈子或者半辈子都在帮助
那4%的人实现他们的理想。

36. 关于研究人员提出的第二个问题，下列
3-39 哪项正确？

37. 20年后，那些有目标并写下来的学生怎
3-40 么样了？

38. 关于那项调查，下列哪项正确？
3-41

第 39 到 41 题是根据下面一段话：

3-42

　　如果你想迅速提高棋艺，成为棋手中的高手，那最好的办法就是找高手下棋。如果找棋艺不如你或者和你差不多的人下棋，虽然你可能会轻而易举地战胜对手，但并不能使你的棋艺得到提高。和高手对弈，既能发现自己的不足，又能学到对方的优点。只有取长补短，你的棋艺才能逐渐提高。其实，交友也是同样的道理。如果你想成为一个优秀的人，最好的办法就是和比自己强的人交朋友，和这样的人交往，你会获益匪浅。

39. "棋手中的高手"是什么意思？

3-43

40. 和不如自己的人下棋会怎么样？

3-44

41. 根据这段话，应该和什么样的人交朋友？

3-45

第 42 到 43 题是根据下面一段话：

3-46

　　有个孩子把手伸进糖果瓶里，尽其所能地抓了一大把糖果，当他想要把手收回来时，手却被瓶口卡住了。他既不愿意放弃糖果，又不能把手拿出来，急得大哭。爸爸对他说："少拿点儿，你的拳头变小了，你的手就容易拿出来了。"生活也是如此，有时候，我们只有放弃，才能得到。只想获得，不想放弃，往往适得其反。一个人一生中会遇到各种各样的诱惑与选择，我们应该学会有选择地放弃。理智地放弃是一种成熟，更是一种智慧。俗话说：舍得舍得，有舍才有得，就是这个道理。

42. 那个孩子为什么大哭？

3-47

43. 这段话主要想告诉我们什么？

3-48

第 44 到 45 题是根据下面一段话：

3-49

　　很多人乘电梯会往上看，这种行为与我们的"私人空间"有着很大的关系。所谓私人空间，是指在我们身体周围一定的空间，一旦有人闯入我们的私人空间，我们就会感觉不自在。私人空间的大小因人而异，但大体上是前后0.6~1.5米，左右1米左右。据调查数据显示，女性的私人空间比男性的大。在拥挤的电车中，我们会感觉不自在，就是因为有人进入了自己的私人空间。

44. 如果有人进入我们的私人空间，我们会怎么样？

3-50

45. 关于私人空间的大小，下列哪项正确？

3-51

听力考试现在结束。

정답

듣기

1. A	2. A	3. D	4. B	5. D	6. D	7. B	8. D	9. D	10. D
11. A	12. C	13. A	14. A	15. C	16. D	17. B	18. D	19. C	20. B
21. B	22. D	23. D	24. B	25. C	26. C	27. D	28. A	29. B	30. B
31. B	32. C	33. C	34. D	35. D	36. C	37. B	38. A	39. B	40. C
41. D	42. C	43. A	44. B	45. D					

독해

46. C	47. B	48. B	49. B	50. C	51. C	52. B	53. B	54. D	55. C
56. C	57. A	58. B	59. A	60. D	61. A	62. B	63. D	64. B	65. A
66. C	67. C	68. D	69. B	70. C	71. D	72. B	73. D	74. B	75. A
76. A	77. C	78. D	79. D	80. D	81. B	82. C	83. A	84. D	85. D
86. C	87. B	88. D	89. C	90. D					

쓰기

91. 他的作品得到了观众的认可。

92. 那种治疗失眠的方法效果更明显。

93. 这些香肠已经过期了吧?

94. 劳动节期间本店照常营业。

95. 银行对贷款利率再次做了调整。

96. 他连续五年被评为优秀主持人。

97. 你的杀毒软件需要升级了。

98. 请您填写一下相关信息。

99.

		在	中	国	留	学	时	,	除	了	需	要	掌	握	汉
语	这	门	外	语	以	外	,	我	在	生	活	中	也	遇	到
了	这	样	那	样	的	困	难	。	可	是	我	并	不	灰	心,
而	是	继	续	努	力	。	当	时	我	得	到	了	很	多	中
国	朋	友	的	鼓	励	。	后	来	,	我	的	汉	语	水	平
终	于	进	步	了	,	也	逐	渐	适	应	了	留	学	生	活。

100.

		周	末	我	跟	朋	友	去	百	货	商	店	时	,	发
现	了	很	漂	亮	的	高	跟	鞋	。	我	想	买	那	双	鞋
子	,	可	是	价	格	太	贵	了	。	我	回	家	后	,	在
网	上	找	到	了	一	样	的	鞋	子	,	价	格	比	百	货
商	店	的	便	宜	得	多	,	所	以	购	买	了	。	今	天
我	收	到	了	那	个	商	品	,	我	很	满	意	。		

04회 녹음 대본

모의고사

(音乐，30秒，渐弱)

大家好！欢迎参加HSK（五级）考试。
大家好！欢迎参加HSK（五级）考试。
大家好！欢迎参加HSK（五级）考试。

HSK（五级）听力考试分两部分，共45题。
请大家注意，听力考试现在开始。

第一部分

第1到20题，请选出正确答案。
现在开始第1题：

1.
4-01
女：先生，您觉得这套公寓怎么样？
男：还不错，客厅很大，也很亮。要是租金能再降一些，就更好了。
问：男的觉得那套公寓怎么样？

2.
4-02
男：你看天气预报了吗？明天天气怎么样？
女：明天会降温，而且有大风。这次活动还是改在室内吧。
问：女的建议怎么做？

3.
4-03
女：小黄，谈判进行得怎么样？
男：我也不敢保证，尽我最大努力吧，争取谈成。
问：男的是什么意思？

4.
4-04
男：这次联系同学聚会，我发现很多人的电话号码都换了。
女：是，看来得重新做个通讯录了。
问：女的想做什么？

5.
4-05
女：这桃子真甜，你在哪儿买的？
男：在郊外。上周末我们去郊区玩儿，路过一大片桃园，就在那儿买了一箱。
问：关于男的，可以知道什么？

6.
4-06
男：下个月公司有乒乓球赛。你代表咱们部门参加吧。
女：我只是业余水平。小刘的球技比我强多了，还是让他去吧。
问：女的是什么意思？

7.
4-07
女：小马，这些照片真不错。都是你爸拍的？
男：是，他退休后就迷上了摄影。
问：关于小马的爸爸，下列哪项正确？

8.
4-08
男：雾好像更大了。现在的能见度也就几米。
女：是啊，根本看不清前面的物体。
问：根据对话，下列哪项正确？

9.
4-09
女：王导演，您的下一部作品什么时候能和大家见面？
男：电影已经拍完了，目前正在进行后期制作，预计三月初上映。
问：关于男的，可以知道什么？

10.
4-10
男：您检查一下包裹，如果没有问题，请在这儿签个字。
女：好，我先打开看看。
问：根据对话，下列哪项正确？

11. 女：看你，都没怎么动筷子，菜不合你胃口？

男：不是，前几天刚拔了一颗牙，到现在吃东西还有点儿疼。

问：男的是什么意思？

12. 男：这条项链真不错，挺适合你的。

女：这是今年结婚纪念日我丈夫送给我的礼物。

问：结婚纪念日女的收到了什么礼物？

13. 女：毕业以后，你打算去什么单位工作？

男：媒体类的。我最近在一家报社实习。

问：男的在哪儿实习？

14. 男：咱们车间的那几台设备太旧了。

女：是，应该跟主任申请换几台新的。

问：关于设备，下列哪项正确？

15. 女：听说了吗？老李的企业规模正在不断扩大。他下一步准备开发南方市场呢。

男：能把公司经营得这么好，真让人佩服。

问：男的觉得老李怎么样？

16. 男：你毕业论文的题目确定了吗？

女：没呢，老师说我的题目研究范围太大，得缩小范围。

问：论文题目怎么了？

17. 女：怎么办？我的戒指太紧了。摘不下来了。

男：你涂点儿肥皂水试试。

问：男的建议女的怎么做？

18. 男：听说，咱们公司周末去春游。小黄能去吗？

女：他最近忙着装修新房，未必有时间。

问：女的是什么意思？

19. 女：你帮我充电话费了？我刚才收到短信通知了。

男：是，现在正在搞活动，充两百送一百元话费。我就给你充了两百。

问：女的怎么知道男的帮她充电话费了？

20. 男：我想问一下。会员卡的积分有什么用？

女：达到一定积分后，您可以登录我们的网站兑换相应的礼品。

问：用积分可以做什么？

第二部分

第21到45题，请选出正确答案。
现在开始第21题：

21. 女：您到深圳了吗？

男：不好意思，我还在北京，这边临时有点儿事需要处理。我12号下午到深圳。

女：好的，那么我们13号上午见怎么样？

男：好的。

问：他们打算哪天见面？

22. 男：这位女士，您看一下，这是我们新推出的护肤品。
   女：我皮肤有点儿敏感。哪种比较好？
   男：这套可以，它不含化学成分，不刺激。
   女：是吗？我看看。
   问：女的想要什么样的护肤品？

23. 女：打扰一下，您能帮我填一份调查问卷吗？
   男：是关于什么的问卷？
   女：智能手机使用情况的，不会耽误您太长时间。
   男：好，那我填一份吧。
   问：那份问卷是关于哪方面的？

24. 男：上班快六个月了，业务都熟悉了吧？
   女：差不多了，比实习时强多了。
   男：平时加班多不多？
   女：不多，就是月底偶尔不能回家。
   问：关于女的，下列哪项正确？

25. 女：出席研讨会的老师名单确定了吗？
   男：确定了。除了高教授，戏剧研究所的老师都来。
   女：高教授不来了？我还想请他发言呢。
   男：他那天要去外地参加会议。
   问：高教授为什么不能来？

26. 男：请问，这期的网球班还能报名吗？
   女：可以，下个星期开课。
   男：那麻烦你给我张报名表。
   女：好，这里有我们所有教练的资料，你先看看。
   问：男的要做什么？

27. 女：第一次拍纪录片，感觉怎么样？
   男：以前从来没尝试过，所以能否成功，我的把握不大。
   女：你怎么想到要拍《汉字五千年》？
   男：汉字历史悠久，我想通过这种形式，让大家了解并发现汉字的魅力。
   问：男的拍纪录片的感觉怎么样？

28. 男：谁负责发布会的场地布置？
   女：小陈，怎么了？
   男：嘉宾台上的桌牌没放整齐，麦克风也没声音。
   女：我这就让他去处理。
   问：根据对话，可以知道什么？

29. 女：你好，我想把这张票退了。
   男：对不起，您这张是打折机票，不能退，只能改签。
   女：那也行，麻烦你帮我改到下周一的同一航班。
   男：您稍等，我查一下是否还有票。
   问：女的最后决定怎么办？

30. 男：刘秘书，这周三晚上我有没有安排？
   女：您要出席市里举办的一个慈善基金会。
   男：我那天有事，去不了。你联系一下高主任，让他去吧。
   女：好，那我给高主任打个电话。
   问：男的让谁参加慈善基金会？

第 31 到 32 题是根据下面一段话：

🎧 4-31

亲爱的旅客朋友，你们好。欢迎乘坐本次列车。由于前方江苏省部分地区出现暴雨天气，出于安全考虑，列车将减速运行，预计将晚点一小时。对于列车晚点给您带来的不便，我们深表歉意。列车在下一站停靠后，我们将为每位旅客免费发放矿泉水及零食。如果您还有其他需要，请咨询乘务员，我们将竭诚为您服务。

31. 列车为什么晚点了？
🎧 4-32

32. 列车停靠下一站后，会做什么？
🎧 4-33

第 33 到 35 题是根据下面一段话：

🎧 4-34

在人际交往中，人们留给交往对象的最后印象是非常重要的。有时，它甚至直接决定着单位或个人的整体形象是否完美，以及起初完美的形象能否维持，这就是末轮效应。末轮效应强调事情结尾的完美与完善，要求人们在塑造单位或个人的整体形象时，必须做到始终如一。拿送客礼仪来说，每次告别时，我们都要以将会再次见面的心情来送别对方。送客工作如果处理不好，就会影响整个接待工作，使接待工作前功尽弃。

33. 末轮效应要求人们在塑造形象时怎么做？
🎧 4-35

34. 根据这段话，送客工作处理不好会怎么样？
🎧 4-36

35. 这段话主要谈的是什么？
🎧 4-37

第 36 到 38 题是根据下面一段话：

🎧 4-38

我曾租过一套公寓。那时，左右两家租住的也是和我一样的年轻人，可是他们都把门紧紧关上了。我一直都没有机会认识他们。一天，我主动敲开了一扇紧闭的门。短暂的惊讶之后，是轻松而愉快的聊天儿。就这样我认识了三个和我同龄的男孩子。后来，通过敲门，我又认识了另一户，一个学画画儿的女孩子。大家熟悉之后，交往也随意了很多。有一次闲聊中，我责备他们以前为什么总是关着门，对方大笑："你不也总是关着门吗？"原来如此，交往中，别人的反应是一面镜子，照出了我们的行为。责备别人冷淡，其实是自己的态度吓退了别人。很多时候是你自己把门关上了，别人才同样关上了门。

36. 说话人是怎么认识邻居的？
🎧 4-39

37. 几个年轻人认识后相处得怎么样？
🎧 4-40

38. 这段话主要想告诉我们什么？
🎧 4-41

第 39 到 41 题是根据下面一段话：

🎧 4-42

有个教授做过这样一个调查：他曾仔细观察过学生上课时选座位的情况，他发现有的学生总爱坐前排，有的则盲目随意，哪儿都坐，还有一些人似乎特别喜欢后面的座位。教授分别记下了他们的名字。十年后，教授发现：爱坐前排的学生中，事业成功的比例比其他两类学生高很多。

其实，很多时候，并不是一定要站在最前面，或永远保持第一的状态，但是我们一定要有这种积极向上的心态。只有怀着一颗积极向上的心，才能以最佳的状态投入到学习和工作当中，才能取得理想的成绩。

39. 根据调查，哪类学生的成功比例最高？

4-43

40. 关于那个调查，可以知道什么？

4-44

41. 这段话主要想告诉我们什么？

4-45

第 42 到 43 题是根据下面一段话：

4-46

　　有个小男孩儿在一家面包店买了一个两块钱的面包。他觉得这个面包比平时买的小一点儿，就跟老板说："你不觉得这个面包比平时的小一些吗？""哦，没关系。小一些你拿起来比较轻便。""我懂了。"小男孩儿说着就把一块钱放在柜台上，然后转身出去。老板叫住他："喂，你付的面包钱不够！"小男孩儿说："哦，没关系。少一些你数起来就会更容易！"

42. 小男孩儿觉得那个面包怎么样？

4-47

43. 关于小男孩儿，可以知道什么？

4-48

第 44 到 45 题是根据下面一段话：

4-49

　　在家电卖场里，我们看到的冰箱都为白色或其他较浅的颜色。这是因为浅色对光的反射率比较高。这样冰箱表面的温度就不会太高，就不必耗费更多的能源。因为冰箱表面降温，从而节省了能源。此外，浅色还给人一种清凉的感觉。所以，不管是从物理上还是心理上来说，冰箱都适合使用浅色。

44. 冰箱表面温度不高有什么好处？

4-50

45. 这段话主要谈的是什么？

4-51

听力考试现在结束。

정답

듣기

1. A	2. B	3. A	4. D	5. C	6. D	7. B	8. D	9. A	10. D
11. C	12. B	13. C	14. D	15. A	16. C	17. C	18. C	19. A	20. D
21. B	22. A	23. B	24. D	25. B	26. B	27. D	28. A	29. B	30. B
31. B	32. B	33. D	34. B	35. A	36. C	37. C	38. D	39. C	40. B
41. B	42. D	43. B	44. B	45. A					

독해

46. B	47. B	48. C	49. A	50. D	51. B	52. A	53. B	54. A	55. D
56. D	57. B	58. A	59. B	60. A	61. D	62. A	63. D	64. C	65. C
66. C	67. B	68. C	69. D	70. D	71. C	72. B	73. C	74. D	75. C
76. A	77. A	78. B	79. C	80. D	81. C	82. B	83. D	84. D	85. C
86. A	87. C	88. B	89. C	90. B					

쓰기

91. 对方目前没有给我明确的解释。

92. 听音乐有助于缓解疲劳。

93. 他的坚强精神让大家很感动。

94. 这个操场有5000平方米。

95. 你把结果再重新计算一遍。

96. 充电时间过长会缩短电池寿命。

97. 有些动物靠尾巴保持平衡。

98. 卧室的墙上挂着一幅万马图。

99.

		我	在	中	国	留	学	的	时	候	，	参	加	了	汉
语	演	讲	比	赛	。	当	时	，	我	的	汉	语	水	平	不
是	那	么	高	。	可	是	报	名	参	加	比	赛	后	，	我
每	天	练	习	演	讲	，	经	常	熬	夜	。	虽	然	留	学
生	之	间	的	竞	争	很	激	烈	，	但	是	我	还	是	进
入	了	决	赛	，	最	后	获	得	了	冠	军	。			

100.

		明	天	我	要	去	北	京	旅	行	。	在	去	旅	行
之	前	要	做	好	准	备	：	除	了	要	了	解	北	京	的
名	胜	古	迹	，	学	一	些	简	单	的	旅	游	汉	语	以
外	，	还	要	准	备	随	身	携	带	的	物	品	，	从	个
人	日	用	品	到	重	要	证	件	都	是	必	不	可	少	的
我	希	望	能	在	北	京	度	过	美	好	的	时	光	。	

05회 녹음 대본

모의고사

(音乐, 30秒, 渐弱)

大家好! 欢迎参加HSK (五级) 考试。
大家好! 欢迎参加HSK (五级) 考试。
大家好! 欢迎参加HSK (五级) 考试。

HSK (五级) 听力考试分两部分, 共45题。
请大家注意, 听力考试现在开始。

第一部分

第1到20题, 请选出正确答案。
现在开始第1题:

1.
5-01
女: 爸爸, 我的玩具车为什么不动了?
男: 电池没电了, 我给它换节电池就好了。
问: 玩具为什么不动了?

2.
5-02
男: 怎么这么没精神? 昨晚熬夜了?
女: 没有, 我失眠了, 凌晨3点才入睡。
问: 女的为什么没精神?

3.
5-03
女: 我的孩子太调皮, 真担心老师不喜欢他。
男: 幼儿园的孩子难免会调皮, 不过我们的老师也非常有耐心和爱心。
问: 老师们怎么样?

4.
5-04
男: 贷款利率正在下调, 现在买房无疑是最合适的。
女: 不过首付还是有点儿高。我再和我先生商量商量。
问: 女的是什么意思?

5.
5-05
女: 这组家具不错, 跟咱家的装修风格挺像的。
男: 的确是, 而且这个衣柜很实用, 正好可以把我的衣服都装下。
问: 男的认为衣柜怎么样?

6.
5-06
男: 您好, 您是王女士吧? 我们是给您安装空调的。我们现在出发, 半个小时后到您家。
女: 什么? 我约的是明天啊!
问: 女的是什么意思?

7.
5-07
女: 宝宝是饿了吧? 我去给他冲点儿奶粉。
男: 我也不知道, 一觉醒来, 他就一个劲儿地哭, 怎么哄都没用。
问: 女的准备做什么?

8.
5-08
男: 这次考试报名20号就结束, 你得抓紧时间了。
女: 幸亏你提醒我, 我今天就去, 都需要带什么证件呢?
问: 男的提醒女的做什么?

9.
5-09
女: 你去过南京吗? 我下个月去那儿培训。
男: 我本科在那里读的。那儿风景很美, 还有许多名胜古迹。
问: 男的觉得南京怎么样?

10. 男：这袋零食都过期了，扔了吧。

5-10 女：你看的是生产日期吧？那是我昨天刚买的。

问：男的为什么想扔掉那袋零食？

11. 女：听说，您的新书出版了。恭喜您！

5-11 男：谢谢，下周五我在图书大厦有个新书签售会，希望你能来。

问：根据对话，可以知道什么？

12. 男：你平时喜欢读哪种类型的书？

5-12 女：古典小说，我觉得看这类书能了解很多历史故事。

问：女的爱看哪种书？

13. 女：我的视力好像又下降了，电视上的字幕都看不清了。

5-13 男：明天我陪你去检查一下，不行就再配一副眼镜。

问：关于女的，可以知道什么？

14. 男：你家附近有什么标志性建筑吗？

5-14 女：你有没有看到一个很大的广场？我家在广场南面那个楼。

问：女的住在哪儿？

15. 女：虽然咱们的产品质量好，但对方在价格上更有优势。

5-15 男：是，最近他们降价，抢走了不少客户。

问：对方的优势在哪儿？

16. 男：现在请您设置一下密码，是六位数字，输入后请按确认键。

5-16 女：好的，谢谢！

问：男的让女的做什么？

17. 女：还有三分钟比赛就结束了，我看这次德国队一定能拿冠军。

5-17 男：那可不见得，赛场上随时都可能发生奇迹。

问：男的是什么意思？

18. 男：明天烧烤用的东西都准备好了吗？

5-18 女：差不多了，一会儿再买点儿零食和饮料就可以了。

问：他们还需要买什么？

19. 女：我今天运气真好，刚到车站，公交车就来了。

5-19 男：的确很幸运，那路车比较少，平均20多分钟才一趟。

问：关于那路公交车，下列哪项正确？

20. 男：你知不知道"虎头蛇尾"这个成语是什么意思？

5-20 女：知道，就是形容一个人做事情有始无终，不能坚持下去。

问："虎头蛇尾"形容人做事怎么样？

第二部分

第21到45题，请选出正确答案。

现在开始第21题：

21. 女：工作定了吗？

5-21 男：还没，明天去一家报社面试。听说竞争很激烈。

女：你这么优秀，肯定没问题。

男：希望如此。

问：关于男的，可以知道什么？

22. 男：你怎么把头发剪得这么短?
5-22
女：我想尝试一下新发型。怎么样? 好
　　看吧?
男：好看，很适合你，没想到你舍得把
　　那么长的头发剪了。
女：那有什么舍不得的?
问：关于女的，可以知道什么?

23. 女：新房子装修大概需要多少钱啊?
5-23
男：我咨询了一下装修公司，如果是简
　　单装一下的话，十万左右吧。
女：那加上家具呢?
男：加上家具的话，估计得十五万。
问：简单装修大约需要多少钱?

24. 男：美术学院的毕业生作品展上有个以
5-24　牛仔裤为主题的作品。
女：有点儿酷，旧物再利用吗?
男：是在牛仔裤的设计中融入了京剧元
　　素。
女：传统和流行的结合，很独特。
问：女的认为作品的独特之处在哪儿?

25. 女：王经理，这是昨天的会议记录，我
5-25　已经整理好了。
男：放桌上吧。我明天临时有事，要去
　　趟北京，你帮我订张机票。
女：好的，订什么时间的?
男：上午7点左右的。
问：男的让女的做什么?

26. 男：您好，现在还有房间吗?
5-26
女：先生，真不好意思，普通房间没有
　　了，还有一个商务间。
男：那就这间吧，你们这儿生意怎么这
　　么好?
女：现在是旅游旺季，所以客人这么
　　多。
问：他们最可能在哪儿?

27. 女：你电脑上有处理图片的软件吗?
5-27
男：有，怎么了?
女：帮我处理一下这张照片吧，把尺寸
　　改成报名网站上要求的那么大。
男：行，你传给我，等我填完这份登记
　　表，就帮你改。
问：女的让男的帮忙做什么?

28. 男：操场上怎么那么多人?
5-28
女：大学生运动会在我们学校举行，今
　　天是开幕式。
男：怪不得，昨天就看见有人在那边布
　　置。
女：听说今年是规模最大、参加人数最
　　多的一届。
问：关于这届运动会，可以知道什么?

29. 女：这竹子养得很不错，有什么秘诀
5-29　吗?
男：没什么秘诀，记得按时浇水就行。
女：我每天都浇水，可不知怎么，叶子
　　都变黄了。
男：什么都要适量。水不能浇太多、太
　　浅。
问：男的是什么意思?

30. 男：刚才列车员说火车会晚点一小时左
5-30　右。
女：怎么了?
男：现在下大雪、有大雾，火车要减速
　　行驶。
女：这样啊，那我再睡一会儿。快到站
　　时，你喊我。
问：火车为什么会晚点?

第31到32题是根据下面一段话：

5-31

　　小男孩儿想把一盆花搬到院子里，可是那盆花太重，他怎么也搬不起来。父亲见了，在旁边鼓励他："只要你全力以赴，就一定能搬起来。"但是小男孩儿使了很大劲儿，也没把花盆搬起来。他对父亲说："我已经用尽全力了。"父亲摇摇头，说："你没有，因为我就站在你旁边，你却没有向我求助。全力以赴是想尽所有办法，用尽所有可用资源。"

31. 小男孩儿在做什么？

5-32

32. 父亲认为小男孩儿应该怎么做？

5-33

第33到35题是根据下面一段话：

5-34

　　电脑名人王安曾说，六岁发生的一件事影响了他的一生。一天，他走到树下，突然有个鸟巢掉到他的面前，从里面滚出来一只还不会飞的鸟，他很喜欢这只鸟，于是把它带回了家。走到门口，他忽然想起妈妈不允许他在家里养小动物。他只好把鸟放到门后，急步走进屋内请求妈妈的允许。在他的哀求下，妈妈答应了。于是，他兴奋地跑到门后，不料却发现鸟不见了，旁边只有一只舔着嘴唇的野猫，显然那只鸟已经被它吃掉了。通过这件事，王安得到了一个很大的教训：做事切不可优柔寡断，只要认为对，就必须马上付诸行动。有时候，犹豫不决不仅不能避免犯错，反而会造成更大的损失。

33. 王安为什么将鸟放在门后？

5-35

34. 小鸟最后怎么了？

5-36

35. 这段话主要想告诉我们什么？

5-37

第36到38题是根据下面一段话：

5-38

　　心理学家曾做过这样一个实验：要求一些年轻人回忆一位和他们关系最密切的朋友，并列举这位朋友跟他们有哪些相同点和不同点，结果发现，大多数人列举的都是相似之处。例如"我们性格内向、诚实、都喜欢古典音乐"，"我们都很开朗，喜欢交际"等等。心理学家说："这是因为人们更喜欢同与自己相似的人交往。这样在交往时，就很少会产生争辩，而且容易获得对方的肯定和支持。这会给人们带来安全感，从而彼此相处得越来越愉快。"

36. 实验要求年轻人回忆谁？

5-39

37. 根据这段话，人们喜欢跟什么样的人交往？

5-40

38. 根据这段话，可以知道什么？

5-41

第39到41题是根据下面一段话：

5-42

　　有个人开了一家旅店，为了吸引顾客，他把旅店布置得很温馨，并竭尽全力为客人提供优质的服务，收费也很公道。但不知为何，前来住店的人还是很少，他非常苦恼，于是向一位朋友求助。朋友说："我有个主意，你把旅店的名字改成'五个铃铛'，然后在门口挂上六个铃铛。""这样做太奇怪了，能有用吗？""你试试就知道了。"朋友微笑着说。

　　无奈之下，他只好照办。结果，很多路过旅店的人都会走进店里，给他指出这个错误。而当人们走进旅店时，便会被里面的设施和服务吸引，就会留下来歇息，这样就给店主带来了不少生意。

39. 店主为什么很苦恼?
5-43

40. 店主觉得朋友的建议怎么样?
5-44

41. 后来很多人走进店里是要做什么?
5-45

第 42 到 43 题是根据下面一段话:
5-46
　　战国时期鲁国的宰相公孙仪非常喜欢吃鱼, 在他任职期间, 很多人买鱼送给他, 可是公孙仪从来不收, 他的学生很不理解, 就问:"老师, 您不是喜欢吃鱼吗? 现在这么多人给您送鱼, 您为什么不收呢?"公孙仪说:"正因为我爱吃鱼, 才不收人家的鱼。你想, 如果我收了别人的鱼, 就要按人家的意思去办事。这样做难免触犯法律。如果我犯了法, 成了罪人, 还能吃得上鱼吗?"

42. 学生对公孙仪的什么行为很不理解?
5-47

43. 这段话主要想告诉我们什么?
5-48

第 44 到 45 题是根据下面一段话:
5-49
　　师傅向他的三个徒弟提了这样一个问题:"如果有人当面指出你的新衣服上破了一个洞, 你会怎么办?"第一个徒弟回答:"不去管它。"第二个徒弟回答:"找东西盖上。"而第三个徒弟回答道:"将它补好。"听了第三个徒弟的回答, 师傅微微点点头。
　　这个衣服上的洞就像是我们犯过的错误, 对待错误的最佳方法, 不是回避, 也不是掩饰, 而是改正。

44. 师傅最满意的回答是哪个?
5-50

45. 这段话主要想告诉我们什么?
5-51

听力考试现在结束。

01
02
03
04
05
06
07
08
09
10

맛있는 중국어
HSK 5급 **1000**제

정답

듣기

1. D	2. C	3. B	4. A	5. D	6. C	7. D	8. A	9. A	10. C
11. B	12. C	13. A	14. A	15. C	16. A	17. A	18. B	19. D	20. D
21. A	22. B	23. D	24. B	25. C	26. C	27. B	28. D	29. D	30. C
31. C	32. C	33. C	34. B	35. D	36. C	37. B	38. B	39. A	40. C
41. D	42. B	43. B	44. C	45. D					

독해

46. A	47. C	48. A	49. B	50. B	51. D	52. B	53. A	54. D	55. C
56. D	57. B	58. C	59. B	60. D	61. B	62. B	63. D	64. C	65. A
66. A	67. D	68. D	69. C	70. A	71. D	72. A	73. C	74. A	75. D
76. D	77. D	78. C	79. B	80. B	81. D	82. D	83. D	84. A	85. C
86. D	87. C	88. B	89. A	90. A					

쓰기

91. 抱怨无法解决任何问题。

92. 蝴蝶挥动着翅膀。

93. 长时间面对电脑容易导致眼睛疲劳。

94. 这则新闻真实地报道了当地的情况。

95. 这是亚洲面积最大的湖。

96. 小张的表现获得了领导的好评。

97. 他把个人财产全部捐给了慈善团体。

98. 第6届摩托车展览会将在广州举行。

99.

		我	在	一	家	贸	易	公	司	实	习	，	每	天	打
字	、	打	印	、	复	印	材	料	。	虽	然	我	的	工	作
很	单	调	，	但	是	我	从	中	收	获	了	很	多	，	这
会	为	我	将	来	的	工	作	打	下	良	好	的	基	础	。
我	很	喜	欢	这	家	公	司	，	如	果	有	机	会	，	我
希	望	能	留	在	这	里	工	作	。						

100.

		我	坐	过	很	多	次	飞	机	，	也	见	过	很	多
空	姐	，	可	是	今	天	坐	飞	机	的	时	候	，	一	位
美	丽	又	亲	切	的	空	姐	给	我	留	下	了	深	刻	的
印	象	。	她	一	直	面	带	微	笑	，	说	话	的	语	气
非	常	温	柔	，	对	每	一	位	乘	客	都	十	分	亲	切
因	为	她	，	我	一	天	的	心	情	都	很	愉	快	。	

06회

모의고사

녹음 대본

(音乐，30秒，渐弱)

大家好！欢迎参加HSK (五级) 考试。
大家好！欢迎参加HSK (五级) 考试。
大家好！欢迎参加HSK (五级) 考试。

HSK (五级) 听力考试分两部分，共45题。
请大家注意，听力考试现在开始。

第一部分

第1到20题，请选出正确答案。
现在开始第1题：

1. 女：你这么了解车，给我推荐一款车吧。
6-01
   男：好啊，不过你现在最要紧的不是选车，而是先考驾照。
   问：男的认为女的应该先做什么？

2. 男：小黄在你们出版社干得怎么样？
6-02
   女：他干活儿很卖力，工作做得也很好，就是不善交际。
   问：关于小黄，可以知道什么？

3. 女：附近新开了一家射击场，射击场里面设施很完善。
6-03
   男：是吗？改天我们体验一下吧。
   问：他们想去哪儿？

4. 男：糟糕，我今天没带橡皮。
6-04
   女：别着急，我这儿有两块儿，可以借你一块儿。
   问：男的怎么了？

5. 女：外公呢？又去找隔壁张叔叔下象棋了？
6-05
   男：对，他昨天输了一盘，很不服气。
   问：外公可能在跟谁下象棋呢？

6. 男：加油，估计再爬两百多个台阶，咱们就能到山顶了。
6-06
   女：好的，前面的路好像变窄了，你小心点儿。
   问：根据对话，下列哪项正确？

7. 女：您好，我想咨询一下。注册一家公司需要多少资金？
6-07
   男：那主要看公司的性质了。
   问：他们在谈什么？

8. 男：你好，我胃有点儿不舒服，应该挂哪个科室？
6-08
   女：消化内科，挂号费六块。
   问：男的哪儿不舒服？

9. 女：有海景房吗？最好一开窗，就能看到大海和沙滩。
6-09
   男：这家酒店就有，现在订房，还免费赠送两张海鲜自助餐券。
   问：关于那家酒店，可以知道什么？

10. 男：你怎么了？这么不开心。
6-10
    女：别提了，我的电脑中病毒了，要交的实验报告也没了。
    问：关于女的，下列哪项正确？

11. 女：前面胡同儿太窄，不好倒车，我在
6-11　这儿下车就可以。

男：好吧，那我就不开进去了，你到家
给我发个短信吧。

问：女的是什么意思？

12. 男：我这篇关于唐代古诗的论文恐怕是
6-12　不能按时交了，我找的资料还是不
够啊。

女：别着急，你再去图书馆或书店转
转，说不定会有收获的。

问：男的在担心什么？

13. 女：听说，你们这个周末要去国家博物
6-13　馆，我能一起去吗？

男：当然可以，那儿的明清家具展非常
值得一看。

问：最近国家博物馆有什么展览？

14. 男：我也安装了这个软件，为什么没有
6-14　你那个功能呢？

女：这个软件已经升级了，我这是最新
的版本。

问：根据对话，可以知道什么？

15. 女：没想到居然在这儿碰到你！你也去
6-15　北京？

男：是啊，真巧，我在十号车厢，你
呢？

问：他们现在最可能在哪儿？

16. 男：这儿的风景实在太美了，我都舍不
6-16　得走了。

女：这里环境确实很棒，以后我们可以
常来玩儿。

问：男的为什么舍不得离开那里？

17. 女：王总，下周贸易交流研讨会您参加
6-17　吗？

男：最近公司事情比较多，还是让赵秘
书去吧。

问：男的为什么不参加交流研讨会？

18. 男：这些床单和窗帘都是你做的？
6-18

女：对，我喜欢做手工。经常闲着就做
些东西，装饰一下家里。

问：关于女的，可以知道什么？

19. 女：你录视频做什么？
6-19

男：有个朋友要结婚了，我不能亲自参
加他的婚礼，想录段祝福视频送给
他。

问：关于男的，可以知道什么？

20. 男：这个电脑程序，我学了这么久，还
6-20　没完成，真想放弃。

女：不要轻易说"放弃"两个字，如果继
续努力的话，说不定就能成功。

问：女的是什么意思？

第二部分

第21到45题，请选出正确答案。

现在开始第21题：

21. 女：真巧，你也来办签证？
6-21

男：对，我要去一趟欧洲。

女：去旅游？

男：不是。去参加一个技术交流会。

问：男的为什么要去欧洲？

22. 男：喂，你现在在家吗?

6-22 女：我在商场，正排队结账呢。怎么了?

男：刚才快递员打电话说大概半个小时后到咱们小区，你赶紧回去吧。

女：好的，我结完账就直接回家。

问：男的希望女的怎么做?

23. 女：这款床垫软硬适中，顾客反应都很好。

6-23 男：多少钱?

女：这款现在有优惠，打完折是一千五。

男：那我就买这个吧，能刷卡吗?

问：关于那款床垫，下列哪项正确?

24. 男：昨天的面试怎么样?

6-24 女：说是让我等通知，最终录取结果下周才能出来。

男：放心吧，你准备得那么充分，一定没问题。

女：谢谢，希望如此。

问：他们在谈什么?

25. 女：主任，这是礼拜天出席会议的人员名单。

6-25 男：一共多少人?

女：我们邀请了10位专家，再加上公司领导和同事，一共18人。

男：好的，我知道了。

问：根据对话，下列哪项正确?

26. 男：请问劳动节还有去杭州的旅行团吗?

6-26 女：还有一个四天三夜的团没报满。

男：我能看一下具体的行程安排吗?

女：请稍等，我给您拿一下日程表。

问：他们最可能在哪儿?

27. 女：你在网上订过机票吗?

6-27 男：订过，得先注册一个会员。

女：注册麻烦吗?

男：不麻烦，填一下基本信息，设置好密码就行了。

问：在网上订机票得先做什么?

28. 男：这款理财产品的利息比银行高得多。

6-28 女：会不会有风险? 对资金数额有要求吗?

男：挺安全的。不过最低得存10万，而且至少存半年。

女：听着不错。你给我详细介绍一下吧。

问：关于那款理财产品，下列哪项正确?

29. 女：你这么兴奋，天上掉馅儿饼啦?

6-29 男：差不多吧，我的那个教材项目领导已经同意了，批下来了。

女：真的? 恭喜你! 真是"功夫不负有心人"啊。

男：谢谢你!

问：男的为什么很兴奋?

30. 男：我们换个频道吧，别看纪录片了。

6-30 女：这个时间好像也没什么好看的节目。

男：体育频道在转播网球比赛，我们看那个，怎么样?

女：我对网球不感兴趣，给你遥控器，你自己换吧。

问：男的想看什么?

第 31 到 32 题是根据下面一段话：

6-31

一家公司的总经理把部门主任找来说："有人想收购我们的公司，你要想办法把我们的股票价格抬高，让他们买不起。我不管你用什么办法，只要能达到目的就行！"第二天，该公司股票的价格上涨了五个点。第三天又上涨了五个点。总经理非常满意，问部门主任："你是怎么做到的？""我放了一个假消息。我说您快要辞职了。"

31. 总经理有什么要求？

6-32

32. 部门主任放了一个什么消息？

6-33

第 33 到 35 题是根据下面一段话：

6-34

公园里，一位年轻的母亲拉着一个三四岁的孩子在散步，孩子的另一只手里抓着一只漂亮的气球。不知怎么，一不小心，孩子的手一松，气球飞到天上去了。他伤心地哭了起来。这时，母亲蹲下身子，以一种愉快的声调对他说："瞧，宝贝，气球的妈妈喊它回家吃饭了，你还不赶快和它说再见！"听了妈妈的话，孩子觉得很新奇，立即不哭了，举起胖胖的小手，向着升上天空的气球大声喊道："再见，小气球，你要多吃点儿！"可爱的脸上，充满了天真的笑容。

33. 孩子为什么哭？

6-35

34. 母亲是怎么安慰孩子的？

6-36

35. 关于那位母亲，可以知道什么？

6-37

第 36 到 38 题是根据下面一段话：

6-38

人生的道路有千百条，但每一条路都只通向一个目标。一个人，不可能同时向南又向北。路只能一步一步地走，目标只能一个一个地实现。你如果什么都想要，最终可能什么也得不到。太多的幻想，往往使人不知道如何选择。当你还在举棋不定时，别人或许已经到达目的地了。

目标是指路明灯。人生没有目标，就没有坚定的方向。在人生的竞赛场上，一个人无论多么优秀，如果没有一个明确的人生目标，也很难取得事业上的成功。许多人并不缺少信心、能力、智力，之所以没有成功，只是因为没有确立目标或没有选准目标。

36. 关于人生的道路，可以知道什么？

6-39

37. 这段话中的"举棋不定"是什么意思？

6-40

38. 这段话主要想告诉我们什么？

6-41

第 39 到 41 题是根据下面一段话：

6-42

一个人路过一片工地，看到三个工人正在砌墙。路人问他们："在做什么？"第一个人说："在干活儿。"第二个人漫不经心地说："在赚钱。"第三个人快乐地说："在建一座美丽的宫殿。"几年过去了，前两个人依旧在砌墙。而第三个人却成了建筑工程师。这个故事告诉人们：平凡的工作其实正是大事业的开始，能否意识到这一点，决定了你能否成就一番事业。一个人只有把自己所从事的职业，当做是一项不可多得的事业，而不仅仅是谋生的手段，才能获得成功。

39. 第二个人认为自己在做什么？

6-43

40. 多年后，第三个人怎么样了？

6-44

41. 这段话主要想告诉我们什么？

6-45

第 42 到 43 题是根据下面一段话：

6-46

　没有天敌的动物往往最先消失，有天敌的动物会逐步壮大。大自然中的这一现象在人类社会也同样存在。敌人的力量会让一个人发挥出巨大的潜能，创造出惊人的成绩。尤其是当敌人强大到足以威胁到你的生命的时候，你一刻不努力，你的生命就会有万分的惊险。在你的人生中，一定会遇到各种各样的对手，不必过于担心，因为敌人是一把双刃剑，可能对你造成威胁，但也可能成为你进取的动力。

42. 对手对我们有什么意义？

6-47

43. 根据这段话，下列哪项不正确？

6-48

第 44 到 45 题是根据下面一段话：

6-49

　在人际交往中，有些人总是拿着放大镜看别人，这样往往会突出别人的缺点，也使得自己无法信任别人。相反，有的人则是拿着望远镜看别人，他们始终能够欣赏到别人美好的一面。但是并不是说放大镜不好，放大镜应该对准自己，而非别人。如果能虚心地请教他人，听取别人的严厉批评，这样放大镜和望远镜都能发挥最大的效用。

44. 用望远镜看别人会怎么样？

6-50

45. 根据这段话，我们应该怎么做？

6-51

听力考试现在结束。

정답

듣기										
1. A	2. C	3. B	4. A	5. B	6. C	7. C	8. D	9. C	10. C
11. A	12. D	13. C	14. A	15. D	16. C	17. B	18. D	19. C	20. B
21. A	22. C	23. C	24. A	25. A	26. D	27. D	28. C	29. A	30. C
31. D	32. A	33. D	34. C	35. C	36. D	37. A	38. C	39. A	40. C
41. B	42. C	43. D	44. C	45. B					

독해										
46. B	47. C	48. A	49. A	50. C	51. B	52. B	53. A	54. A	55. B
56. D	57. A	58. C	59. B	60. B	61. C	62. D	63. D	64. B	65. C
66. C	67. D	68. B	69. D	70. B	71. C	72. D	73. A	74. C	75. D
76. A	77. B	78. D	79. A	80. D	81. A	82. C	83. D	84. C	85. A
86. D	87. D	88. D	89. A	90. D					

쓰기

91. 茶叶博物馆正式建成于1990年。

92. 请勿在仓库里抽烟。

93. 当地流传着很多关于龙的神话。

94. 公司为员工办理了医疗保险。

95. 领导是否赞成我的方案?

96. 垃圾桶被小猫撞倒了。

97. 这是一首描写蝴蝶的诗。

98. 他的采访使我深受启发。

99.

		我	朋	友	去	年	退	休	了	。	他	已	经	制	定
好	具	体	的	计	划	:	和	妻	子	一	起	去	环	游	世
界	。	因	为	没	有	子	女	陪	伴	,	在	公	寓	里	生
活	,	每	天	都	一	样	,	没	有	新	鲜	事	儿	,	日
益	寂	寞	,	所	以	他	决	定	去	旅	行	。	他	看	起
来	很	幸	福	!											

100.

		今	天	是	我	的	生	日	,	我	男	朋	友	带	我
去	一	家	装	修	很	豪	华	的	意	大	利	餐	厅	。	当
我	们	晚	饭	吃	到	一	半	的	时	候	,	他	突	然	拿
出	了	一	大	束	花	和	一	枚	戒	指	向	我	求	婚	,
我	感	动	得	说	不	出	话	来	。	今	天	真	是	一	个
让	我	终	生	难	忘	的	日	子	。						

07회 녹음 대본

(音乐，30秒，渐弱)

大家好！欢迎参加HSK（五级）考试。
大家好！欢迎参加HSK（五级）考试。
大家好！欢迎参加HSK（五级）考试。

HSK（五级）听力考试分两部分，共45题。
请大家注意，听力考试现在开始。

第一部分

第1到20题，请选出正确答案。
现在开始第1题：

1.　女：大夫，我手术的伤口有点儿痒。
7-01　男：不要紧，这说明伤口正在愈合。
　　　问：女的怎么了？

2.　男：那家企业的工资福利怎么样？
7-02　女：据说，在同行业里算是比较高的。
　　　问：他们在谈论什么？

3.　女：你还有其他业务要办吗？
7-03　男：我想咨询一下，手机银行怎么开
　　　　通？
　　　问：男的想了解什么业务？

4.　男：这个酸辣土豆丝你炒得真不错。
7-04　女：你喜欢就好。我还担心醋放多了
　　　　呢。你再尝尝这个汤。
　　　问：女的担心什么？

5.　女：喂？哥，嫂子生了吗？男孩儿还是
7-05　　　女孩儿？
　　　男：男孩儿，母子平安。
　　　问：关于男的，可以知道什么？

6.　男：吃早饭时，不小心把油弄到衣服上
7-06　　　了。怎么办？
　　　女：我在网上看到一个办法，说用白面
　　　　包在有油迹的地方反复擦几下，可
　　　　以消除油迹。你试试看。
　　　问：衣服怎么了？

7.　女：我电脑最近总是自动关机，是不是
7-07　　　中病毒了？
　　　男：说不准，也可能是硬盘坏了。
　　　问：女的的电脑怎么了？

8.　男：你为什么买了这么多文具和日用
7-08　　　品？
　　　女：我想寄到地震灾区去，给那里的孩
　　　　子们用。
　　　问：女的为什么要买那么多东西？

9.　女：请问，餐车是朝这个方向走吗？
7-09　男：对，餐车在13号车厢。你再往前走
　　　　四个车厢就到了。
　　　问：女的要去哪儿？

10.　男：你平常不是话挺多的吗？怎么今天
7-10　　　一言不发？
　　　女：他们讨论的那个话题我不是很感兴
　　　　趣。
　　　问：女的为什么不说话？

11.　女：服务员，你们这儿有什么特色菜
7-11　　　吗？给我们推荐一下。
　　　男：我们这儿海鲜不错，而且现在刚好
　　　　有优惠，您可以尝尝。
　　　问：关于这家店，可以知道什么？

12. 男：你看通知了吗？从下礼拜开始上班
7-12 时间调整为十点了。

女：太好了。延后了一个小时，早上不
用那么赶了。

问：根据对话，下列哪项正确？

13. 女：我的手有点儿滑，怎么也拧不开这
7-13 个瓶盖儿。

男：你给我吧。我给你拧开。

问：男的是什么意思？

14. 男：小李虽然年纪轻，工作能力却很
7-14 强，交给他的事都完成得很棒。

女：是啊，我也很欣赏他。这次分公司
选拔经理，我准备推荐他。

问：他们觉得小李怎么样？

15. 女：爸，客厅有个信封，你看到没？里
7-15 面装着几份文件。

男：我放你卧室了，以后东西不要乱
放。

问：信封现在在哪儿？

16. 男：您好，我是来应聘工程师的。这是
7-16 我的简历。

女：好的，请先到这边的休息室等候。
稍后会有人领你去面试。

问：男的来做什么？

17. 女：真不好意思，刚刚不小心把你的电
7-17 话挂断了。

男：没关系。我是想通知你，明天上午
九点来参加会议。

问：男的为什么打电话给女的？

18. 男：你多穿点儿，报纸上说今天有四到
7-18 五级大风。

女：你看的是什么报纸啊？外面连树叶
都一动不动。

问：女的是什么意思？

19. 女：奇怪，怎么突然上不了网了？
7-19

男：地下室的网络信号不太稳定，你去
楼上上吧。

问：根据对话，下列哪项正确？

20. 男：包裹里面是什么？
7-20

女：窗帘，你帮我拿把剪刀过来，拆开
看看怎么样。

问：他们接下来最可能做什么？

第二部分

第 21 到 45 题，请选出正确答案。

现在开始第 21 题：

21. 女：听说，你拿到驾照了。
7-21

男：是，你呢？什么时候考试？

女：下月中旬，但我一开车，心里就特
别紧张。

男：没事，那是因为你还不熟练，多练
练就好了。

问：根据对话，可以知道什么？

22. 男：告诉你一个好消息，五月天要来上
7-22　　海开演唱会了。
　　　女：真的吗？什么时候？
　　　男：就这个月的最后两天，连续举办两
　　　　　场，现在已经开始售票了。
　　　女：太好了，这次无论如何我都要去！
　　　问：关于这场演唱会，下列哪项正确？

23. 女：你休息一会儿，我们轮流开。
7-23　男：没事，不太累。
　　　女：不行，你都开了一上午了，疲劳驾
　　　　　驶很危险的。
　　　男：好吧，到前面服务区停下来换你。
　　　问：女的认为什么很危险？

24. 男：墙上的那幅山水画是不是挂歪了？
7-24　女：是，有点儿斜。
　　　男：我去搬个椅子重新弄一下。
　　　女：不用，你脱鞋踩在这个柜子上就可
　　　　　以。
　　　问：根据对话，下列哪项正确？

25. 女：这部动画片怎么不显示字幕呢？
7-25　男：应该是你没有下载字幕文件。
　　　女：怎么弄？你能教我吗？
　　　男：很简单，你先下载好字幕文件，然
　　　　　后直接播放就可以。
　　　问：女的让男的教什么？

26. 男：你刚吹的是什么曲子？真好听。
7-26　女：《高山流水》，是中国的一首传统乐
　　　　　曲。
　　　男：你用的这个乐器叫什么名字？我以
　　　　　前从没见过。
　　　女：这是笛子，是中国经典的民族乐
　　　　　器。
　　　问：关于笛子，可以知道什么？

27. 女：小高，下半年的员工体检安排好了
7-27　　吗？
　　　男：我已经联系过体检中心了，时间定
　　　　　在国庆节后的第一天。
　　　女：行，那你记得通知大家。
　　　男：好的，下午把具体安排发给大家。
　　　问：体检在什么时候？

28. 男：你帮我把这篇论文整理成一篇发言
7-28　　稿吧。
　　　女：教授，我记得您在学校做报告时，
　　　　　已经整理过了呀。
　　　男：这次的听众主要是企业领导，重点
　　　　　不太一样。
　　　女：好，我再修改一下。
　　　问：这次的听众主要是什么人？

29. 女：小刘，那个化学实验进行得怎么样
7-29　　了？
　　　男：已经做完了，但还没有得出最终结
　　　　　论，正在分析数据。
　　　女：实验报告大概什么时候能写完？
　　　男：下周末之前。
　　　问：实验进行到哪一步了？

30. 男：请问，有没有人捡到了灰色的钱
7-30　　包？
　　　女：刚才有顾客捡到一个。你钱包里都
　　　　　有什么？
　　　男：学生证、公交卡，还有几张发票。
　　　女：没错，是你的。我马上拿给你。
　　　问：关于男的，下列哪项正确？

第31到32题是根据下面一段话：

7-31

　　有个富人非常吝啬，从不请客。一天，他的邻居租用他的房子请客。有人路过这里，见里面非常热闹，就问富人家的看门人："你们家主人今天请客吗？"他说："要我家主人请客，等下辈子吧。"刚要出门的富人听到了这句话，大声喊道："谁让你答应他请客的时间了？"

31. 富人家为什么很热闹？

7-32

32. 富人是一个什么样的人？

7-33

第33到35题是根据下面一段话：

7-34

　　楚国有一个专门卖珠宝的商人，为了使自己的珠宝更畅销，他特地用名贵的木料做了许多小盒子，把珠宝装在里面卖。这种装珠宝的盒子制作得非常漂亮，而且还散发出一种香味儿。有一个人看见装珠宝的盒子既精致又美观，问价钱后，就买了一个。那个人打开盒子，把里面的珠宝拿出来退还给珠宝商，拿着空盒子走了。这就是成语"买椟还珠"的由来，这个成语比喻有些人没有眼光，看东西的外表，却忽视了东西的价值，取舍不当。

33. 商人为什么要做那些盒子？

7-35

34. 关于那些盒子，可以知道什么？

7-36

35. 这段话主要想告诉我们什么？

7-37

第36到38题是根据下面一段话：

7-38

　　一个猎人在湖边装网捕鸟，不久便有很多鸟飞入网中，猎人赶紧收网，没想到，网里的鸟太多，力气很大，竟然带着网飞走了。猎人只好跟在后面拼命追赶。一个农夫看到了，对猎人说："算了吧，你跑得再快也追不上会飞的鸟啊。"猎人却信心十足地说："不，你错了，如果网里只有一只鸟，我恐怕真的追不上，但是现在有这么多鸟，我一定能追到。"果然，不一会儿因为所有的鸟都想回自己的窝。于是有的往东飞，有的往西飞，乱作一团，最后那群鸟跟着网一起落地，被猎人捉住了。猎人之所以认为自己能追上那群鸟，是因为他看到了那群鸟的致命弱点，它们目标不一致，因此它们坠落下来是必然的。

36. 猎人准备收网时，发生了什么事？

7-39

37. 农夫建议猎人怎么做？

7-40

38. 那群鸟为什么最后会掉落下来？

7-41

第39到41题是根据下面一段话：

7-42

　　朋友说他小时候很调皮，经常溜进家里的果园，吃还未成熟的瓜果，后来他爸爸加高了果园的后墙，但依然没能阻止他。他总能想到办法溜进去。他的秘诀就在于一旦觉得爬不过去，他就会把鞋扔进果园里，这样一来就无路可退，必须进园把鞋拿回来。结果他每次都能成功。原来一旦把鞋扔到高墙那边，人就会全力以赴地攀墙而过。所以当一项任务看上去艰巨得难以完成时，你不妨主动把后路切断。因为绝境往往能唤起我们自身巨大的潜力。

39. 爸爸加高了墙后，结果怎么样？

7-43

40. 朋友总能溜进果园的秘诀是什么？

7-44

41. 这段话主要想告诉我们什么？

7-45

第42到43题是根据下面一段话：

7-46

　　在武汉进行的男篮亚锦赛上，人们很关注担任解说嘉宾的姚明。"很专业，挺幽默，如果声调再高一点点就好了。"这是人们对他的评价。姚明的思维颇为敏捷，口才也相当优秀，虽然没有接受过正规的主持训练，但是解说比赛有自己独特的风格。虽然已经不再打篮球了，但篮球水平高超的姚明，对球场上的现象，点评及时而准确，很有预见性。

42. 人们怎么评价姚明？

7-47

43. 关于姚明，下列哪项正确？

7-48

第44到45题是根据下面一段话：

7-49

　　散文家林清玄的书法很好。有一次，朋友请他写一幅字，他考虑再三，写下了"常想一二"四个字。朋友看了便问他是什么意思。林清玄说："人生不如意的事十之八九，但扣除八九成的不如意，至少还有一二成是如意、快乐、欣慰的事情。要想拥有快乐的人生，就要常想那一二成的好事，这样才会感到庆幸、懂得珍惜，不至于被那八九成的不如意所打倒。"

44. 关于林清玄，可以知道什么？

7-50

45. "常想一二"中的"一二"指的是什么？

7-51

听力考试现在结束。

맛있는 중국어 HSK 5급 1000제

정답

듣기

1. A	2. B	3. D	4. A	5. B	6. B	7. B	8. D	9. C	10. C
11. D	12. D	13. C	14. A	15. C	16. A	17. A	18. B	19. D	20. C
21. D	22. B	23. D	24. C	25. A	26. C	27. B	28. A	29. B	30. C
31. C	32. D	33. B	34. C	35. A	36. C	37. B	38. D	39. D	40. D
41. B	42. A	43. A	44. D	45. C					

독해

46. C	47. B	48. D	49. C	50. A	51. D	52. C	53. C	54. D	55. A
56. B	57. C	58. D	59. C	60. B	61. A	62. D	63. C	64. C	65. B
66. B	67. C	68. D	69. D	70. C	71. B	72. B	73. D	74. A	75. D
76. B	77. C	78. C	79. C	80. C	81. A	82. A	83. D	84. D	85. D
86. A	87. A	88. B	89. C	90. C					

쓰기

91. 这部电视剧取材于一个传说。

92. 作家的表情显得有点儿尴尬。

93. 世界上没有绝对完美的人。

94. 小刘把手机里的视频全部删除了。

95. 玫瑰花是爱情的象征。

96. 我做过三年的幼儿园老师。

97. 玻璃门上挂着暂停营业的牌子。

98. 如果能永远保持青春就好了。

99.

		我	是	校	篮	球	队	的	成	员	。	上	周	,	我
们	队	参	加	了	大	学	生	篮	球	比	赛	。	对	手	们
的	实	力	都	很	强	,	但	是	按	照	教	练	的	细	心
指	导	,	我	们	队	配	合	得	非	常	完	美	,	最	终
获	得	了	第	一	名	。	作	为	校	篮	球	队	的	一	员,
我	觉	得	非	常	自	豪	。								

100.

		最	近	,	我	们	公	司	正	在	开	发	一	款	新
游	戏	。	我	跟	一	个	同	事	负	责	市	场	调	查	,
连	续	几	天	整	理	资	料	、	分	析	数	据	,	我	们
终	于	确	定	了	新	游	戏	的	开	发	方	向	。	希	望
平	时	压	力	大	的	人	,	通	过	我	们	的	新	游	戏
能	得	到	放	松	,	改	善	心	情	。					

녹음 대본

(音乐，30秒，渐弱)

大家好！欢迎参加HSK (五级) 考试。
大家好！欢迎参加HSK (五级) 考试。
大家好！欢迎参加HSK (五级) 考试。

HSK (五级) 听力考试分两部分，共45题。
请大家注意，听力考试现在开始。

第一部分

第1到20题，请选出正确答案。
现在开始第1题：

1. 女：请问，我有点儿海鲜过敏，应该看
   8-01　　哪个科？
   男：皮肤科。你得先去挂号处挂号，然
   　　　后去三楼的皮肤科。
   问：女的怎么了？

2. 男：我们招聘的是会计，但是你的简历
   8-02　　上没有相关经验。
   女：虽然没有工作经验，但我非常熟悉
   　　　这方面的知识，因为我本科的第二
   　　　专业就是会计。
   问：女的为什么熟悉会计方面的知识？

3. 女：创业大赛的结果什么时候公布？
   8-03　男：这个月中旬能出来，如果成绩好，
   　　　我就能参加在上海举办的决赛了。
   问：根据对话，可以知道什么？

4. 男：关于合同上的付款方式，请您再详
   8-04　　细地说明一下。
   女：先收货后付款，现金或者支票都可
   　　　以。我们确认货款后会给您开发
   　　　票。
   问：合同规定怎么付款？

5. 女：小马，你的论文写得怎么样了？
   8-05　男：李教授，我刚写完，正想请您帮我
   　　　看看呢，希望您能给我提提修改意
   　　　见。
   问：根据对话，可以知道什么？

6. 男：你的公司刚成立不久，经营得还好
   8-06　　吧？
   女：最近陆续接了几个项目，相信会越
   　　　来越好的。
   问：关于那个公司，下列哪项正确？

7. 女：你怎么还在公司？不是今天出差
   8-07　　吗？
   男：因为有大雾，航班取消了，改到明
   　　　天下午出发了。
   问：航班为什么取消了？

8. 男：复印机好像坏了，怎么按也没反
   8-08　　应。
   女：前几天刚修的，居然又坏了，真让
   　　　人头疼，我再给他们打个电话吧。
   问：女的接下来可能会做什么？

9. 女：你们的产品确实挺好的，只是价钱
   8-09　　上能不能再便宜一些？
   男：你想要多少？如果数量多的话，价
   　　　格是可以再商量的。
   问：男的是什么意思？

10. 男：小王，你的胳膊怎么了？

8-10 女：别提了，周末跟朋友去滑雪，不小心摔了一跤，就成这样了。

问：小王的胳膊是怎么受伤的？

11. 女：我打算买这个房子，你看怎么样？

8-11 男：阳台、卧室的整体感觉都不错，但是卫生间能再大一点儿就好了。

问：男的对那个房子的哪方面不太满意？

12. 男：我手机没电了，你的充电器在哪儿？借我用用。

8-12 女：你的呢？又找不到了？怎么总是乱放东西？你这个坏习惯，快改改吧！

问：女的是什么语气？

13. 女：感谢您出席今天晚上的宴会，希望今后我们能加强合作。

8-13 男：谢谢你们的招待，我相信我们的合作会越来越密切的。

问：对话最可能发生在什么时候？

14. 男：对方发来的项目方案，你下载好了吗？

8-14 女：正在下载呢。文件太大了，需要再等几分钟。

问：为什么还要再等几分钟？

15. 女：我在网上买了一个衣柜，可是怎么都装不好。

8-15 男：你先看看说明书，按上面的步骤来。要是还装不好，我明天去帮你。

问：女的遇到了什么问题？

16. 男：快来不及了，我不吃早饭了。

8-16 女：那怎么行，不吃早饭的话，营养跟不上，会影响健康的。

问：女的认为男的应该怎么做？

17. 女：请问，可以手机支付吗？

8-17 男：可以，请扫一下餐桌上的二维码，然后输入小票上的金额就行了。

问：他们最可能在哪儿？

18. 男：把这个纸箱子扔了吧，放在这里太占地方。

8-18 女：别扔，我还有用呢，你先把它放冰箱旁边的那个柜子上。

问：女的为什么不让扔那个箱子？

19. 女：我的电脑可能中毒了，速度越来越慢。

8-19 男：应该是因为你安装的软件太多了，不常用的最好都删掉。

问：关于女的的电脑，可以知道什么？

20. 男：你平时要多锻炼身体，别只顾着工作，要不然到时候后悔都来不及。

8-20 女：话是这么说，但是单位里一忙起来就什么都顾不上了。

问：男的建议女的怎么做？

第 21 到 45 题，请选出正确答案。

现在开始第 21 题：

21. 女：今天的雨下得真大，我都成落汤鸡
    了。

    男：你不是打着雨伞吗？怎么都湿透
    了？赶快换一下衣服。

    女：别提了，外面刮大风，雨伞根本没
    有用。

    男：先喝点儿热汤，然后洗个澡吧。

    问：女的怎么了？

22. 男：下午收拾书柜的时候，有了一个意
    外收获。

    女：什么意外收获？是不是发现钱了？

    男：你就知道钱！我找到了舅舅送我的
    那块儿手表，我一直以为丢了呢！

    女：看来你应该常常收拾你的房间。

    问：男的有什么意外收获？

23. 女：你以前是做什么工作的？

    男：我以前在北京的一家汽车公司工
    作，主要负责销售方面的业务。

    女：那你为什么放弃原来的公司，选择
    我们公司呢？

    男：因为我出生在杭州，父母也在这
    儿，我想能有更多的时间陪陪他
    们。

    问：男的以前从事什么工作？

24. 男：你怎么把头发弄成这个颜色了？太
    难看了。

    女：爷爷，这您就不懂了，这叫时尚。

    男：我虽然不懂时尚，但是不能为了时
    尚伤了身体啊。

    女：没关系的，这个对身体的伤害很小
    的。

    问：根据对话，可以知道什么？

25. 女：是不是所有的孩子都一听去幼儿园
    就摇头？

    男：小孩子刚开始都这样，过一段时间
    就好了。

    女：可是我儿子已经去了一年多了。到
    现在，他还是不喜欢去幼儿园。

    男：我看你最好跟幼儿园的老师沟通沟
    通，看看到底是什么原因。

    问：男的建议女的最好怎么办？

26. 男：您好，我能跟您换一下座位吗？我
    奶奶年纪大了，我想坐在旁边照顾
    她。

    女：好的，你的座位在哪儿？

    男：我的座位也在这个车厢，前边的
    11B号。太谢谢您了。

    女：不客气，我一个人坐哪儿都可以。

    问：他们现在可能在哪儿？

27. 女：喂，你最近是不是常去打排球？

    男：你是怎么知道的？

    女：这几天我路过操场，有两次都看到
    你在那儿打排球。

    男：怪不得，你什么时候有空儿？我们
    一起去打，好不好？

    问：女的是怎么知道男的常去打排球
    的？

28. 男：你不是很能吃辣的吗？怎么眼泪都
8-28 　　流出来了！

　　女：没想到这道菜这么辣！快给我倒杯
　　　　水！

　　男：越喝水越辣，你尝尝这道菜吧，这
　　　　个很甜。

　　女：好的，下次再也不点这个了。

　　问：女的为什么说再也不点那道菜了？

29. 女：这是给你的礼物，是我在成都买的
8-29 　　特产。

　　男：谢谢。你什么时候去成都了？

　　女：周末去的，昨天晚上才回来。

　　男：我想起来了，你说去参加婚礼，原
　　　　来婚礼是在成都举行的啊。

　　问：关于女的，可以知道什么？

30. 男：谁去办和出版社合作的事比较好？
8-30
　　女：要我说的话，恐怕没有比小李更合
　　　　适的人选了吧。

　　男：你为什么这么肯定？

　　女：小李来公司都快五年了，我了解他
　　　　的能力。

　　问：根据对话，可以知道什么？

第31到32题是根据下面一段话：
8-31
　　养宠物有很多好处。首先，养宠物有助
于培养人的爱心和责任感。如果你养宠物，
你必须每天喂它几次，这就是你的责任。其
次，你会有一个忠实的朋友。你可以告诉它
任何心底的秘密，因为它不会告诉任何人。
宠物还会促进主人的人际交往，减少孤独
感。除此之外，如果有陌生人靠近，它会马
上告诉你。还有一个好处很重要，宠物可以
帮你调整情绪。研究发现，和猫狗在一起、
或观赏游动的鱼儿十五到三十分钟，就可减
轻压力。

31. 通过每天喂宠物，可以培养人的什么？
8-32

32. 根据这段话，下列哪项不是养宠物的好
8-33 　处？

第33到35题是根据下面一段话：
8-34
　　为了研究人的烦恼，心理学家做了个有
意思的实验。他让几位实验者把未来一周
可能产生的"烦恼"都写下来，然后放入一
个"烦恼箱"里。过了三周之后，心理学家打
开了这个"烦恼箱"，让每位实验者核对自己
写下的每一项"烦恼"。结果显示，有百分之
九十的烦恼并未真正发生。接着，他又让大
家写下自己真正的"烦恼"，然后投入"烦恼
箱"。又过了三周，心理学家让实验者核对
"烦恼箱"，大家纷纷表示，之前的那些烦恼
也不再是烦恼了。其实，很多烦恼都是自己
找来的，这就是所谓的"自寻烦恼"。

33. 为了研究这个实验，心理学家准备了什
8-35 　么？

34. 关于第一次实验结果，下列哪项正确？
8-36

35. 这段话主要想告诉我们什么？
8-37

第36到38题是根据下面一段话：
8-38
　　一次长跑比赛后，记者问冠军的成功秘
诀是什么，他总结为赛前的准备。他告诉记
者，每次比赛之前，他都要乘车把比赛的路
线仔细地看一遍，并把沿途比较醒目的目标
画下来。比如第一个标志是银行，第二个标
志是一棵大树，这样一直画到赛程的终点。
比赛开始后，他就以百米的速度奋力地向第
一个目标冲去；等到达第一个目标后，他又

以同样的速度向第二个目标冲去。40多公里的赛程，就被他分解成这么几个小目标轻松地跑完了。他还说，以前他把目标定在终点线上那面旗子上，结果跑到十几公里时就疲惫不堪了，被前面那段遥远的路程吓倒了。

36. 那位冠军认为自己成功的主要原因是什么？
8-39

37. 他为什么要把比赛的路线仔细看一遍？
8-40

38. 如果把目标定在终点，他可能会怎样？
8-41

第39到41题是根据下面一段话：
8-42

有一位母亲，平时对孩子教育很严格。有一次，她感冒了，嗓子疼得厉害，不能说话。儿子不知道妈妈不能说话。回到家，一见到母亲就开始说个不停，说老师今天批评他。说来说去，都是老师不对，自己完全正确。妈妈听了孩子的话，认为是儿子不对，她很想批评儿子。但说不出话来，只是睁大眼睛看着儿子。儿子说了很久，终于说完了，然后又说了一句："妈妈，谢谢你今天听我说了那么多，没批评我。"她听了很意外。第二天，儿子回来对妈妈说："妈妈，昨天您虽然什么也没说，但是我已经明白了，是我错了。我已经向老师道歉了。"

39. 母亲平时对儿子怎么样？
8-43

40. 儿子对母亲说"谢谢"时，母亲是什么反应？
8-44

41. 第二天，儿子做了什么？
8-45

第42到43题是根据下面一段话：
8-46

用茶量多少与消费者的饮用习惯有密切关系。长江中下游地区的人们主要饮用绿茶、龙井等名优茶，一般用较小的瓷杯或玻璃杯，每次用量也不多。在西藏、新疆等少数民族地区，人们以肉食为主，当地又缺少蔬菜，因此茶叶成为生理上的必需品。他们普遍喜欢浓茶，并在茶中加糖、加乳或加盐，所以每次茶叶用量较多。福建、广东等省，人们喜饮工夫茶。茶具虽小，但用茶量较多。

42. 长江中下游地区的人们饮茶有什么特点？
8-47

43. 哪里人喜欢工夫茶？
8-48

第44到45题是根据下面一段话：
8-49

有个楚国人在乘船渡江的时候，一不小心把身上的剑掉进了江里。他连忙在船沿上刻上一个记号，说："我的剑就是从这儿掉下去的。"船靠岸后，这个人顺着船沿上刻的记号下水去找剑，但找了很长时间也没有找到。船已经走了很远，不在原来的地方了，而剑还在原来的地方。这个故事告诉我们：世界上的事物，总是在不断地发展变化，人们想问题、办事情，都应当考虑到这种变化。

44. 当剑掉进江里时，那个人做了什么？
8-50

45. 这段话主要想告诉我们什么？
8-51

听力考试现在结束。

정답

듣기
1. D	2. D	3. A	4. B	5. B	6. B	7. C	8. C	9. B	10. A
11. B	12. B	13. D	14. B	15. D	16. A	17. A	18. B	19. C	20. C
21. C	22. D	23. B	24. A	25. C	26. C	27. C	28. D	29. A	30. C
31. A	32. D	33. A	34. A	35. A	36. C	37. C	38. A	39. B	40. A
41. C	42. B	43. B	44. A	45. B					

독해
46. C	47. A	48. D	49. A	50. B	51. A	52. C	53. B	54. B	55. D
56. D	57. B	58. A	59. C	60. D	61. C	62. A	63. D	64. B	65. D
66. D	67. A	68. B	69. A	70. B	71. A	72. D	73. D	74. A	75. B
76. C	77. A	78. C	79. A	80. B	81. D	82. B	83. B	84. D	85. D
86. A	87. C	88. A	89. A	90. B					

쓰기
91. 妈妈让我帮她打扫厨房。
92. 公司面临着新的挑战。
93. 签约日期不能再推迟。
94. 拥抱比任何安慰的话都温暖。
95. 持续的干旱天气导致粮油价格上涨。
96. 大学同学们把聚会时间定在2月中旬。
97. 小云一直在经营一家服装公司。
98. 端午节是一个传统节日。

99. 　　我是一个很乐观的人，但最近感觉工作压力很大，想找个方法放松一下。昨天在书店偶然发现了一本叫《缓解压力》的书，书中提到了很多种办法，有些不适合我，但有几种方法比较简单。希望这些方法能起到作用。

100. 　　我最近在为毕业论文发愁。教授说我的题目范围太大，让我再查查资料，修改一下题目。我在网上找了很多资料，但是有的不能下载，我只好去图书馆找。我打算熬夜把这些资料看完，确定一个完美的题目。

녹음 대본

(音乐，30秒，渐弱)

大家好！欢迎参加HSK（五级）考试。
大家好！欢迎参加HSK（五级）考试。
大家好！欢迎参加HSK（五级）考试。

HSK（五级）听力考试分两部分，共45题。
请大家注意，听力考试现在开始。

第一部分

第1到20题，请选出正确答案。
现在开始第1题：

1. 女：你们部门的小李呢？最近怎么没见
9-01 　　到他跟你们一起吃午饭？
　　男：他早就辞职了，听说现在在银行上
　　　　班。
　　问：关于小李，可以知道什么？

2. 男：下午的讲座我去不了了，你能帮我
9-02 　　录下音吗？
　　女：讲座一结束，助教就会把录音发到
　　　　公共邮箱里的，你到时候下载就可
　　　　以了。
　　问：女的是什么意思？

3. 女：请问，这个地方还有停车位吗？
9-03 　　男：一楼的车位已经满了，地下3楼还
　　　　有，从这儿下去往右拐。
　　问：女的在找什么？

4. 男：很高兴能一起拍电影，也非常感谢
9-04 　　你们在资金方面的支持。
　　女：导演，您别客气，能跟您合作，我
　　　　们觉得很荣幸。
　　问：男的为什么要感谢女的？

5. 女：这次成都行，什么给你留下的印象
9-05 　　最深？
　　男：当然是美食，各种各样的小吃。我
　　　　希望下次还有机会来成都，让我把
　　　　这儿的小吃都尝遍。
　　问：男的对成都的什么印象最深刻？

6. 男：这儿的景色真不错，咱们合个影
9-06 　　吧！
　　女：好的，不过我先整理一下头发。刚
　　　　才风太大，头发都被刮乱了。
　　问：女的怎么了？

7. 女：你觉得买长江娱乐的股票怎么样？
9-07 　　男：我也不太懂，不过你最好先看看这
　　　　家公司的具体经营情况。
　　问：男的是什么看法？

8. 男：赵总，请您看看这几份文件，如果
9-08 　　没有问题请签一下字。
　　女：先放这儿吧，我发完这个邮件就
　　　　看。你没什么事儿今天就先下班
　　　　吧。
　　问：女的发完邮件可能会做什么？

9. 女：关于这个方案，大家还有什么要补
9-09 　　充的意见吗？
　　男：我觉得这次投入的资金可以减少一
　　　　些，不然风险太大了。
　　问：男的觉得这个方案怎么样？

10. 男：周末我们开车去郊外兜风怎么样?

9-10 女：太好了。天气预报说这周六天气很好，空气质量也不错，咱们那天早点儿出发吧。

问：他们周末打算去哪儿?

11. 女：最近那部叫《芳华》的电影，你看了吗?

9-11 男：看了，昨天我还特意去买了那本小说。我觉得小说比电影更好。

问：男的觉得《芳华》那部电影怎么样?

12. 男：已经等了两个多小时了，还要等多长时间呢?

9-12 女：现在刮台风，为了保证安全，所有的航班都不能起飞。真对不起，耽误了您的宝贵时间。

问：女的为什么表示抱歉?

13. 女：我对这套方案很满意，把阳台和客厅打通，空间一下子大了许多。

9-13 男：没错。客厅面积大了许多，让人很舒服。我们就选这个装修方案吧。

问：他们准备怎么装修?

14. 男：糟糕，我不小心把那个文件删除了。

9-14 女：你可以装个恢复文件的软件，被删除的文件也能找回来。

问：女的建议怎么做?

15. 女：这是我周末自己烤的面包，尝尝吧。

9-15 男：你的手艺真不错啊，都可以开个面包店了。

问：根据对话，下列哪项正确?

16. 男：小刘，机会来之不易，你可要好好儿把握啊。

9-16 女：我一定会努力的，谢谢您相信我，我一定能做好。

问：关于小刘，可以知道什么?

17. 女：我以前也看过京剧，说实话，我一句话也没听懂。

9-17 男：别担心，今天的京剧都配有字幕，会有助于你理解的。

问：男的为什么说不用担心?

18. 男：你听过这首歌儿吗? 最近走到哪儿都能听到这首歌儿。

9-18 女：当然了，这不是那部特别有名的电视剧的主题曲嘛!

问：那首歌儿怎么样?

19. 女：这张照片最好，背景很漂亮，你的表情也不错。

9-19 男：那就把这张洗出来，挂在客厅里吧。

问：男的要把照片放在哪儿?

20. 男：你来摸摸我胳膊上的肌肉，怎么样?

9-20 女：太完美了! 看来你这几个月没白练，都变成型男了!

问：男的锻炼了多长时间了?

第二部分

第21到45题，请选出正确答案。
现在开始第21题：

21. 女：看你满头大汗的，停下来休息一会
9-21　儿吧。
    男：不行，我还没跑够十圈儿呢！
    女：你这么久没运动了，一下子这样，
    　　身体受不了。
    男：不要紧，只剩两圈儿了。
    问：根据对话，下列哪项正确？

22. 男：糟糕，我把包忘在出租车上了。
9-22　女：你跟司机要发票了吗？
    男：要了，在这儿呢。
    女：那就好，发票上有出租车公司的电
    　　话，你赶快打吧。
    问：男的要给谁打电话？

23. 女：我们十点之前能到家吗？
9-23　男：按照这个速度，应该没问题。
    女：高速公路上你还是开慢点儿吧，安
    　　全第一。
    男：好的，我会注意的，你先睡一会儿
    　　吧。
    问：男的正在做什么？

24. 男：登机牌、身份证都带好了吗？几号
9-24　登机口确认了吗？
    女：你就放心吧，我又不是第一次出门。
    男：好！一路顺风，到了以后给我发个
    　　短信。
    女：知道了，你回去吧，我要进去安检
    　　了。
    问：对话可能发生在哪儿？

25. 女：你好，我是来参加面试的。
9-25　男：请问，你叫什么名字？应聘哪个部
    　　门？
    女：我叫钱雨，应聘销售经理，是黄先
    　　生通知我过来的。
    男：好的，请跟我来。
    问：女的要应聘什么职位？

26. 男：你的项链真漂亮，尤其是配这条裙
9-26　子。
    女：真的吗？谢谢你，这是我去年在贵
    　　州旅游的时候买的。
    男：看上去很特别，是用什么材料做
    　　的？
    女：据说是产自当地的一种石头。
    问：关于那条项链，可以知道什么？

27. 女：坐地铁的时候，你有没有遇到过什
9-27　么尴尬的事儿？
    男：有啊，有一次我好心给一位孕妇让
    　　座……
    女：让座是好事嘛，怎么会尴尬呢？
    男：别提了，那个女的很不高兴地说
    　　"我不是孕妇"，我一下子就脸红
    　　了。
    问：根据对话，可以知道什么？

28. 男：祝贺您获得了今年的科技进步奖，
9-28　您现在最想说的是什么？
    女：感谢大家对我的肯定与鼓励。不然
    　　我是无法取得这样的成绩的。
    男：那您最想感谢的人是谁？
    女：最想感谢的是我的家人。
    问：女的最想感谢谁？

29. 女：你的那篇文章什么时候发表？我还
9-29 　　等着看呢。

　　男：出版社的编辑建议我换一下题目，
　　　　而且文章字数最好别超过4000字。

　　女：修改好以后大概什么时候发表？

　　男：在下个月的第六期上。

　　问：编辑建议把文章改为多少字？

30. 男：没想到在这儿遇见你，你常常来这
9-30 　　儿锻炼吗？

　　女：以前不忙的时候每天都来。最近工
　　　　作太忙，偶尔来一次。你呢？

　　男：今天第一次来，对这儿还不太熟
　　　　悉。

　　女：别担心，有我呢，我带你熟悉一下
　　　　这儿的环境。

　　问：关于女的，可以知道什么？

第31到32题是根据下面一段话：
9-31
　　　一位先生拿了三把雨伞去修理店修。回
来时，他去一家餐厅吃饭，离开时他没太注
意，随手拿了邻桌妇女的雨伞。妇女说：
"雨伞是我的，先生。"他连忙不好意思地道
歉。第二天，他去取伞的时候，没想到又碰
见昨天的那位妇女，妇女看了看他，又看了
看他手中的三把雨伞，说："看得出来，先
生，你今天运气真好呀！"

31. 知道自己拿错了伞后，那个先生做了什
9-32 么？

32. 那个妇女为什么说"你今天运气真好
9-33 呀"？

第33到35题是根据下面一段话：
9-34
　　　老师每次上课提问的时候，有一个同学
总是举手。老师让他回答的时候，他却总是
回答错误或者不说话，别的同学都哈哈大
笑。老师很想知道原因，下课以后，老师问
他为什么这么做。他说，要是老师提问的时
候他不举手的话，别的同学一定会觉得他很
笨。于是，老师和他商量好，他真的知道答
案的时候举左手，不知道的时候举右手。时
间一天天过去，这位同学举左手的次数越来
越多，自信心也增强了。长大后，他成为了
一名出色的工程师。

33. 同学们为什么嘲笑那个总是举手的同
9-35 学？

34. 如果他真的知道答案的话，老师让他怎
9-36 么做？

35. 老师的帮助，对他有什么影响？
9-37

第36到38题是根据下面一段话：
9-38
　　　某市乱扔垃圾的现象十分严重，为此政
府提出了许多解决办法。第一个办法是，把
对乱扔垃圾的人的罚金从25元提高到50元。
实行后，收效不大。第二个办法是，增加街
道巡逻人员，结果也没起很大作用。后来，
有人在垃圾桶上出主意，设计一个电动垃圾
桶，桶上装有一个感应器，每当垃圾丢进桶
内，感应器就会有反应而打开录音机，播出
一则故事或笑话，其内容每两周换一次。这
个设计大受欢迎，人们不论距离远近，都把
垃圾丢进垃圾桶里，城市因而变得干净起
来。

36. 提高罚金以后结果怎么样？
9-39

37. 当把垃圾扔进电动垃圾桶后，垃圾桶可
9-40 能会有什么反应？

38. 关于电动垃圾桶录音机的内容，可以知
9-41 道什么？

第 39 到 41 题是根据下面一段话：
9-42
　　一位教授有很多学生，其中有一位博
士生非常勤奋。他每天早晨5点准时来实验
室，中午在实验室简单吃点儿午饭，马上开
始做实验，晚上11点实验室关门，他才回宿
舍。别的学生都觉得他真了不起，认识他的
老师都夸他勤奋。可是那位教授却很担心这
个博士。有一天，教授找他谈话，问他每天
几点进实验室，"早晨五点。"他回答。"午
休多长时间？""不到一小时。""晚上几点回
宿舍？""十一点左右。""那你每天用多长时
间思考？"博士无言以对。教授想告诉那个
博士，光做不思考，光学不思考是很难有进
步的。

39. 关于那个博士，下列哪项不正确？
9-43

40. 别的老师认为那个博士怎么样？
9-44

41. 那个教授担心博士什么？
9-45

第 42 到 43 题是根据下面一段话：
9-46
　　有一个著名的画家去一个城市旅游，他
打算去这个城市里最大的画廊看看。画廊的
经理听说了这个消息，打算拍这位画家的马
屁。他把画廊里其他人的画都收了起来，挂
满了这位画家的画儿。画家走进画廊后非常
吃惊。他不解地问道："为什么没有其他画
家的画儿呢？"画廊的经理一时不知所措，

随口说道："其他画家的画儿都……都卖完
了！"

42. 当发现画廊里挂满了自己的画儿时，那
9-47 位画家怎么样？

43. 其他画家的画儿怎么了？
9-48

第 44 到 45 题是根据下面一段话：
9-49
　　如果你一个人坐电梯，电梯突然停住
了，这个时候，你该怎么办？首先，千万不
要慌张，先确认一下电梯是不是真的出了故
障。然后，按电梯里的红色按钮，求救声一
响，就会有专业的救援人员来救你。同时你
也要大声地呼救，因为电梯外边的人可能会
听到你的声音，来帮助你。但是，一定不要
用力拍打或者踢电梯的门，那样的话，电梯
可能会不正常地上升或下降，从而造成不必
要的危险。

44. 当电梯停住了，首先要怎么做？
9-50

45. 被困在电梯里时，如果用力踢电梯门会
9-51 怎么样？

听力考试现在结束。

정답

듣기									
1. D	2. A	3. B	4. B	5. A	6. B	7. C	8. C	9. C	10. C
11. C	12. D	13. B	14. C	15. A	16. B	17. D	18. D	19. B	20. C
21. C	22. C	23. D	24. A	25. B	26. D	27. C	28. D	29. C	30. B
31. C	32. D	33. B	34. A	35. B	36. B	37. D	38. D	39. C	40. C
41. D	42. B	43. D	44. D	45. C					

독해									
46. C	47. B	48. C	49. B	50. B	51. C	52. A	53. A	54. C	55. B
56. B	57. B	58. C	59. A	60. C	61. C	62. D	63. C	64. B	65. C
66. C	67. D	68. C	69. C	70. D	71. C	72. D	73. C	74. C	75. B
76. D	77. C	78. B	79. C	80. A	81. C	82. A	83. D	84. D	85. A
86. A	87. C	88. C	89. C	90. B					

쓰기

91. 命运掌握在自己的手里。

92. 我们得及时采取应对措施。

93. 这个项目受到了总裁的认可。

94. 教练们决定适当延长训练时间。

95. 这项核心技术被应用到许多领域。

96. 打雷前往往会出现闪电。

97. 小老虎朝猎人翘起了尾巴。

98. 她乐观的态度让人很羡慕。

99.

		昨	天	下	班	以	后	,		经	理	临	时	决	定	请
我	们	吃	海	鲜	。	大	家	都	十	分	兴	奋	,		也	很
好	奇	经	理	为	什	么	这	么	大	方	。		结	账	之	前,
经	理	突	然	宣	布	他	下	个	月	要	结	婚	了	。		大
家	听	到	这	个	消	息	都	纷	纷	表	达	了	对	经	理	
的	祝	福	。													

100.

		我	家	离	公	司	很	远	,	每	天	都	要	坐	一	
个	小	时	的	地	铁	。	早	上	高	峰	期	间	,		地	铁
里	很	挤	,		几	乎	没	有	多	余	的	座	位	。	在	地
铁	里	,		我	有	时	看	书	,		有	时	上	网	看	新
闻	。	如	果	有	座	位	的	话	,		我	会	坐	着	睡	觉。	不
过	我	希	望	明	年	把	家	搬	到	公	司	附	近	。		

녹음 대본

(音乐，30秒，渐弱)

大家好！欢迎参加HSK(五级)考试。
大家好！欢迎参加HSK(五级)考试。
大家好！欢迎参加HSK(五级)考试。

HSK(五级)听力考试分两部分，共45题。
请大家注意，听力考试现在开始。

第一部分

第1到20题，请选出正确答案。
现在开始第1题：

1. 女：你的桌子和柜子都太乱了，怪不得
   常常找不到东西。
   男：知道了，我抽空好好儿整理一下。
   问：根据对话，可以知道什么？

2. 男：你最近每天晚上还去参加舞蹈训练
   吗？
   女：我早就不去了，老师教的动作太
   难，我跟不上。
   问：女的为什么不去参加舞蹈训练了？

3. 女：公司的产品最近卖得很好。
   男：是啊，做了那么多宣传，花了那么
   多广告费，能不好吗？
   问：关于公司，可以知道什么？

4. 男：你们也太疯狂了吧？认识才多长时
   间就结婚了？
   女：了解一个人，两个月够了。主要是
   我们觉得彼此很合适。
   问：男的对什么感到吃惊？

5. 女：真对不起，飞机晚点了，您在这儿
   等了很久吧？
   男：没关系，看到接机大厅的屏幕上显
   示晚点，我就去咖啡厅休息了一会
   儿。
   问：根据对话，他们可能在哪儿？

6. 男：你乒乓球打得那么厉害，怎么没参
   加比赛？参加比赛的话肯定能拿冠
   军。
   女：我的胳膊拉伤了，很遗憾错过了这
   次比赛，希望有机会参加下一届。
   问：不能参加这次比赛，女的心情怎么
   样？

7. 女：怎么不喝了，这汤不合你的口味
   吗？
   男：不是，有点儿烫，我一会儿再喝。
   问：男的为什么不喝汤？

8. 男：小马呢？今天的会议不是由她当我
   的翻译吗？
   女：她的儿子生病了，她得陪儿子去医
   院，只好由我来替她。
   问：关于小马，可以知道什么？

9. 女：听说你打算参加公务员考试，报辅
   导班了吗？
   男：我打算先买几本参考书，然后报个
   网课。
   问：根据对话，下列哪项正确？

10. 男：小李，今天忙是忙了点儿，但是你
10-10　　也争取把下半年的销售计划做出
　　　来。

女：您放心吧，我会抓紧的。下班前一
　　定给您。

问：男的让女的做什么？

11. 女：你的出国手续办好了没有？
10-11

男：差不多了，今天刚把补充材料交上
　　去，估计下个星期一就能拿到签
　　证。

问：关于男的，可以知道什么？

12. 男：怎么这么高兴？中奖了吗？
10-12

女：我终于拿到了驾照，以后就不用挤
　　公交了。这个周末要不要跟我一起
　　去郊区开车兜风？

问：女的为什么那么高兴？

13. 女：你好，下周六有没有适合举办新年
10-13　　晚会的空宴会厅？

男：大宴会厅都已经被预订了，目前还
　　剩下两个小厅，请问你们一共多少
　　人？

问：女的正在做什么？

14. 男：您没事儿吧？我扶你起来吧。
10-14

女：谢谢你，小伙子，你能不能帮我拨
　　打120叫辆救护车？

问：女的想让男的帮她做什么？

15. 女：小张怎么没来参加今天晚上的聚
10-15　　会？真遗憾。

男：可不是，他要是来了肯定能给我们
　　带来不少快乐。

问：小张可能是个什么样的人？

16. 男：这篇论文的结构有点儿问题，得修
10-16　　改一下。

女：把第一段删掉，最后一段放到最前
　　面，您看怎么样？

问：女的打算怎么修改论文？

17. 女：今天已经3月15号了，那个报告什
10-17　　么时候可以完成？

男：下个月中旬应该可以。

问：男的觉得什么时候可以完成报告？

18. 男：你这个暑假有什么打算？要不要跟
10-18　　我们一起去敬老院做志愿者？

女：好啊，我早就有这个想法了。

问：女的暑假打算做什么？

19. 女：这是一套复式房间，卧室在楼上，
10-19　　下面是客厅和厨房。

男：空间很大，我很喜欢，只是光照有
　　些少，房间里会不会太潮了？

问：男的在担心什么？

20. 男：我今天嗓子疼，头也有点儿疼，可
10-20　　能是感冒了。

女：大冷天的，穿这么少，不感冒才怪
　　呢！

问：女的是什么态度？

第 21 到 45 题，请选出正确答案。
现在开始第 21 题：

21. 女：您好，请问您想办理什么业务？
10-21
男：我想开通网上银行。
女：请先填一下这张表。您身份证带了吗？我帮您复印一下。
男：好的，给你。
问：男的要办理什么业务？

22. 男：没想到车堵得这么厉害。
10-22
女：离医院也没多远了，却在这儿等了这么久，走也走到了。
男：就是嘛，早知道这样，我们就坐地铁了。
女：现在后悔也来不及了，我们再忍一忍吧。
问：他们最有可能在什么地方？

23. 女：大夫，我丈夫的情况怎么样？
10-23
男：手术很成功。只要恢复得快，过两天就可以出院了。
女：太好了，太感谢您了。
男：不客气。
问：关于女的的丈夫，可以知道什么？

24. 男：真抱歉，让你们久等了，因为突然有一个重要的会议。
10-24
女：没关系，感谢您百忙之中抽出时间接受我们的采访。
男：我已经看了你发给我的采访稿，现在就开始吧？
女：好的，那我们开始了，请看镜头。
问：女的可能是做什么的？

25. 女：您看看这款滚筒洗衣机，是今年的最新款。
10-25
男：洗衣机的保修期是多长时间？
女：保修期一年，厂家免费上门修理。
男：可以分期付款吗？
问：关于那款洗衣机，下列哪项正确？

26. 男：你应聘的那家公司有消息了吗？
10-26
女：上周参加了第一轮面试，昨天通知我这周参加第二轮面试。
男：看来很有希望，他们打算招几个人呢？
女：就一个，所以我得好好儿准备一下。
问：根据对话，可以知道什么？

27. 女：你感冒了吗？怎么一直打喷嚏？
10-27
男：不是，一到春天我鼻子就过敏。
女：吃药了吗？
男：吃是吃了，但是没什么用。我都习惯了，过几天就好了。
问：男的为什么打喷嚏？

28. 男：你的电脑速度太慢了，安装一个加速软件吧。
10-28
女：你知道什么好用的软件吗？
男：我现在用的就挺好，我一会儿把下载地址发给你吧。
女：谢谢，我马上就装上。
问：男的接下来可能会做什么？

29. 女：恭喜你顺利进入了决赛！
10-29
男：剩下的人一个比一个强，能不能取得名次就要凭运气了。
女：凭你的实力，只要正常发挥，进前三名不是大问题。
男：谢谢你的支持和鼓励，我会努力的。
问：关于男的进决赛，女的有什么看法？

30. 男：亲爱的，我的那套西服呢？

10-30 女：黑色的那套吗？我昨天把它捐出去了。

男：啊？我明天穿什么呢？

女：放心吧，我给你买了一套新的，就在衣柜里挂着。明天穿新的吧。

问：根据对话，下列哪项正确？

第31到32题是根据下面一段话：

10-31

首都博物馆对志愿解说员的工作量要求是"保证每周至少来馆服务一次，每次不少于2个小时，每年服务时间不少于100小时"。可是许多志愿者的服务时间远远超过了这个标准。博物馆志愿解说员们没有任何报酬，他们的动力来自对博物馆文化的热爱，来自与观众互动中交流的乐趣。他们给参观者留下了深刻的印象。

31. 志愿者解说员每年的服务时间应该不少
10-32 于多少小时？

32. 为什么很多志愿者的服务时间远远超过
10-33 了标准？

第33到35题是根据下面一段话：

10-34

一个记者正忙着写稿子，他6岁的孩子却在旁边想叫他陪自己玩儿。记者于是将一本杂志里面的世界地图撕成好几片，让孩子先把这些纸重新组合成世界地图，然后再找他玩儿。过了不到5分钟，孩子说："爸爸，我拼好了，现在陪我玩儿吧。"记者很生气地说："你要玩儿是可以理解的，但是不能说谎。"孩子很委屈，说："但是我真的拼好了。"记者一看，世界地图果真被拼好了。他问："这么短的时间里，你是怎么弄

的？"孩子说："这张地图的背面是一个人的图像，我看着这个人的图像拼，这个世界地图自然就完整了。"

33. 那个记者为什么让孩子拼世界地图？
10-35

34. 孩子为什么觉得委屈？
10-36

35. 孩子是怎么快速拼成功的？
10-37

第36到38题是根据下面一段话：

10-38

有一个人在沙漠中迷失了方向，水都喝完了，只剩下一个苹果。他高兴地大声喊道："太幸运了！我还有一个苹果。"他把苹果紧紧地握在手中，因为这是他唯一的希望。他在一望无际的沙漠里走着，渴得要命，很想咬一口苹果。但是，他马上告诉自己，还是留到最渴的时候再吃吧。于是他在烈日下艰难地行走。就这样，他坚持了两天，终于找到了水源。他看着手中的苹果，这个苹果已经干瘪了，但是他没有把苹果扔掉，而是放进了怀里。因为他就是靠这个苹果才找到了水源，就是这个苹果，救了他的命。

36. 那个人在沙漠里遇到什么问题了？
10-39

37. 那个人为什么不吃苹果？
10-40

38. 关于那个人，下列哪项正确？
10-41

第 39 到 41 题是根据下面一段话：

10-42

　　文彦博是北宋时期的政治家。他自幼天资聪颖，幼年与伙伴玩儿球时，一不小心，球掉进一棵大树的树洞里去。小朋友尝试把手伸进树洞取球，可是树洞太深，怎么也摸不到底，大家都不知道如何是好。文彦博看着树洞想了一会儿，说："我有个办法，可以试一试！"随后他叫几个小朋友提来几桶水，把水一桶一桶往树洞里灌，不一会儿水就把树洞给灌满了，皮球也忽忽悠悠地浮了上来。文彦博幼年树洞灌水取球的故事，至今在广大青少年中广为流传。

39. 关于那棵大树，可以知道什么？

10-43

40. 文彦博为什么要往树洞里倒水？

10-44

41. 关于文彦博，可以知道什么？

10-45

第 42 到 43 题是根据下面一段话：

10-46

　　一个大饭店的客人越来越多，饭店老板准备安装一部新电梯。但是工程师说饭店必须停业半年。可是停业那么长时间，营业额会有损失，因此老板很矛盾。这时，饭店的一位清洁工听到他们的话，随口说："要是我，就直接在屋外安装电梯。"所有的人都说不出话来，而老板突然明白了该怎么做。在建筑史上，这也是第一次把电梯安装在室外。

42. 老板为什么觉得矛盾？

10-47

43. 老板最后准备怎么做？

10-48

第 44 到 45 题是根据下面一段话：

10-49

　　一个小孩儿很喜欢吃糖，去买糖时总喜欢找同一个售货员。因为别的售货员都是先抓一大把拿去称，再把多了的糖一颗一颗拿走。但那个比较可爱的售货员，则每次都抓得不多，然后再一颗一颗往上加。虽然最后拿到的糖在数量上并没有什么差别，但小孩儿就是喜欢后者。这一"卖糖哲学"告诉人们：生活中，同样的付出，仅仅因为方法不同，其效果是不一样的。

44. 那个孩子为什么喜欢找同一个售货员买糖？

10-50

45. 这段话主要想告诉我们什么？

10-51

听力考试现在结束。

汉 语 水 平 考 试 HSK (五 级) 答 题 卡 ■

一、听力

1. [A] [B] [C] [D]　6. [A] [B] [C] [D]　11. [A] [B] [C] [D]　16. [A] [B] [C] [D]　21. [A] [B] [C] [D]
2. [A] [B] [C] [D]　7. [A] [B] [C] [D]　12. [A] [B] [C] [D]　17. [A] [B] [C] [D]　22. [A] [B] [C] [D]
3. [A] [B] [C] [D]　8. [A] [B] [C] [D]　13. [A] [B] [C] [D]　18. [A] [B] [C] [D]　23. [A] [B] [C] [D]
4. [A] [B] [C] [D]　9. [A] [B] [C] [D]　14. [A] [B] [C] [D]　19. [A] [B] [C] [D]　24. [A] [B] [C] [D]
5. [A] [B] [C] [D]　10. [A] [B] [C] [D]　15. [A] [B] [C] [D]　20. [A] [B] [C] [D]　25. [A] [B] [C] [D]

26. [A] [B] [C] [D]　31. [A] [B] [C] [D]　36. [A] [B] [C] [D]　41. [A] [B] [C] [D]
27. [A] [B] [C] [D]　32. [A] [B] [C] [D]　37. [A] [B] [C] [D]　42. [A] [B] [C] [D]
28. [A] [B] [C] [D]　33. [A] [B] [C] [D]　38. [A] [B] [C] [D]　43. [A] [B] [C] [D]
29. [A] [B] [C] [D]　34. [A] [B] [C] [D]　39. [A] [B] [C] [D]　44. [A] [B] [C] [D]
30. [A] [B] [C] [D]　35. [A] [B] [C] [D]　40. [A] [B] [C] [D]　45. [A] [B] [C] [D]

二、阅读

46. [A] [B] [C] [D]　51. [A] [B] [C] [D]　56. [A] [B] [C] [D]　61. [A] [B] [C] [D]　66. [A] [B] [C] [D]
47. [A] [B] [C] [D]　52. [A] [B] [C] [D]　57. [A] [B] [C] [D]　62. [A] [B] [C] [D]　67. [A] [B] [C] [D]
48. [A] [B] [C] [D]　53. [A] [B] [C] [D]　58. [A] [B] [C] [D]　63. [A] [B] [C] [D]　68. [A] [B] [C] [D]
49. [A] [B] [C] [D]　54. [A] [B] [C] [D]　59. [A] [B] [C] [D]　64. [A] [B] [C] [D]　69. [A] [B] [C] [D]
50. [A] [B] [C] [D]　55. [A] [B] [C] [D]　60. [A] [B] [C] [D]　65. [A] [B] [C] [D]　70. [A] [B] [C] [D]

71. [A] [B] [C] [D]　76. [A] [B] [C] [D]　81. [A] [B] [C] [D]　86. [A] [B] [C] [D]
72. [A] [B] [C] [D]　77. [A] [B] [C] [D]　82. [A] [B] [C] [D]　87. [A] [B] [C] [D]
73. [A] [B] [C] [D]　78. [A] [B] [C] [D]　83. [A] [B] [C] [D]　88. [A] [B] [C] [D]
74. [A] [B] [C] [D]　79. [A] [B] [C] [D]　84. [A] [B] [C] [D]　89. [A] [B] [C] [D]
75. [A] [B] [C] [D]　80. [A] [B] [C] [D]　85. [A] [B] [C] [D]　90. [A] [B] [C] [D]

三、书写

91.

92.

93.

94.

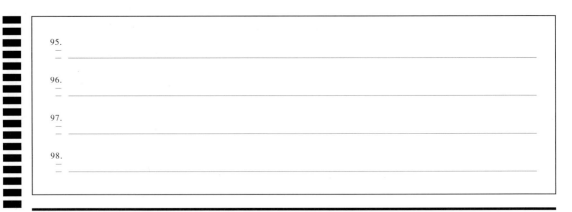

汉 语 水 平 考 试 HSK（五级）答 题 卡

95.

96.

97.

98.

99.

48

80

100.

48

80

汉语水平考试 HSK（五级）答题卡 ■

一、听力

1. [A] [B] [C] [D]　　6. [A] [B] [C] [D]　　11. [A] [B] [C] [D]　　16. [A] [B] [C] [D]　　21. [A] [B] [C] [D]
2. [A] [B] [C] [D]　　7. [A] [B] [C] [D]　　12. [A] [B] [C] [D]　　17. [A] [B] [C] [D]　　22. [A] [B] [C] [D]
3. [A] [B] [C] [D]　　8. [A] [B] [C] [D]　　13. [A] [B] [C] [D]　　18. [A] [B] [C] [D]　　23. [A] [B] [C] [D]
4. [A] [B] [C] [D]　　9. [A] [B] [C] [D]　　14. [A] [B] [C] [D]　　19. [A] [B] [C] [D]　　24. [A] [B] [C] [D]
5. [A] [B] [C] [D]　　10. [A] [B] [C] [D]　　15. [A] [B] [C] [D]　　20. [A] [B] [C] [D]　　25. [A] [B] [C] [D]

26. [A] [B] [C] [D]　　31. [A] [B] [C] [D]　　36. [A] [B] [C] [D]　　41. [A] [B] [C] [D]
27. [A] [B] [C] [D]　　32. [A] [B] [C] [D]　　37. [A] [B] [C] [D]　　42. [A] [B] [C] [D]
28. [A] [B] [C] [D]　　33. [A] [B] [C] [D]　　38. [A] [B] [C] [D]　　43. [A] [B] [C] [D]
29. [A] [B] [C] [D]　　34. [A] [B] [C] [D]　　39. [A] [B] [C] [D]　　44. [A] [B] [C] [D]
30. [A] [B] [C] [D]　　35. [A] [B] [C] [D]　　40. [A] [B] [C] [D]　　45. [A] [B] [C] [D]

二、阅读

46. [A] [B] [C] [D]　　51. [A] [B] [C] [D]　　56. [A] [B] [C] [D]　　61. [A] [B] [C] [D]　　66. [A] [B] [C] [D]
47. [A] [B] [C] [D]　　52. [A] [B] [C] [D]　　57. [A] [B] [C] [D]　　62. [A] [B] [C] [D]　　67. [A] [B] [C] [D]
48. [A] [B] [C] [D]　　53. [A] [B] [C] [D]　　58. [A] [B] [C] [D]　　63. [A] [B] [C] [D]　　68. [A] [B] [C] [D]
49. [A] [B] [C] [D]　　54. [A] [B] [C] [D]　　59. [A] [B] [C] [D]　　64. [A] [B] [C] [D]　　69. [A] [B] [C] [D]
50. [A] [B] [C] [D]　　55. [A] [B] [C] [D]　　60. [A] [B] [C] [D]　　65. [A] [B] [C] [D]　　70. [A] [B] [C] [D]

71. [A] [B] [C] [D]　　76. [A] [B] [C] [D]　　81. [A] [B] [C] [D]　　86. [A] [B] [C] [D]
72. [A] [B] [C] [D]　　77. [A] [B] [C] [D]　　82. [A] [B] [C] [D]　　87. [A] [B] [C] [D]
73. [A] [B] [C] [D]　　78. [A] [B] [C] [D]　　83. [A] [B] [C] [D]　　88. [A] [B] [C] [D]
74. [A] [B] [C] [D]　　79. [A] [B] [C] [D]　　84. [A] [B] [C] [D]　　89. [A] [B] [C] [D]
75. [A] [B] [C] [D]　　80. [A] [B] [C] [D]　　85. [A] [B] [C] [D]　　90. [A] [B] [C] [D]

三、书写

91.

92.

93.

94.

汉语水平考试 HSK (五级) 答题卡 ■

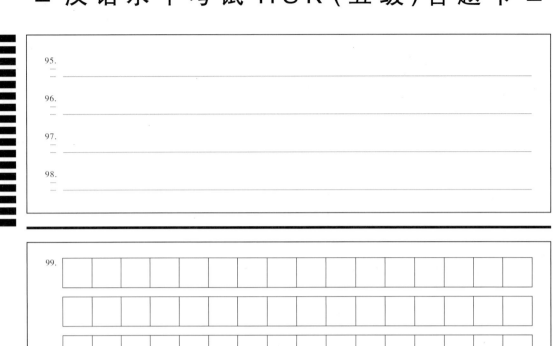

95.

96.

97.

98.

99.

48

80

100.

48

80

不要写到框线以外！

■ 汉 语 水 平 考 试 ＨＳＫ (五级) 答 题 卡 ■

一、听力

1. [A] [B] [C] [D]　　6. [A] [B] [C] [D]　　11. [A] [B] [C] [D]　　16. [A] [B] [C] [D]　　21. [A] [B] [C] [D]
2. [A] [B] [C] [D]　　7. [A] [B] [C] [D]　　12. [A] [B] [C] [D]　　17. [A] [B] [C] [D]　　22. [A] [B] [C] [D]
3. [A] [B] [C] [D]　　8. [A] [B] [C] [D]　　13. [A] [B] [C] [D]　　18. [A] [B] [C] [D]　　23. [A] [B] [C] [D]
4. [A] [B] [C] [D]　　9. [A] [B] [C] [D]　　14. [A] [B] [C] [D]　　19. [A] [B] [C] [D]　　24. [A] [B] [C] [D]
5. [A] [B] [C] [D]　　10. [A] [B] [C] [D]　　15. [A] [B] [C] [D]　　20. [A] [B] [C] [D]　　25. [A] [B] [C] [D]

26. [A] [B] [C] [D]　　31. [A] [B] [C] [D]　　36. [A] [B] [C] [D]　　41. [A] [B] [C] [D]
27. [A] [B] [C] [D]　　32. [A] [B] [C] [D]　　37. [A] [B] [C] [D]　　42. [A] [B] [C] [D]
28. [A] [B] [C] [D]　　33. [A] [B] [C] [D]　　38. [A] [B] [C] [D]　　43. [A] [B] [C] [D]
29. [A] [B] [C] [D]　　34. [A] [B] [C] [D]　　39. [A] [B] [C] [D]　　44. [A] [B] [C] [D]
30. [A] [B] [C] [D]　　35. [A] [B] [C] [D]　　40. [A] [B] [C] [D]　　45. [A] [B] [C] [D]

二、阅读

46. [A] [B] [C] [D]　　51. [A] [B] [C] [D]　　56. [A] [B] [C] [D]　　61. [A] [B] [C] [D]　　66. [A] [B] [C] [D]
47. [A] [B] [C] [D]　　52. [A] [B] [C] [D]　　57. [A] [B] [C] [D]　　62. [A] [B] [C] [D]　　67. [A] [B] [C] [D]
48. [A] [B] [C] [D]　　53. [A] [B] [C] [D]　　58. [A] [B] [C] [D]　　63. [A] [B] [C] [D]　　68. [A] [B] [C] [D]
49. [A] [B] [C] [D]　　54. [A] [B] [C] [D]　　59. [A] [B] [C] [D]　　64. [A] [B] [C] [D]　　69. [A] [B] [C] [D]
50. [A] [B] [C] [D]　　55. [A] [B] [C] [D]　　60. [A] [B] [C] [D]　　65. [A] [B] [C] [D]　　70. [A] [B] [C] [D]

71. [A] [B] [C] [D]　　76. [A] [B] [C] [D]　　81. [A] [B] [C] [D]　　86. [A] [B] [C] [D]
72. [A] [B] [C] [D]　　77. [A] [B] [C] [D]　　82. [A] [B] [C] [D]　　87. [A] [B] [C] [D]
73. [A] [B] [C] [D]　　78. [A] [B] [C] [D]　　83. [A] [B] [C] [D]　　88. [A] [B] [C] [D]
74. [A] [B] [C] [D]　　79. [A] [B] [C] [D]　　84. [A] [B] [C] [D]　　89. [A] [B] [C] [D]
75. [A] [B] [C] [D]　　80. [A] [B] [C] [D]　　85. [A] [B] [C] [D]　　90. [A] [B] [C] [D]

三、书写

91.

92.

93.

94.

汉语水平考试 HSK（五级）答题卡 ■

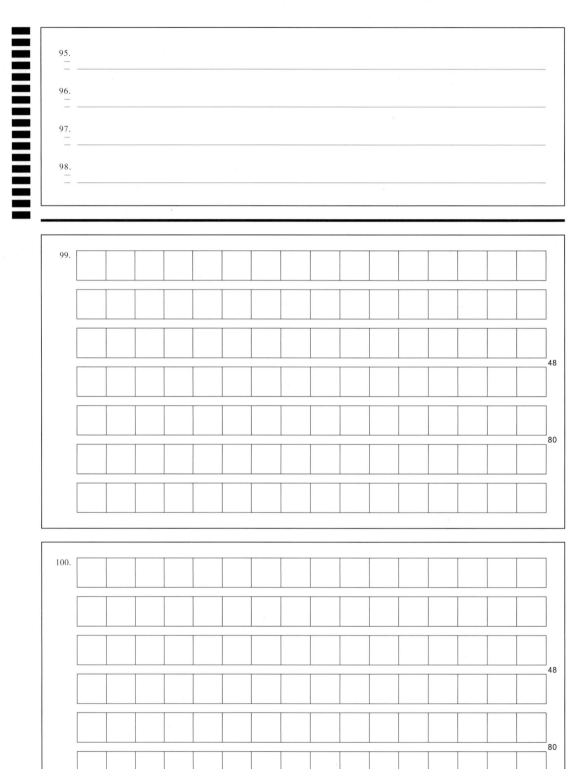

95.

96.

97.

98.

99.

48

80

100.

48

80

汉语水平考试 HSK（五级）答题卡 ■

请填写考生信息

按照考试证件上的姓名填写：

姓名	

如果有中文姓名，请填写：

中文姓名	

考生序号	[0] [1] [2] [3] [4] [5] [6] [7] [8] [9]
	[0] [1] [2] [3] [4] [5] [6] [7] [8] [9]
	[0] [1] [2] [3] [4] [5] [6] [7] [8] [9]
	[0] [1] [2] [3] [4] [5] [6] [7] [8] [9]
	[0] [1] [2] [3] [4] [5] [6] [7] [8] [9]

请填写考点信息

考点代码	[0] [1] [2] [3] [4] [5] [6] [7] [8] [9]
	[0] [1] [2] [3] [4] [5] [6] [7] [8] [9]
	[0] [1] [2] [3] [4] [5] [6] [7] [8] [9]
	[0] [1] [2] [3] [4] [5] [6] [7] [8] [9]
	[0] [1] [2] [3] [4] [5] [6] [7] [8] [9]
	[0] [1] [2] [3] [4] [5] [6] [7] [8] [9]
	[0] [1] [2] [3] [4] [5] [6] [7] [8] [9]

国籍	[0] [1] [2] [3] [4] [5] [6] [7] [8] [9]
	[0] [1] [2] [3] [4] [5] [6] [7] [8] [9]
	[0] [1] [2] [3] [4] [5] [6] [7] [8] [9]

年龄	[0] [1] [2] [3] [4] [5] [6] [7] [8] [9]
	[0] [1] [2] [3] [4] [5] [6] [7] [8] [9]

性别	男 [1]　　　　女 [2]

注意	请用2B铅笔这样写： ■

一、听力

1. [A] [B] [C] [D]　　6. [A] [B] [C] [D]　　11. [A] [B] [C] [D]　　16. [A] [B] [C] [D]　　21. [A] [B] [C] [D]
2. [A] [B] [C] [D]　　7. [A] [B] [C] [D]　　12. [A] [B] [C] [D]　　17. [A] [B] [C] [D]　　22. [A] [B] [C] [D]
3. [A] [B] [C] [D]　　8. [A] [B] [C] [D]　　13. [A] [B] [C] [D]　　18. [A] [B] [C] [D]　　23. [A] [B] [C] [D]
4. [A] [B] [C] [D]　　9. [A] [B] [C] [D]　　14. [A] [B] [C] [D]　　19. [A] [B] [C] [D]　　24. [A] [B] [C] [D]
5. [A] [B] [C] [D]　　10. [A] [B] [C] [D]　　15. [A] [B] [C] [D]　　20. [A] [B] [C] [D]　　25. [A] [B] [C] [D]

26. [A] [B] [C] [D]　　31. [A] [B] [C] [D]　　36. [A] [B] [C] [D]　　41. [A] [B] [C] [D]
27. [A] [B] [C] [D]　　32. [A] [B] [C] [D]　　37. [A] [B] [C] [D]　　42. [A] [B] [C] [D]
28. [A] [B] [C] [D]　　33. [A] [B] [C] [D]　　38. [A] [B] [C] [D]　　43. [A] [B] [C] [D]
29. [A] [B] [C] [D]　　34. [A] [B] [C] [D]　　39. [A] [B] [C] [D]　　44. [A] [B] [C] [D]
30. [A] [B] [C] [D]　　35. [A] [B] [C] [D]　　40. [A] [B] [C] [D]　　45. [A] [B] [C] [D]

二、阅读

46. [A] [B] [C] [D]　　51. [A] [B] [C] [D]　　56. [A] [B] [C] [D]　　61. [A] [B] [C] [D]　　66. [A] [B] [C] [D]
47. [A] [B] [C] [D]　　52. [A] [B] [C] [D]　　57. [A] [B] [C] [D]　　62. [A] [B] [C] [D]　　67. [A] [B] [C] [D]
48. [A] [B] [C] [D]　　53. [A] [B] [C] [D]　　58. [A] [B] [C] [D]　　63. [A] [B] [C] [D]　　68. [A] [B] [C] [D]
49. [A] [B] [C] [D]　　54. [A] [B] [C] [D]　　59. [A] [B] [C] [D]　　64. [A] [B] [C] [D]　　69. [A] [B] [C] [D]
50. [A] [B] [C] [D]　　55. [A] [B] [C] [D]　　60. [A] [B] [C] [D]　　65. [A] [B] [C] [D]　　70. [A] [B] [C] [D]

71. [A] [B] [C] [D]　　76. [A] [B] [C] [D]　　81. [A] [B] [C] [D]　　86. [A] [B] [C] [D]
72. [A] [B] [C] [D]　　77. [A] [B] [C] [D]　　82. [A] [B] [C] [D]　　87. [A] [B] [C] [D]
73. [A] [B] [C] [D]　　78. [A] [B] [C] [D]　　83. [A] [B] [C] [D]　　88. [A] [B] [C] [D]
74. [A] [B] [C] [D]　　79. [A] [B] [C] [D]　　84. [A] [B] [C] [D]　　89. [A] [B] [C] [D]
75. [A] [B] [C] [D]　　80. [A] [B] [C] [D]　　85. [A] [B] [C] [D]　　90. [A] [B] [C] [D]

三、书写

91.

92.

93.

94.

不要写到框线以外！　　　　　　95-100题接背面

汉语水平考试 HSK（五级）答题卡 ■

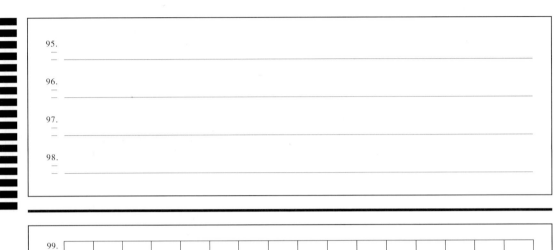

95.

96.

97.

98.

99.

48

80

100.

48

80

不要写到框线以外！

汉 语 水 平 考 试 HSK(五级)答题卡 ■

──请填写考生信息──

按照考试证件上的姓名填写:

姓名	

如果有中文姓名,请填写:

中文姓名	

考生序号	[0] [1] [2] [3] [4] [5] [6] [7] [8] [9]
	[0] [1] [2] [3] [4] [5] [6] [7] [8] [9]
	[0] [1] [2] [3] [4] [5] [6] [7] [8] [9]
	[0] [1] [2] [3] [4] [5] [6] [7] [8] [9]
	[0] [1] [2] [3] [4] [5] [6] [7] [8] [9]

──请填写考点信息──

考点代码	[0] [1] [2] [3] [4] [5] [6] [7] [8] [9]
	[0] [1] [2] [3] [4] [5] [6] [7] [8] [9]
	[0] [1] [2] [3] [4] [5] [6] [7] [8] [9]
	[0] [1] [2] [3] [4] [5] [6] [7] [8] [9]
	[0] [1] [2] [3] [4] [5] [6] [7] [8] [9]
	[0] [1] [2] [3] [4] [5] [6] [7] [8] [9]
	[0] [1] [2] [3] [4] [5] [6] [7] [8] [9]

国籍	[0] [1] [2] [3] [4] [5] [6] [7] [8] [9]
	[0] [1] [2] [3] [4] [5] [6] [7] [8] [9]
	[0] [1] [2] [3] [4] [5] [6] [7] [8] [9]

年龄	[0] [1] [2] [3] [4] [5] [6] [7] [8] [9]
	[0] [1] [2] [3] [4] [5] [6] [7] [8] [9]

性别	男 [1] 女 [2]

注意	请用2B铅笔这样写: ■

一、听力

1. [A] [B] [C] [D]　　6. [A] [B] [C] [D]　　11. [A] [B] [C] [D]　　16. [A] [B] [C] [D]　　21. [A] [B] [C] [D]
2. [A] [B] [C] [D]　　7. [A] [B] [C] [D]　　12. [A] [B] [C] [D]　　17. [A] [B] [C] [D]　　22. [A] [B] [C] [D]
3. [A] [B] [C] [D]　　8. [A] [B] [C] [D]　　13. [A] [B] [C] [D]　　18. [A] [B] [C] [D]　　23. [A] [B] [C] [D]
4. [A] [B] [C] [D]　　9. [A] [B] [C] [D]　　14. [A] [B] [C] [D]　　19. [A] [B] [C] [D]　　24. [A] [B] [C] [D]
5. [A] [B] [C] [D]　　10. [A] [B] [C] [D]　　15. [A] [B] [C] [D]　　20. [A] [B] [C] [D]　　25. [A] [B] [C] [D]

26. [A] [B] [C] [D]　　31. [A] [B] [C] [D]　　36. [A] [B] [C] [D]　　41. [A] [B] [C] [D]
27. [A] [B] [C] [D]　　32. [A] [B] [C] [D]　　37. [A] [B] [C] [D]　　42. [A] [B] [C] [D]
28. [A] [B] [C] [D]　　33. [A] [B] [C] [D]　　38. [A] [B] [C] [D]　　43. [A] [B] [C] [D]
29. [A] [B] [C] [D]　　34. [A] [B] [C] [D]　　39. [A] [B] [C] [D]　　44. [A] [B] [C] [D]
30. [A] [B] [C] [D]　　35. [A] [B] [C] [D]　　40. [A] [B] [C] [D]　　45. [A] [B] [C] [D]

二、阅读

46. [A] [B] [C] [D]　　51. [A] [B] [C] [D]　　56. [A] [B] [C] [D]　　61. [A] [B] [C] [D]　　66. [A] [B] [C] [D]
47. [A] [B] [C] [D]　　52. [A] [B] [C] [D]　　57. [A] [B] [C] [D]　　62. [A] [B] [C] [D]　　67. [A] [B] [C] [D]
48. [A] [B] [C] [D]　　53. [A] [B] [C] [D]　　58. [A] [B] [C] [D]　　63. [A] [B] [C] [D]　　68. [A] [B] [C] [D]
49. [A] [B] [C] [D]　　54. [A] [B] [C] [D]　　59. [A] [B] [C] [D]　　64. [A] [B] [C] [D]　　69. [A] [B] [C] [D]
50. [A] [B] [C] [D]　　55. [A] [B] [C] [D]　　60. [A] [B] [C] [D]　　65. [A] [B] [C] [D]　　70. [A] [B] [C] [D]

71. [A] [B] [C] [D]　　76. [A] [B] [C] [D]　　81. [A] [B] [C] [D]　　86. [A] [B] [C] [D]
72. [A] [B] [C] [D]　　77. [A] [B] [C] [D]　　82. [A] [B] [C] [D]　　87. [A] [B] [C] [D]
73. [A] [B] [C] [D]　　78. [A] [B] [C] [D]　　83. [A] [B] [C] [D]　　88. [A] [B] [C] [D]
74. [A] [B] [C] [D]　　79. [A] [B] [C] [D]　　84. [A] [B] [C] [D]　　89. [A] [B] [C] [D]
75. [A] [B] [C] [D]　　80. [A] [B] [C] [D]　　85. [A] [B] [C] [D]　　90. [A] [B] [C] [D]

三、书写

91. _____

92. _____

93. _____

94. _____

汉语水平考试 HSK (五级) 答题卡 ■

95.

96.

97.

98.

99.

48

80

100.

48

80

不要写到框线以外！

汉语水平考试 HSK（五级）答题卡 ■

──请填写考生信息──

按照考试证件上的姓名填写：

姓名	

如果有中文姓名，请填写：

中文姓名	

考生序号

[0] [1] [2] [3] [4] [5] [6] [7] [8] [9]
[0] [1] [2] [3] [4] [5] [6] [7] [8] [9]
[0] [1] [2] [3] [4] [5] [6] [7] [8] [9]
[0] [1] [2] [3] [4] [5] [6] [7] [8] [9]
[0] [1] [2] [3] [4] [5] [6] [7] [8] [9]

──请填写考点信息──

考点代码

[0] [1] [2] [3] [4] [5] [6] [7] [8] [9]
[0] [1] [2] [3] [4] [5] [6] [7] [8] [9]
[0] [1] [2] [3] [4] [5] [6] [7] [8] [9]
[0] [1] [2] [3] [4] [5] [6] [7] [8] [9]
[0] [1] [2] [3] [4] [5] [6] [7] [8] [9]
[0] [1] [2] [3] [4] [5] [6] [7] [8] [9]
[0] [1] [2] [3] [4] [5] [6] [7] [8] [9]

国籍

[0] [1] [2] [3] [4] [5] [6] [7] [8] [9]
[0] [1] [2] [3] [4] [5] [6] [7] [8] [9]
[0] [1] [2] [3] [4] [5] [6] [7] [8] [9]

年龄

[0] [1] [2] [3] [4] [5] [6] [7] [8] [9]
[0] [1] [2] [3] [4] [5] [6] [7] [8] [9]

性别　　男 [1]　　　　女 [2]

注意　请用2B铅笔这样写：　■

一、听力

1. [A] [B] [C] [D]　　6. [A] [B] [C] [D]　　11. [A] [B] [C] [D]　　16. [A] [B] [C] [D]　　21. [A] [B] [C] [D]
2. [A] [B] [C] [D]　　7. [A] [B] [C] [D]　　12. [A] [B] [C] [D]　　17. [A] [B] [C] [D]　　22. [A] [B] [C] [D]
3. [A] [B] [C] [D]　　8. [A] [B] [C] [D]　　13. [A] [B] [C] [D]　　18. [A] [B] [C] [D]　　23. [A] [B] [C] [D]
4. [A] [B] [C] [D]　　9. [A] [B] [C] [D]　　14. [A] [B] [C] [D]　　19. [A] [B] [C] [D]　　24. [A] [B] [C] [D]
5. [A] [B] [C] [D]　　10. [A] [B] [C] [D]　　15. [A] [B] [C] [D]　　20. [A] [B] [C] [D]　　25. [A] [B] [C] [D]

26. [A] [B] [C] [D]　　31. [A] [B] [C] [D]　　36. [A] [B] [C] [D]　　41. [A] [B] [C] [D]
27. [A] [B] [C] [D]　　32. [A] [B] [C] [D]　　37. [A] [B] [C] [D]　　42. [A] [B] [C] [D]
28. [A] [B] [C] [D]　　33. [A] [B] [C] [D]　　38. [A] [B] [C] [D]　　43. [A] [B] [C] [D]
29. [A] [B] [C] [D]　　34. [A] [B] [C] [D]　　39. [A] [B] [C] [D]　　44. [A] [B] [C] [D]
30. [A] [B] [C] [D]　　35. [A] [B] [C] [D]　　40. [A] [B] [C] [D]　　45. [A] [B] [C] [D]

二、阅读

46. [A] [B] [C] [D]　　51. [A] [B] [C] [D]　　56. [A] [B] [C] [D]　　61. [A] [B] [C] [D]　　66. [A] [B] [C] [D]
47. [A] [B] [C] [D]　　52. [A] [B] [C] [D]　　57. [A] [B] [C] [D]　　62. [A] [B] [C] [D]　　67. [A] [B] [C] [D]
48. [A] [B] [C] [D]　　53. [A] [B] [C] [D]　　58. [A] [B] [C] [D]　　63. [A] [B] [C] [D]　　68. [A] [B] [C] [D]
49. [A] [B] [C] [D]　　54. [A] [B] [C] [D]　　59. [A] [B] [C] [D]　　64. [A] [B] [C] [D]　　69. [A] [B] [C] [D]
50. [A] [B] [C] [D]　　55. [A] [B] [C] [D]　　60. [A] [B] [C] [D]　　65. [A] [B] [C] [D]　　70. [A] [B] [C] [D]

71. [A] [B] [C] [D]　　76. [A] [B] [C] [D]　　81. [A] [B] [C] [D]　　86. [A] [B] [C] [D]
72. [A] [B] [C] [D]　　77. [A] [B] [C] [D]　　82. [A] [B] [C] [D]　　87. [A] [B] [C] [D]
73. [A] [B] [C] [D]　　78. [A] [B] [C] [D]　　83. [A] [B] [C] [D]　　88. [A] [B] [C] [D]
74. [A] [B] [C] [D]　　79. [A] [B] [C] [D]　　84. [A] [B] [C] [D]　　89. [A] [B] [C] [D]
75. [A] [B] [C] [D]　　80. [A] [B] [C] [D]　　85. [A] [B] [C] [D]　　90. [A] [B] [C] [D]

三、书写

91.

92.

93.

94.

■ 汉 语 水 平 考 试 HSK（五 级）答 题 卡 ■

95. _____

96. _____

97. _____

98. _____

99.

100.

汉语水平考试 HSK（五级）答题卡 ■

──请填写考生信息──

按照考试证件上的姓名填写：

| 姓名 | |

如果有中文姓名，请填写：

| 中文姓名 | |

考生序号

[0] [1] [2] [3] [4] [5] [6] [7] [8] [9]
[0] [1] [2] [3] [4] [5] [6] [7] [8] [9]
[0] [1] [2] [3] [4] [5] [6] [7] [8] [9]
[0] [1] [2] [3] [4] [5] [6] [7] [8] [9]
[0] [1] [2] [3] [4] [5] [6] [7] [8] [9]

──请填写考点信息──

考点代码

[0] [1] [2] [3] [4] [5] [6] [7] [8] [9]
[0] [1] [2] [3] [4] [5] [6] [7] [8] [9]
[0] [1] [2] [3] [4] [5] [6] [7] [8] [9]
[0] [1] [2] [3] [4] [5] [6] [7] [8] [9]
[0] [1] [2] [3] [4] [5] [6] [7] [8] [9]
[0] [1] [2] [3] [4] [5] [6] [7] [8] [9]
[0] [1] [2] [3] [4] [5] [6] [7] [8] [9]

国籍

[0] [1] [2] [3] [4] [5] [6] [7] [8] [9]
[0] [1] [2] [3] [4] [5] [6] [7] [8] [9]
[0] [1] [2] [3] [4] [5] [6] [7] [8] [9]

年龄

[0] [1] [2] [3] [4] [5] [6] [7] [8] [9]
[0] [1] [2] [3] [4] [5] [6] [7] [8] [9]

性别　　　　男 [1]　　　　　　女 [2]

注意　请用2B铅笔这样写：■

一、听力

1. [A] [B] [C] [D]　　6. [A] [B] [C] [D]　　11. [A] [B] [C] [D]　　16. [A] [B] [C] [D]　　21. [A] [B] [C] [D]
2. [A] [B] [C] [D]　　7. [A] [B] [C] [D]　　12. [A] [B] [C] [D]　　17. [A] [B] [C] [D]　　22. [A] [B] [C] [D]
3. [A] [B] [C] [D]　　8. [A] [B] [C] [D]　　13. [A] [B] [C] [D]　　18. [A] [B] [C] [D]　　23. [A] [B] [C] [D]
4. [A] [B] [C] [D]　　9. [A] [B] [C] [D]　　14. [A] [B] [C] [D]　　19. [A] [B] [C] [D]　　24. [A] [B] [C] [D]
5. [A] [B] [C] [D]　　10. [A] [B] [C] [D]　　15. [A] [B] [C] [D]　　20. [A] [B] [C] [D]　　25. [A] [B] [C] [D]

26. [A] [B] [C] [D]　　31. [A] [B] [C] [D]　　36. [A] [B] [C] [D]　　41. [A] [B] [C] [D]
27. [A] [B] [C] [D]　　32. [A] [B] [C] [D]　　37. [A] [B] [C] [D]　　42. [A] [B] [C] [D]
28. [A] [B] [C] [D]　　33. [A] [B] [C] [D]　　38. [A] [B] [C] [D]　　43. [A] [B] [C] [D]
29. [A] [B] [C] [D]　　34. [A] [B] [C] [D]　　39. [A] [B] [C] [D]　　44. [A] [B] [C] [D]
30. [A] [B] [C] [D]　　35. [A] [B] [C] [D]　　40. [A] [B] [C] [D]　　45. [A] [B] [C] [D]

二、阅读

46. [A] [B] [C] [D]　　51. [A] [B] [C] [D]　　56. [A] [B] [C] [D]　　61. [A] [B] [C] [D]　　66. [A] [B] [C] [D]
47. [A] [B] [C] [D]　　52. [A] [B] [C] [D]　　57. [A] [B] [C] [D]　　62. [A] [B] [C] [D]　　67. [A] [B] [C] [D]
48. [A] [B] [C] [D]　　53. [A] [B] [C] [D]　　58. [A] [B] [C] [D]　　63. [A] [B] [C] [D]　　68. [A] [B] [C] [D]
49. [A] [B] [C] [D]　　54. [A] [B] [C] [D]　　59. [A] [B] [C] [D]　　64. [A] [B] [C] [D]　　69. [A] [B] [C] [D]
50. [A] [B] [C] [D]　　55. [A] [B] [C] [D]　　60. [A] [B] [C] [D]　　65. [A] [B] [C] [D]　　70. [A] [B] [C] [D]

71. [A] [B] [C] [D]　　76. [A] [B] [C] [D]　　81. [A] [B] [C] [D]　　86. [A] [B] [C] [D]
72. [A] [B] [C] [D]　　77. [A] [B] [C] [D]　　82. [A] [B] [C] [D]　　87. [A] [B] [C] [D]
73. [A] [B] [C] [D]　　78. [A] [B] [C] [D]　　83. [A] [B] [C] [D]　　88. [A] [B] [C] [D]
74. [A] [B] [C] [D]　　79. [À] [B] [C] [D]　　84. [A] [B] [C] [D]　　89. [A] [B] [C] [D]
75. [A] [B] [C] [D]　　80. [A] [B] [C] [D]　　85. [A] [B] [C] [D]　　90. [A] [B] [C] [D]

三、书写

91.

92.

93.

94.

汉语水平考试 HSK（五级）答题卡 ■

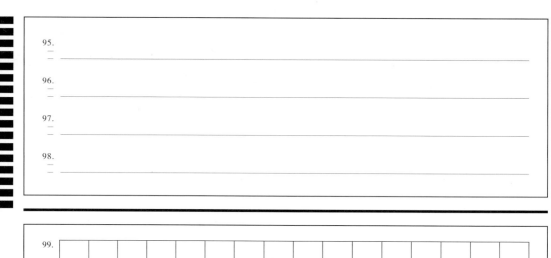

95. _____

96. _____

97. _____

98. _____

99.

48

80

100.

48

80

汉语水平考试 HSK（五级）答题卡 ■

──请填写考生信息──

按照考试证件上的姓名填写：

| 姓名 | |

如果有中文姓名，请填写：

| 中文姓名 | |

考生序号	[0] [1] [2] [3] [4] [5] [6] [7] [8] [9]
	[0] [1] [2] [3] [4] [5] [6] [7] [8] [9]
	[0] [1] [2] [3] [4] [5] [6] [7] [8] [9]
	[0] [1] [2] [3] [4] [5] [6] [7] [8] [9]
	[0] [1] [2] [3] [4] [5] [6] [7] [8] [9]

──请填写考点信息──

考点代码	[0] [1] [2] [3] [4] [5] [6] [7] [8] [9]
	[0] [1] [2] [3] [4] [5] [6] [7] [8] [9]
	[0] [1] [2] [3] [4] [5] [6] [7] [8] [9]
	[0] [1] [2] [3] [4] [5] [6] [7] [8] [9]
	[0] [1] [2] [3] [4] [5] [6] [7] [8] [9]
	[0] [1] [2] [3] [4] [5] [6] [7] [8] [9]
	[0] [1] [2] [3] [4] [5] [6] [7] [8] [9]

国籍	[0] [1] [2] [3] [4] [5] [6] [7] [8] [9]
	[0] [1] [2] [3] [4] [5] [6] [7] [8] [9]
	[0] [1] [2] [3] [4] [5] [6] [7] [8] [9]

| 年龄 | [0] [1] [2] [3] [4] [5] [6] [7] [8] [9] |
| | [0] [1] [2] [3] [4] [5] [6] [7] [8] [9] |

| 性别 | 男 [1]　　　　女 [2] |

| 注意 | 请用2B铅笔这样写： ■ |

一、听力

1. [A] [B] [C] [D]　　6. [A] [B] [C] [D]　　11. [A] [B] [C] [D]　　16. [A] [B] [C] [D]　　21. [A] [B] [C] [D]
2. [A] [B] [C] [D]　　7. [A] [B] [C] [D]　　12. [A] [B] [C] [D]　　17. [A] [B] [C] [D]　　22. [A] [B] [C] [D]
3. [A] [B] [C] [D]　　8. [A] [B] [C] [D]　　13. [A] [B] [C] [D]　　18. [A] [B] [C] [D]　　23. [A] [B] [C] [D]
4. [A] [B] [C] [D]　　9. [A] [B] [C] [D]　　14. [A] [B] [C] [D]　　19. [A] [B] [C] [D]　　24. [A] [B] [C] [D]
5. [A] [B] [C] [D]　　10. [A] [B] [C] [D]　　15. [A] [B] [C] [D]　　20. [A] [B] [C] [D]　　25. [A] [B] [C] [D]

26. [A] [B] [C] [D]　　31. [A] [B] [C] [D]　　36. [A] [B] [C] [D]　　41. [A] [B] [C] [D]
27. [A] [B] [C] [D]　　32. [A] [B] [C] [D]　　37. [A] [B] [C] [D]　　42. [A] [B] [C] [D]
28. [A] [B] [C] [D]　　33. [A] [B] [C] [D]　　38. [A] [B] [C] [D]　　43. [A] [B] [C] [D]
29. [A] [B] [C] [D]　　34. [A] [B] [C] [D]　　39. [A] [B] [C] [D]　　44. [A] [B] [C] [D]
30. [A] [B] [C] [D]　　35. [A] [B] [C] [D]　　40. [A] [B] [C] [D]　　45. [A] [B] [C] [D]

二、阅读

46. [A] [B] [C] [D]　　51. [A] [B] [C] [D]　　56. [A] [B] [C] [D]　　61. [A] [B] [C] [D]　　66. [A] [B] [C] [D]
47. [A] [B] [C] [D]　　52. [A] [B] [C] [D]　　57. [A] [B] [C] [D]　　62. [A] [B] [C] [D]　　67. [A] [B] [C] [D]
48. [A] [B] [C] [D]　　53. [A] [B] [C] [D]　　58. [A] [B] [C] [D]　　63. [A] [B] [C] [D]　　68. [A] [B] [C] [D]
49. [A] [B] [C] [D]　　54. [A] [B] [C] [D]　　59. [A] [B] [C] [D]　　64. [A] [B] [C] [D]　　69. [A] [B] [C] [D]
50. [A] [B] [C] [D]　　55. [A] [B] [C] [D]　　60. [A] [B] [C] [D]　　65. [A] [B] [C] [D]　　70. [A] [B] [C] [D]

71. [A] [B] [C] [D]　　76. [A] [B] [C] [D]　　81. [A] [B] [C] [D]　　86. [A] [B] [C] [D]
72. [A] [B] [C] [D]　　77. [A] [B] [C] [D]　　82. [A] [B] [C] [D]　　87. [A] [B] [C] [D]
73. [A] [B] [C] [D]　　78. [A] [B] [C] [D]　　83. [A] [B] [C] [D]　　88. [A] [B] [C] [D]
74. [A] [B] [C] [D]　　79. [A] [B] [C] [D]　　84. [A] [B] [C] [D]　　89. [A] [B] [C] [D]
75. [A] [B] [C] [D]　　80. [A] [B] [C] [D]　　85. [A] [B] [C] [D]　　90. [A] [B] [C] [D]

三、书写

91.

92.

93.

94.

汉语水平考试 HSK（五级）答题卡

95.

96.

97.

98.

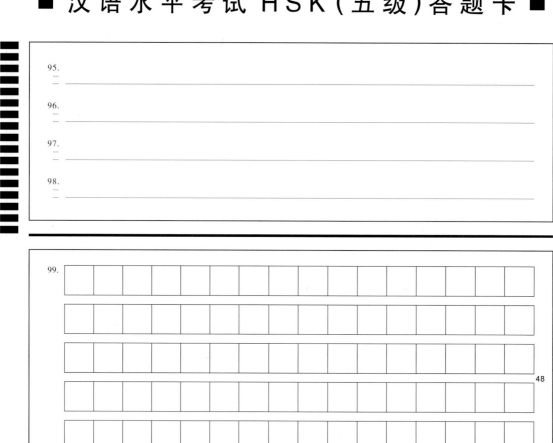

99.

48

80

100.

48

80

■ 汉 语 水 平 考 试 HSK（五级）答 题 卡 ■

注意	请用2B铅笔这样写：■

一、听力

1. [A] [B] [C] [D]　　6. [A] [B] [C] [D]　　11. [A] [B] [C] [D]　　16. [A] [B] [C] [D]　　21. [A] [B] [C] [D]
2. [A] [B] [C] [D]　　7. [A] [B] [C] [D]　　12. [A] [B] [C] [D]　　17. [A] [B] [C] [D]　　22. [A] [B] [C] [D]
3. [A] [B] [C] [D]　　8. [A] [B] [C] [D]　　13. [A] [B] [C] [D]　　18. [A] [B] [C] [D]　　23. [A] [B] [C] [D]
4. [A] [B] [C] [D]　　9. [A] [B] [C] [D]　　14. [A] [B] [C] [D]　　19. [A] [B] [C] [D]　　24. [A] [B] [C] [D]
5. [A] [B] [C] [D]　　10. [A] [B] [C] [D]　　15. [A] [B] [C] [D]　　20. [A] [B] [C] [D]　　25. [A] [B] [C] [D]

26. [A] [B] [C] [D]　　31. [A] [B] [C] [D]　　36. [A] [B] [C] [D]　　41. [A] [B] [C] [D]
27. [A] [B] [C] [D]　　32. [A] [B] [C] [D]　　37. [A] [B] [C] [D]　　42. [A] [B] [C] [D]
28. [A] [B] [C] [D]　　33. [A] [B] [C] [D]　　38. [A] [B] [C] [D]　　43. [A] [B] [C] [D]
29. [A] [B] [C] [D]　　34. [A] [B] [C] [D]　　39. [A] [B] [C] [D]　　44. [A] [B] [C] [D]
30. [A] [B] [C] [D]　　35. [A] [B] [C] [D]　　40. [A] [B] [C] [D]　　45. [A] [B] [C] [D]

二、阅读

46. [A] [B] [C] [D]　　51. [A] [B] [C] [D]　　56. [A] [B] [C] [D]　　61. [A] [B] [C] [D]　　66. [A] [B] [C] [D]
47. [A] [B] [C] [D]　　52. [A] [B] [C] [D]　　57. [A] [B] [C] [D]　　62. [A] [B] [C] [D]　　67. [A] [B] [C] [D]
48. [A] [B] [C] [D]　　53. [A] [B] [C] [D]　　58. [A] [B] [C] [D]　　63. [A] [B] [C] [D]　　68. [A] [B] [C] [D]
49. [A] [B] [C] [D]　　54. [A] [B] [C] [D]　　59. [A] [B] [C] [D]　　64. [A] [B] [C] [D]　　69. [A] [B] [C] [D]
50. [A] [B] [C] [D]　　55. [A] [B] [C] [D]　　60. [A] [B] [C] [D]　　65. [A] [B] [C] [D]　　70. [A] [B] [C] [D]

71. [A] [B] [C] [D]　　76. [A] [B] [C] [D]　　81. [A] [B] [C] [D]　　86. [A] [B] [C] [D]
72. [A] [B] [C] [D]　　77. [A] [B] [C] [D]　　82. [A] [B] [C] [D]　　87. [A] [B] [C] [D]
73. [A] [B] [C] [D]　　78. [A] [B] [C] [D]　　83. [A] [B] [C] [D]　　88. [A] [B] [C] [D]
74. [A] [B] [C] [D]　　79. [A] [B] [C] [D]　　84. [A] [B] [C] [D]　　89. [A] [B] [C] [D]
75. [A] [B] [C] [D]　　80. [A] [B] [C] [D]　　85. [A] [B] [C] [D]　　90. [A] [B] [C] [D]

三、书写

91.
_____

92.
_____

93.
_____

94.
_____

■　　　　　　　不要写到框线以外！　　　　　95-100题接背面

汉语水平考试 HSK（五级）答题卡 ■

95. _____

96. _____

97. _____

98. _____

99.

												48
												80

100.

												48
												80

不要写到框线以外！

汉语水平考试 HSK（五级）答题卡 ■

一、听力

1. [A] [B] [C] [D]　　6. [A] [B] [C] [D]　　11. [A] [B] [C] [D]　　16. [A] [B] [C] [D]　　21. [A] [B] [C] [D]
2. [A] [B] [C] [D]　　7. [A] [B] [C] [D]　　12. [A] [B] [C] [D]　　17. [A] [B] [C] [D]　　22. [A] [B] [C] [D]
3. [A] [B] [C] [D]　　8. [A] [B] [C] [D]　　13. [A] [B] [C] [D]　　18. [A] [B] [C] [D]　　23. [A] [B] [C] [D]
4. [A] [B] [C] [D]　　9. [A] [B] [C] [D]　　14. [A] [B] [C] [D]　　19. [A] [B] [C] [D]　　24. [A] [B] [C] [D]
5. [A] [B] [C] [D]　　10. [A] [B] [C] [D]　　15. [A] [B] [C] [D]　　20. [A] [B] [C] [D]　　25. [A] [B] [C] [D]

26. [A] [B] [C] [D]　　31. [A] [B] [C] [D]　　36. [A] [B] [C] [D]　　41. [A] [B] [C] [D]
27. [A] [B] [C] [D]　　32. [A] [B] [C] [D]　　37. [A] [B] [C] [D]　　42. [A] [B] [C] [D]
28. [A] [B] [C] [D]　　33. [A] [B] [C] [D]　　38. [A] [B] [C] [D]　　43. [A] [B] [C] [D]
29. [A] [B] [C] [D]　　34. [A] [B] [C] [D]　　39. [A] [B] [C] [D]　　44. [A] [B] [C] [D]
30. [A] [B] [C] [D]　　35. [A] [B] [C] [D]　　40. [A] [B] [C] [D]　　45. [A] [B] [C] [D]

二、阅读

46. [A] [B] [C] [D]　　51. [A] [B] [C] [D]　　56. [A] [B] [C] [D]　　61. [A] [B] [C] [D]　　66. [A] [B] [C] [D]
47. [A] [B] [C] [D]　　52. [A] [B] [C] [D]　　57. [A] [B] [C] [D]　　62. [A] [B] [C] [D]　　67. [A] [B] [C] [D]
48. [A] [B] [C] [D]　　53. [A] [B] [C] [D]　　58. [A] [B] [C] [D]　　63. [A] [B] [C] [D]　　68. [A] [B] [C] [D]
49. [A] [B] [C] [D]　　54. [A] [B] [C] [D]　　59. [A] [B] [C] [D]　　64. [A] [B] [C] [D]　　69. [A] [B] [C] [D]
50. [A] [B] [C] [D]　　55. [A] [B] [C] [D]　　60. [A] [B] [C] [D]　　65. [A] [B] [C] [D]　　70. [A] [B] [C] [D]

71. [A] [B] [C] [D]　　76. [A] [B] [C] [D]　　81. [A] [B] [C] [D]　　86. [A] [B] [C] [D]
72. [A] [B] [C] [D]　　77. [A] [B] [C] [D]　　82. [A] [B] [C] [D]　　87. [A] [B] [C] [D]
73. [A] [B] [C] [D]　　78. [A] [B] [C] [D]　　83. [A] [B] [C] [D]　　88. [A] [B] [C] [D]
74. [A] [B] [C] [D]　　79. [A] [B] [C] [D]　　84. [A] [B] [C] [D]　　89. [A] [B] [C] [D]
75. [A] [B] [C] [D]　　80. [A] [B] [C] [D]　　85. [A] [B] [C] [D]　　90. [A] [B] [C] [D]

三、书写

91.

92.

93.

94.

■ 汉 语 水 平 考 试 HSK(五 级)答 题 卡 ■

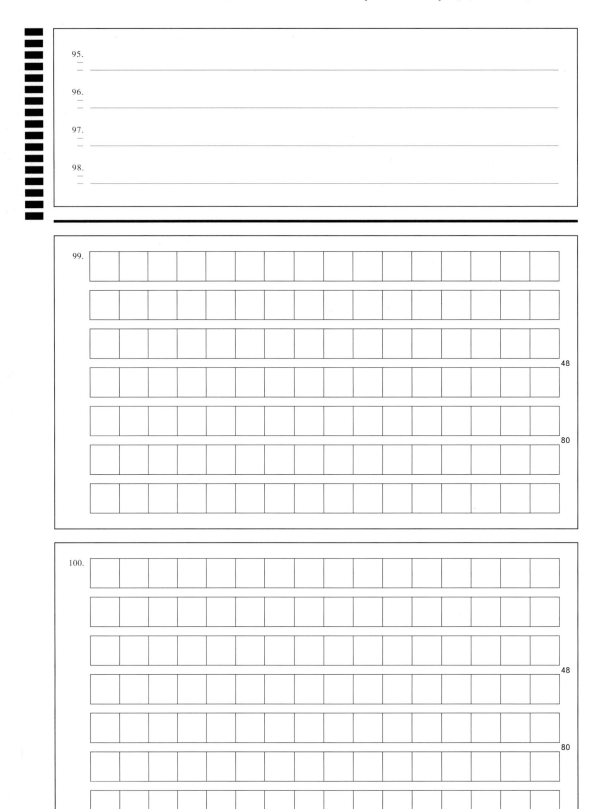

不要写到框线以外!

汉语水平考试 HSK（五级）答题卡 ■

━请填写考生信息━

按照考试证件上的姓名填写：

姓名	

如果有中文姓名，请填写：

中文姓名	

考生序号

[0] [1] [2] [3] [4] [5] [6] [7] [8] [9]
[0] [1] [2] [3] [4] [5] [6] [7] [8] [9]
[0] [1] [2] [3] [4] [5] [6] [7] [8] [9]
[0] [1] [2] [3] [4] [5] [6] [7] [8] [9]
[0] [1] [2] [3] [4] [5] [6] [7] [8] [9]

━请填写考点信息━

考点代码

[0] [1] [2] [3] [4] [5] [6] [7] [8] [9]
[0] [1] [2] [3] [4] [5] [6] [7] [8] [9]
[0] [1] [2] [3] [4] [5] [6] [7] [8] [9]
[0] [1] [2] [3] [4] [5] [6] [7] [8] [9]
[0] [1] [2] [3] [4] [5] [6] [7] [8] [9]
[0] [1] [2] [3] [4] [5] [6] [7] [8] [9]
[0] [1] [2] [3] [4] [5] [6] [7] [8] [9]

国籍

[0] [1] [2] [3] [4] [5] [6] [7] [8] [9]
[0] [1] [2] [3] [4] [5] [6] [7] [8] [9]
[0] [1] [2] [3] [4] [5] [6] [7] [8] [9]

年龄

[0] [1] [2] [3] [4] [5] [6] [7] [8] [9]
[0] [1] [2] [3] [4] [5] [6] [7] [8] [9]

性别　　男 [1]　　　　女 [2]

注意　请用2B铅笔这样写：■

一、听力

1. [A] [B] [C] [D]
2. [A] [B] [C] [D]
3. [A] [B] [C] [D]
4. [A] [B] [C] [D]
5. [A] [B] [C] [D]

6. [A] [B] [C] [D]
7. [A] [B] [C] [D]
8. [A] [B] [C] [D]
9. [A] [B] [C] [D]
10. [A] [B] [C] [D]

11. [A] [B] [C] [D]
12. [A] [B] [C] [D]
13. [A] [B] [C] [D]
14. [A] [B] [C] [D]
15. [A] [B] [C] [D]

16. [A] [B] [C] [D]
17. [A] [B] [C] [D]
18. [A] [B] [C] [D]
19. [A] [B] [C] [D]
20. [A] [B] [C] [D]

21. [A] [B] [C] [D]
22. [A] [B] [C] [D]
23. [A] [B] [C] [D]
24. [A] [B] [C] [D]
25. [A] [B] [C] [D]

26. [A] [B] [C] [D]
27. [A] [B] [C] [D]
28. [A] [B] [C] [D]
29. [A] [B] [C] [D]
30. [A] [B] [C] [D]

31. [A] [B] [C] [D]
32. [A] [B] [C] [D]
33. [A] [B] [C] [D]
34. [A] [B] [C] [D]
35. [A] [B] [C] [D]

36. [A] [B] [C] [D]
37. [A] [B] [C] [D]
38. [A] [B] [C] [D]
39. [A] [B] [C] [D]
40. [A] [B] [C] [D]

41. [A] [B] [C] [D]
42. [A] [B] [C] [D]
43. [A] [B] [C] [D]
44. [A] [B] [C] [D]
45. [A] [B] [C] [D]

二、阅读

46. [A] [B] [C] [D]
47. [A] [B] [C] [D]
48. [A] [B] [C] [D]
49. [A] [B] [C] [D]
50. [A] [B] [C] [D]

51. [A] [B] [C] [D]
52. [A] [B] [C] [D]
53. [A] [B] [C] [D]
54. [A] [B] [C] [D]
55. [A] [B] [C] [D]

56. [A] [B] [C] [D]
57. [A] [B] [C] [D]
58. [A] [B] [C] [D]
59. [A] [B] [C] [D]
60. [A] [B] [C] [D]

61. [A] [B] [C] [D]
62. [A] [B] [C] [D]
63. [A] [B] [C] [D]
64. [A] [B] [C] [D]
65. [A] [B] [C] [D]

66. [A] [B] [C] [D]
67. [A] [B] [C] [D]
68. [A] [B] [C] [D]
69. [A] [B] [C] [D]
70. [A] [B] [C] [D]

71. [A] [B] [C] [D]
72. [A] [B] [C] [D]
73. [A] [B] [C] [D]
74. [A] [B] [C] [D]
75. [A] [B] [C] [D]

76. [A] [B] [C] [D]
77. [A] [B] [C] [D]
78. [A] [B] [C] [D]
79. [A] [B] [C] [D]
80. [A] [B] [C] [D]

81. [A] [B] [C] [D]
82. [A] [B] [C] [D]
83. [A] [B] [C] [D]
84. [A] [B] [C] [D]
85. [A] [B] [C] [D]

86. [A] [B] [C] [D]
87. [A] [B] [C] [D]
88. [A] [B] [C] [D]
89. [A] [B] [C] [D]
90. [A] [B] [C] [D]

三、书写

91.

92.

93.

94.

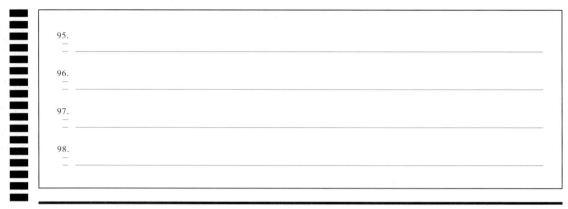

95.

96.

97.

98.

99.

48

80

100.

48

80

不要写到框线以外！